JN438811

경영수학의 이해

재무, 경제학 예제 포함

Understanding Business Mathematics

박광태 지음

생능

저자 소개

박광태
서울대학교 산업공학과 졸업(학사, 석사)
미국 버클리 대학 산업공학/경영과학 박사
현)고려대학교 경영대학 교수

경영수학의 이해 – 재무, 경제학 예제 포함 –

초판발행 2019년 1월 25일
제1판2쇄 2021년 2월 5일

지은이 박광태
펴낸이 김승기, 김민정
펴낸곳 ㈜생능 / **주소** 경기도 파주시 광인사길 143
출판사 등록일 2014년 1월 8일 / **신고번호** 제406-2014-000003호
대표전화 (031)955-0761 / **팩스** (031)955-0768
홈페이지 www.booksr.co.kr

책임편집 신성민 / **편집** 김민보, 유제훈, 권소정 / **디자인** 유준범
마케팅 최복락, 김민수, 심수경, 차종필, 백수정, 최태웅, 명하나, 김범용
인쇄 성광인쇄(주) / **제본** 은정문화사

ISBN 979-11-86689-21-9 93320
정가 20,000원

- 이 도서의 국립중앙도서관 출판예정도서목록(CIP)은 서지정보유통지원시스템 홈페이지(http://seoji.nl.go.kr)와 국가자료공동목록시스템(http://www.nl.go.kr/kolisnet)에서 이용하실 수 있습니다.
  (CIP제어번호: 2019001722)

머리말

본 책은 크게 11개의 장으로 구성되어 있다. 1장에서는 본 책을 공부하기에 필요한 수학의 기본적인 사항에 대해 복습해보는 장이다. 2장 방정식과 부등식에서는 현실에서 마주하게 되는 경영의 여러 문제들을 수학적으로 표현했을 때 방정식과 부등식의 형태가 되는데 이 방정식과 부등식의 해를 구하는 법을 공부하게 된다. 3장 함수와 그래프에서는 특히 1차 함수와 2차 함수를 중심으로 살펴보고 또한 그래프와 연결시켜 공부해 본다. 4장 초월함수에서는 경영의 여러 다양한 현상을 설명하기 위해 유용한 로그와 지수함수에 대해 살펴보고 삼각함수도 다룬다. 5장 행렬과 역행렬에서는 방정식의 일반 형태인 $Ax=b$의 해 x를 구하기 위해 필요한 여러 가지 개념들을 행렬을 이용해 살펴본다. 6장의 벡터에서는 벡터의 내적과 길이 그리고 직선 및 평면방정식에 대해 다룬다. 아울러 고유치와 고유벡터를 살펴보고 이를 이용해 행렬을 대각화하는 법을 공부한다. 7장 미분과 편미분에서는 함수의 최대, 최소를 찾기 위해 미분의 개념이 어떻게 활용되는지와 변수의 수가 2개 이상으로 확장되는 경우의 편미분을 다룬다. 8장 적분에서는 미분과 밀접한 관계에 있는 적분방법과 경영에 활용되는 다양한 예들을 다루어 본다. 9장 다변수 함수의 극대와 극소에서는 크게 제약식이 없는 경우와 제약식이 있는 경우로 나누어 극대와 극소를 찾는 방법을 공부하게 된다. 10장 선형계획법에서는 행렬의 응용으로 선형으로 표시되는 제약식이 있는 경우에 선형으로 표시되는 목적함수를 최대, 최소화하는 방법을 다루게 된다. 끝으로 11장의 미분방정식에서는 미분으로 표시되는 값들로 이루어진 방정식을 푸는 방법을 다룬다.

본 책에서는 꼭 필요한 내용에 대해 간결한 설명과 필요시 기본을 다지는 예와 실제 경영에서 수학이 어떻게 활용되는지를 보여주는 예로 구성되어 있다. 본 책을 사용하여 강의하는 경우 강의목적에 따라 필요한 장들로 구성하여 강의를 하면 될 것이다. 참고로 저자의 수업시 활용한 강의일정은 다음과 같다.

〈강의일정〉

1주: 경영수학의 전반적 소개/수학의 기초
2주: 방정식과 부등식
3주: 방정식과 부등식/함수(1차 및 2차 함수)와 그래프
4주: 함수(1차 및 2차 함수)와 그래프
5주: 로그와 지수함수
6주: 로그와 지수함수/행렬과 역행렬
7주: 행렬과 역행렬
8주: 중간시험
9주: 미분과 편미분
10주: 미분과 편미분/적분
11주: 적분
12주: 다변수 함수의 극대와 극소
13주: 다변수 함수의 극대와 극소/선형계획법
14주: 선형계획법
15주: 경영수학의 응용관련 소과제 발표
16주: 기말시험

본 책을 저술하는데 있어 많은 국내외 관련 도서를 참조하였으며 저자의 수업을 들은 학생들의 피드백과 학생들이 만든 문제들도 활용하였음을 밝혀둔다. 이 지면을 빌어 저자의 수업을 들은 학생들과 저자의 연구실 조교로서 본 책을 세심하게 검토해 준 리우 평군에게도 감사를 전한다. 물론 부족한 점들이 적지 않을 것이며 이는 앞으로도 계속 노력을 들여 보완해 나가야 할 저자의 몫이라고 생각한다. 오랜 시간에 걸친 저술 작업을 인내를 갖고 기다려준 생능출판사의 김승기 대표이사님 이하 관련 분들께 이 지면을 빌어 감사를 드린다.

2018년 12월
안암동 연구실에서

차례

CHAPTER 04 초월함수

CHAPTER 05 행렬과 역행렬

CHAPTER 06 벡터

CHAPTER 07 미분과 편미분

CHAPTER 08 적분

CHAPTER 09 다변수 함수의 극대와 극소

CHAPTER 10 선형계획법

CHAPTER 11 미분방정식

CHAPTER

경영수학의 기초

주요 학습목표

- 실수에 대한 세 가지 기본법칙을 이해할 수 있다.
- 지수에 대한 기본법칙을 이해할 수 있다.
- 인수분해 방법에 대해 이해할 수 있다.
- 집합과 명제에 대한 기본개념을 이해할 수 있다.

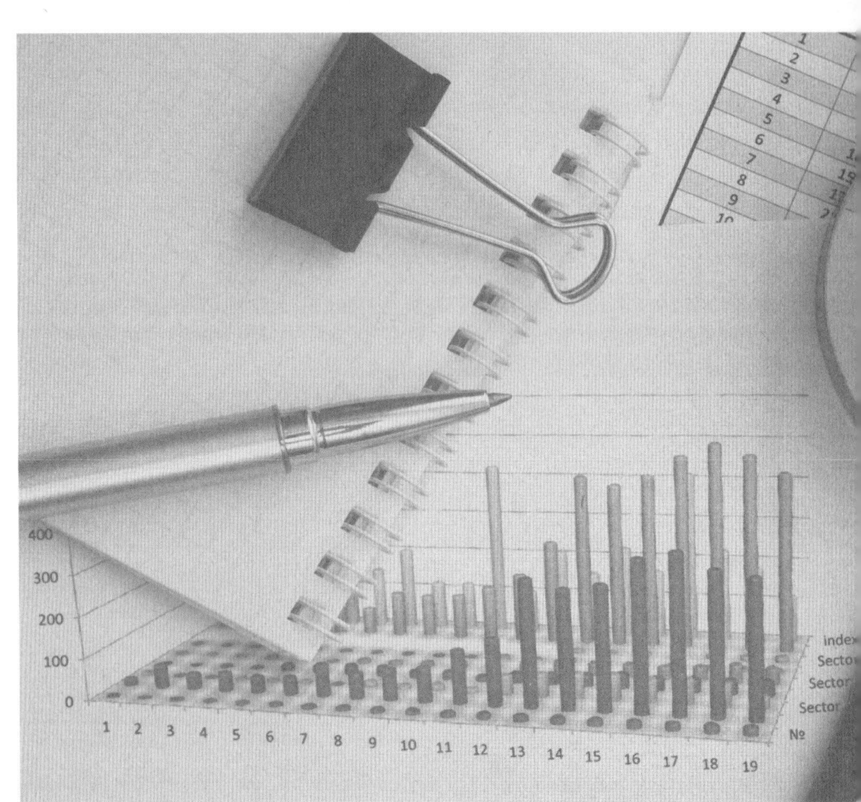

수학, 정말 필요할까?… '수포자'를 위한 작은 변명

학생들에게 수학은 가장 어려운 과목이다. 2014년 진행된 한 설문조사에서 고등학생 10명 중 6명이 "수학을 포기했다"고 응답할 정도였다. 학생들은 수학은 '입시'를 위해서만 필요하다고 하소연한다.

지난해 11월 수능을 본 수험생 조모(19)양은 "항상 시험 보고 나면 (수학 공식과 원리는) 잊어버린다"며 "미분·적분 공식을 배워서 어디에다 활용할 수 있을지 모르겠다"고 토로했다.

학생들이 수학을 부담스러워하는 점은 대학수학능력시험 만점자 수에서도 드러난다. 2017학년도 수능 수학 가형과 나형의 만점자 비율은 각각 0.07%, 0.15%였다. 국어 0.23%, 영어 0.72%에 비하면 낮다.

때문에 수학은 변별력을 가지는 과목으로 대학 입시의 당락을 결정하고 있다. 2016학년도 수능과 2014학년도 수능에서도 마찬가지였다.

문제는 학생들의 수학에 대한 거부감과 반대로 경제, 환경, 문화 등 우리 생활에 수학적 원리가 적용돼 있다는 것이다. 수학은 사회현상 등에서 나타나는 현실적인 문제에 대한 해결책을 찾는 데에도 큰 역할을 하고 있다.

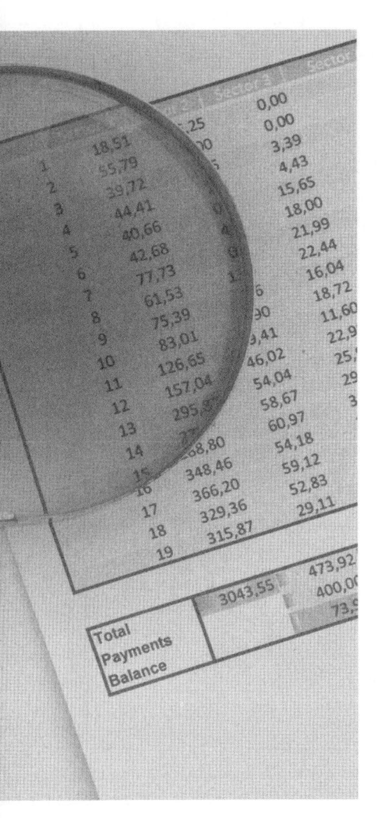

• 옵션 현재가 계산, 기상 예측에 '미분방정식'… 일상 곳곳 '수학'

박형주 국가수리과학연구소 소장은 "수학은 문제를 분석하고 해결책을 모색하는 모든 과정에 활용된다"며 "수학원리에 기초한 빅데이터 시대를 맞아서 모든 분야에서 수학의 중요성은 더 커진다"고 설명했다.

대표적인 수학 활용분야는 금융이다. 파생상품인 선물·옵션 현재가를 계산할 때 사용되는 대표적 방식인 블랙숄즈모형은 '미분'이라는 수학원리가 적용된 것이다. 이 외에도 파생 및 구조화 금융상품을 개발하는 데 다양한 수학이론이 응용됐다.

질병을 예방하는 데도 수학의 원리는 활용된다. 감염성 질병의 역학을 분석하는 기본모형이 '연립미분방정식'이기 때문이다. 이를 통해 과거 영국의 구제역, 라틴아메리카의 샤가스병의 감염 속도를 줄여 많은 생명을 구할 수 있었다.

마찬가지로 날씨를 예상하거나 쓰나미 가능성을 알아보는 등의 예측시스템에도 수학의 원리는 적용된다.

영화의 컴퓨터 그래픽도 마찬가지다. 제작자들은 미분방정식과 등위집합 등을 활용해 영화 '캐리비안의 해적'에 등장하는 파도의 움직임, '해리포터'에서 용이 내뿜는 불, '겨울왕국'에서의 눈보라 등을 만들어 냈다.

위작 구분의 한계를 깬 것도 수학이었다. 2008년 프리스턴대학 수학자 잉그리드 도브시 교수팀은 '웨이블릿 수학 이론'을 토대로 고흐 작품에서 위작을 가려내는 데 성공했다. 그림을 윤곽과 상세정보로 나누면서 수학적으로 그림을 계량화함으로써 위작 작가의 주저함을 찾아낸 것이다. 경찰의 지문 데이터베이스를 구축할 때도 이 같은 원리가 활용된다.

• 수학적 소양 갖춘 인재 필요… "5지선다 · 단답형 평가 바꿔야"

의료, 정보보안, 교통, 에너지, 문화 등 거의 모든 분야에서 응용수학에 바탕을 둔 기술들이 등장함에 따라 이를 다룰 수 있는 인력에 대한 요구도 늘어나고 있는 실정이다. 수학적 메카니즘에 대한 소양이 필요해졌다는 의미다.

미국 마이크로소프트와 구글을 비롯한 IT대기업들은 수학자들을 직접 연구소에 채용해 활용하고 있다. 최소한의 자본으로 가장 많은 접속자에게 도달하는 광고 프로세스를 구축하는 등 문제 해결 과정에 수학 전공자들이 필요해진 것이다.

빅데이터 시대에 수학적 소양을 갖춘 인재는 더욱 절실하다. 기존에 다루지 않았던 규모의 데이터를 엮고 의미를 도출해내는 과정이 가치를 창출하고 수익을 극대화하는 데 필수적이기 때문이다.

박형주 소장은 "여의도 증권가의 경우에도 요즘에는 수학과 출신들이 많이 가는 것으로 안다"며 "IT 정보 보안 분야에서도 수학자를 많이 필요로 한다"고 말했다. 그는 "특히 헐리우드에서는 그래픽과 애니메이션 제작을 위해 계산 기하학을 활용하는 수학자들이 몇 백 명씩 일하고 있다"고 강조했다.

이어 박 소장은 빅데이터 시대를 잘 맞이하기 위해서는 한국의 수학 교육·평가 방식이 바뀌어야 할 필요성에 대해 지적했다.

박형주 소장은 "학생들이 수학을 이해하고 활용하는 데 있어 가장 큰 문제는 5지선다형과 단답형 평가 방식"이라며 "이런 방식은 학생들에게 '생각을 많이 하면 손해본다'는 메시지를 던져주게 된다"고 말했다.

이어 "앞으로 요구되는 인재는 컴퓨터가 하지 못하는 깊은 사고를 통해 문제를 해결할 수 있는 사람"이라며 "문제 수를 줄이고 과정을 서술하는 방법으로 학생들을 평가하고 교육해야 한다"고 덧붙였다.

출처: http://www.newspim.com/news/view/20170124000373

앞으로 배울 경영수학의 여러 주제들에 대한 수학적 기초를 본 장에서 소개하려고 한다. 먼저 실수의 체계에 대해 살펴보고자 한다.

1. 실수의 체계

실수에는 크게 자연수(natural number), 정수(integer), 유리수(rational number)와 무리수(irrational number)가 있고 여기에 **허수**(imaginary number)가 더해져 전체적으로 **복소수**(complex number)를 이룬다. 경영학에서 다루는 문제의 답은 실수에 속해 있다.

실수
허수
복소수

실수 중 **자연수**는 1, 2, 3, ⋯의 값으로 덧셈과 곱셈 연산에 대해 결과도 역시 자연수이다. **정수**는 ⋯ -2, -1, 0, 1, 2, ⋯로 덧셈, 곱셈, 뺄셈 연산에 대해선 결과도 역시 정수이다. **유리수**는 $\frac{a}{b}$(여기서 a, b는 정수이고 b는 0이 될 수 없음)의 형태를 가지는데, 예를 들면 $\frac{1}{2}=0.5$, $\frac{1}{3}=0.333\cdots=0.\dot{3}$ 등이고 유리수는 덧셈, 곱셈, 뺄셈, 나눗셈 연산에 대해 결과 또한 유리수이다. **무리수**는 $\sqrt{2}=1.414213\cdots$, $\pi=3.1415926\cdots$와 같은 값을 말한다. 유리수와 무리수의 차이점은 결과를 소수로 나타내었을 때 반복되는 패턴이 있는지의 유무이다. 즉, 유리수는 반복되는 패턴이 있고 무리수는 반복되는 패턴이 없다.

자연수
정수
유리수
무리수

이제 실수에 대해 적용되는 세 가지 법칙, 즉 교환법칙(commutative law), 결합법칙(associative law) 그리고 분배법칙(distributive law)에 대해 살펴보기로 하자. **교환법칙**은 덧셈에 대한 교환법칙과 곱셈에 대한 교환법칙으로 다음과 같이 나누어진다.

교환법칙

- 덧셈에 대한 교환법칙
  $a+b=b+a$

- 곱셈에 대한 교환법칙
  $ab = ba$

결합법칙

결합법칙도 교환법칙과 마찬가지로 다음과 같이 덧셈에 대한 결합법칙과 곱셈에 대한 결합법칙으로 나누어진다.

- 덧셈에 대한 결합법칙
  $(a+b)+c = a+(b+c)$
- 곱셈에 대한 결합법칙
  $(ab)c = a(bc)$

분배법칙

분배법칙은 다음과 같이 주어진다.

$$a(b+c) = ab+ac, \quad (b+c)a = ba+ca$$

분배법칙은 뒤에서 공부하게 되는 인수분해(factoring method)에서 유용하게 사용된다.

2. 항등원과 역원

항등원

이제 항등원(identity element)과 역원(inverse element)에 대해 알아보자. **항등원** 또한 덧셈에 대한 항등원과 곱셈에 대한 항등원으로 나누어지는데 덧셈에 대한 항등원은 원값에 어떤 값을 더해도 원값이 달라지지 않는 값으로 0이 이에 해당하고, 곱셈에 대한 항등원은 원값에 어떤 값을 곱해도 원값이 달라지지 않는 값으로 1이 여기에 해당한다. 이를 아래와 같이 나타낼 수 있다.

- 덧셈에 대한 항등원(0)
  $a + 0 = a$
- 곱셈에 대한 항등원(1)
  $a \cdot 1 = a$

역원

역원도 항등원처럼 덧셈과 곱셈으로 나누어 살펴볼 수 있다. 덧셈에 대한 역원은 어떤 수에 그 역원을 더하면 항등원, 즉 0이 되는 것으로 다음과 같다.

$$a+(-a)=0$$

여기서 $-a$가 덧셈에 대한 a의 역원이다.

곱셈에 대한 역원은 어떤 수에 그 역원을 곱하면 항등원, 즉 1이 되게 하는 것으로 다음과 같다.

$$a \cdot a^{-1}=1$$

여기서 a^{-1}가 곱셈에 대한 a의 역원이다.

예 $a\Box b=\dfrac{a-b}{a+b}$ 로 정의될 때 □에 대한 항등원과 역원을 구하라.

풀이 □에 대한 항등원을 구하기 위해 $a\Box x=a$가 되는 x를 찾아야 한다. □의 정의에 따라 $a\Box x=\dfrac{a-x}{a+x}=a$이므로 이 식을 만족하는 x를 찾으면 된다. 이 식을 다시 쓰면

$a-x=(a+x)a$ 이므로

$$a-a^2=ax+x$$

$$x=\frac{a-a^2}{a+1}=\frac{a(1-a)}{a+1}$$

이 된다. 즉, 항등원은 $\dfrac{a(1-a)}{a+1}$ 이다.

역원은 위에서 구한 항등원을 이용해 $a\Box y=\dfrac{a(1-a)}{a+1}$ 인 y를 찾으면 된다.

□의 정의에 따라 $a\Box y=\dfrac{a-y}{a+y}$ 이므로 $\dfrac{a-y}{a+y}=\dfrac{a(1-a)}{a+1}$ 인 y를 찾으면 된다.

이를 만족하는 y는 $y=\dfrac{-a(1+a^2)}{a^2-2a-1}$ 이다. 즉, 역원은 $\dfrac{-a(1+a^2)}{a^2-2a-1}$ 이다.

3. 분수

이제 분수(fraction)로 표현되는 경우에 있어서의 법칙을 살펴보자.

곱셈법칙

분수의 **곱셈법칙**은 다음과 같이 곱하는 분수의 분자는 분자끼리 분모는 분모끼리 곱하면 된다.

$$\left(\frac{a}{b}\right)\left(\frac{c}{d}\right)=\frac{ac}{bd}$$

나눗셈법칙

분수의 **나눗셈법칙**은 다음과 같이 나누어지는 분수의 역수를 곱하는 것과 같다.

$$\left(\frac{a}{b}\right)\div\left(\frac{c}{d}\right)=\left(\frac{a}{b}\right)\left(\frac{d}{c}\right)=\frac{ad}{bc}$$

약분

분수의 **약분**은 분수를 좀 더 간단히 하기 위해 분자와 분모의 공통인수가 있는 경우(아래의 예에서는 c로 $c\neq0$이다) 이 공통인수로 분자와 분모를 나누는 것을 말한다. 분수의 분자와 분모가 서로 소(두 수에 있어서 1 이외엔 공통부분이 없는 경우)이면 제대로 약분이 되었다고 볼 수 있다.

$$\frac{ac}{bc}=\frac{a}{b}\ (c\neq0)$$

이제 분수의 덧셈과 뺄셈에 대해 알아보자. 덧셈과 뺄셈에 있어서 분모가 같은 경우는 다음과 같이 분모는 그대로 둔 채 분자를 더하거나 빼면 된다.

$$\frac{a}{c}+\frac{b}{c}=\frac{a+b}{c},\quad \frac{a}{c}-\frac{b}{c}=\frac{a-b}{c}$$

최소공배수

만일 분모가 서로 다른 경우는 공통분모를 찾기 위해 **최소공배수**(least common denominator, LCD)를 구해야 한다. 최소공배수를 구하는 방법은 다음과 같다. 예를 들어 하나의 분모는 $12xy=2\cdot2\cdot3\cdot x\cdot y$ 이고 다른 분모는 $10xy^2=2\cdot5\cdot x\cdot y\cdot y$ 이라면 최소공배수는 각각에 최소한 하나 있는 것들을 모아 정리하면 $2 \cdot 2 \cdot 3 \cdot 5 \cdot x \cdot y \cdot y = 60xy^2$ 이 된다. 따라서 다음의 분수에 대한 덧셈을 최소공배수를 이용해 구할 수 있다.

$$\frac{7}{12xy} + \frac{3}{10xy^2} = \frac{35y}{60xy^2} + \frac{18}{60xy^2} = \frac{35y+18}{60xy^2}$$

4. 지수

이제 **지수**(exponent)에 대해 알아보기로 하자. 지수는 다음과 같이 표기되며 여기서 a는 밑(base) 그리고 m은 지수로 불린다. 지수

$$a^m$$

m → 지수, a → 밑

이를 a의 m승이라고 읽는다. 지수에 대해 다음이 정의된다.

$$a^0 = 1 \ (a \neq 0)$$

$$a^{-m} = \frac{1}{a^m} \ (m\text{은 어떤 양의 정수})$$

지수에 대한 기본법칙은 다음과 같다.

$$a^m \cdot a^n = a^{m+n}$$

$$\frac{a^m}{a^n} = a^{m-n}$$

$$(a^m)^n = a^{mn} \ (\text{만약 } m \text{ 또는 } n\text{이 음수이거나 0이면 } a \neq 0)$$

$$(ab)^m = a^m b^m \ (\text{만약 } m \leq 0 \text{ 이면 } ab \neq 0)$$

$$\left(\frac{a}{b}\right)^m = \frac{a^m}{b^m} \ (\text{만약 } m \leq 0 \text{ 이면 } b \neq 0 \text{이고 } a \neq 0)$$

n승근

그리고 $b^n = a$ 이면 $b = a^{\frac{1}{n}}$ 이고 특히 n이 짝수인 경우는 $b \geq 0$이라야 한다. 이 때 b를 a의 ***n*승근**(nth root of a)이라 한다. n이 2인 경우는 제곱근이라 한다. $a^{\frac{1}{n}}$ 은 $\sqrt[n]{a}$ 로도 나타낸다. 특히 $\sqrt[2]{a} = \sqrt{a}$ 와 같이 2를 쓰지 않고 표시한다. $\sqrt[3]{a}$ 은 a의 세제곱근이라 한다.

만약 $a^{\frac{1}{n}}$ 이 존재하는 경우 $a^{\frac{m}{n}} = \left(a^{\frac{1}{n}}\right)^m$ 이다. 여기서 n이 짝수이면 a는 반드시 비음(nonnegative)이라야 하고 m이 음수인 경우는 a는 0이 아니라야 한다. 만약 $a^{\frac{m}{n}}$ 이 존재하면 $a^{\frac{m}{n}} = (a^m)^{\frac{1}{n}}$ 이다.

5. 단항식과 다항식

단항식
다항식
이항식

이제 **단항식**(monomial)에 대해 설명하기로 하자. $2x^2$, $-3y^3$과 같이 항이 하나로 이루어진 것을 단항식이라 한다. 여기서 2와 -3를 계수(coefficient)라 한다. 그리고 항이 여러 개 있는 **다항식**(multinomial) 중 $2x+1$, $x^3 - \frac{5}{y^2}$과 같이 항이 두 개가 있는 것을 **이항식**(binomial)이라 한다. 앞의 $2x+1$에서 $2x$와 1 각각을 항(term)이라 하고, 특히 1은 상수항이라 한다.

다항식끼리의 나눗셈을 설명하고자 한다. 다항식끼리의 나눗셈 결과는 다음과 같이 표시된다.

$$\frac{\text{피제수(dividend)}}{\text{제수(divisor)}} = \text{몫(quotient)} + \frac{\text{나머지(remainder)}}{\text{제수(divisor)}}$$

예를 들어 $(3x^3 - 8x^2 + 5) \div (x+2)$을 풀어보자.

$$
\begin{array}{r}
3x^2-14x+28 \quad \longrightarrow \text{몫} \\
x+2 \,\overline{\big)\, 3x^3-8x^2+0x+5} \quad \longrightarrow \text{피제수} \\
\swarrow \text{제수} \qquad 3x^3+6x^2 \qquad\qquad \\
\hline
-14x^2+0x+5 \\
-14x^2-28x \qquad \\
\hline
28x+5 \\
28x+56 \\
\hline
-51 \quad \longrightarrow \text{나머지}
\end{array}
$$

여기서 **피제수 = (몫)(제수) + 나머지**임을 알 수 있다.

6. 인수분해

이제 뒤에서 배울 방정식과 부등식의 해를 찾을 때 유용하게 사용되는 **인수분해**에 대해 설명하고자 한다. 기본적인 인수분해 공식은 다음과 같다. 인수분해

$$x^2+(a+b)x+ab=(x+a)(x+b)$$
$$x^2 \pm 2ax+a^2=(x \pm a)^2$$
$$x^2-a^2=(x+a)(x-a)$$

예를 들어 $x^2+(a+b)x+ab=0$이란 방정식이 주어졌을 때 위의 인수분해 공식을 이용하면 이는 $(x+a)(x+b)=0$과 같으므로 $x=-a$ 또는 $x=-b$로 x의 답을 구할 수 있다.

인수분해에서 분해되는 각각을 **인수**(factor)라 한다. 예를 들어 $2xy=2 \cdot x \cdot y$로 되는 경우 2, x, y가 모두 인수이다. x^2-a^2은 앞의 인수분해 공식을 이용해 $x^2-a^2=(x+a)(x-a)$와 같이 인수분해 할 수 있다. 인수

다음의 인수분해를 예로 들어보자. 이 경우 $x+y$에 대해 2차식의 형태를 띠므로 2차항의 계수와 상수항을 적절이 분해 조합하면 $x+y$의 계수 -11을 만들 수 있다. 이를 위해 2차항의 계수 6을 2와 3으로, 상수항 3을 -3과 -1로 각각 인수분해

후 대각선으로 곱해 더하면 1차항의 계수 -11을 얻게 된다. 따라서 왼편의 원식은 $(2x+2y-3)(3x+3y-1)$로 인수분해된다.

$$\begin{aligned}6(x+y)^2-11(x+y)+3 &= (2(x+y)-3)(3(x+y)-1)\\ &= (2x+2y-3)(3x+3y-1)\end{aligned}$$

$$\begin{array}{lcl} 2 & \times & -3 = -9 \\ 3 & & -1 = -2 \end{array}$$

3차항에 대한 다음의 인수분해 공식도 알아두면 유용하다.

$$x^3 \pm a^3 = (x \pm a)(x^2 \mp ax + a^2) \quad \text{(복호동순)}$$

유리화

마지막으로 문제를 풀어나가는 중 분모가 무리수로 정리되는 경우가 있는데 이때는 반드시 분모를 유리화시켜야 한다. 다음의 예를 보면 알 수 있듯이 대응되는 항을 곱해 분모를 **유리화**시키고 있다. 예를 들어 $\sqrt{a}+\sqrt{b}$의 경우 $\sqrt{a}-\sqrt{b}$를 곱한다. 아래의 예를 통해 이를 이해할 수 있을 것이다.

$$\frac{a}{\sqrt{a}+\sqrt{b}} = \frac{a(\sqrt{a}-\sqrt{b})}{(\sqrt{a}+\sqrt{b})(\sqrt{a}-\sqrt{b})} = \frac{a(\sqrt{a}-\sqrt{b})}{a-b}$$

7. 집합과 명제

앞으로 배우는 방정식과 부등식의 해를 나타내기 위해 집합과 구간의 개념을 알아둘 필요가 있다.

집합

집합(set)은 어떤 객체들에 대해 잘 정의된 모음(well-defined collection of objects)이다. 집합을 나타내기 위해서는 원소나열법(listing method)과 조건제시법(rule method)을 사용한다.

원소나열법

원소나열법은 집합에 해당되는 원소를 다음과 같이 나열하는 것을 말한다. 여기서 원소는 집합에 속하는 객체를 말한다.

{2, 4, 6, …, 100} 2에서 100까지의 짝수인 정수의 집합
{1, 3, 5, …} 홀수인 모든 자연수의 집합

조건제시법은 다음과 같이 원소가 갖는 조건을 제시하는 방법이다. 조건제시법

$\{x|x$는 홀수인 모든 자연수의 집합$\}$

집합은 포함된 원소의 개수에 따라 유한집합 또는 무한집합으로 구분된다. **유한집합**은 집합의 원소 개수를 헤아릴 수 있는 경우이고 **무한집합**은 집합에 속한 원소의 개수가 무한해 헤아릴 수 없는 경우로 변수가 연속변수인 경우가 이에 해당된다. 유한집합 무한집합

집합에 원소가 하나도 없는 경우 이 집합을 **공집합**(empty set)이라 하고 ϕ로 표시한다. 즉, $\phi=\{\ \}$이다. 공집합

집합 A의 모든 원소가 집합 B의 원소가 되는 경우 집합 A는 집합 B의 **부분집합**(subset)이라고 하고 $A \subseteq B$로 표시한다. 부분집합

집합 A의 모든 원소가 집합 B에 속하지만 집합 B의 원소 중 적어도 하나는 집합 A에 속하지 않는 경우 집합 A는 집합 B의 **진부분집합**(proper subset)이라고 하고 $A \subset B$라고 표시한다. 진부분집합

모든 집합은 자기 자신의 부분집합이고, 즉 $A \subseteq A$이고 공집합은 어떤 집합에 대해서도 그 집합의 부분집합이다. 즉, $\phi \subseteq A$이다.

집합 A의 모든 원소가 집합 B의 원소이고 집합 B의 모든 원소가 집합 A의 원소일 때 집합 A와 집합 B는 같다고 하고 $A=B$로 표시한다. 즉, $A \subseteq B$이고 $B \subseteq A$이면 $A=B$이다.

집합을 나타내는 구간(interal)에는 개구간(open interval), 폐구간(closed interval), 반폐구간(semiclosed interval) 또는 반개구간(semiopen interval) 그리고 경계가 없는 구간(unbounded interval)이 있으며 이에 대한 정의는 다음과 같다.

- 개구간
  $(a, b)=\{x|x$ 는 실수이고 $a<x<b\}$
- 폐구간
  $[a, b]=\{x|x$ 는 실수이고 $a \leq x \leq b\}$
- 반폐구간 또는 반개구간
  $(a, b]=\{x|a<x \leq b\}, \quad [a, b)=\{x|a \leq x<b\}$

- 경계가 없는 구간

  $(a, \infty)=\{a|x>a\}$

합집합
교집합
차집합
여집합

집합에 관한 연산으로는 합집합, 교집합, 차집합과 여집합이 있다. **합집합**은 $A\cup B=\{x|x\in A$ 또는 $x\in B\}$ 로 집합 A에 속하거나 또는 집합 B에 속하는 모든 원소들의 집합이다. **교집합**은 $A\cap B=\{x|x\in A$이고 $x\in B\}$ 로 집합 A에도 속하고 동시에 집합 B에도 속하는 원소들의 집합이다. **차집합**은 $A-B=\{x|x\in A, x\not\in B\}$ 로 집합 A에는 속하지만 집합 B에는 속하지 않는 원소들의 집합이다. **여집합**은 $A^c=\{x|x\in U, x\not\in A, A\subset U\}$ 로 $A\subset U$이고 x는 A에 속하지 않는 모든 원소들의 집합이다. 여기서 U는 전체집합을 말한다.

집합에 대해서도 다음의 교환법칙, 결합법칙 그리고 배분법칙이 성립한다.

1) 교환법칙

   $A\cup B=B\cup A,\ A\cap B=B\cap A$

2) 결합법칙

   $A\cup(B\cup C)=(A\cup B)\cup C,\ A\cap(B\cap C)=(A\cap B)\cap C$

3) 배분법칙

   $A\cap(B\cup C)=(A\cap B)\cup(A\cap C),\ A\cup(B\cap C)=(A\cup B)\cap(A\cup C)$

드모르간 법칙

이 외에도 집합에 있어 다음의 **드모르간**(de Morgan) **법칙**이 있다.

$(A\cap B)^c=A^c\cup B^c,\ (A\cup B)^c=A^c\cap B^c$

이제 유한집합의 원소 개수에 대해 알아보기로 하자. 두 개의 집합 A와 B의 합집합에 대해서는 다음이 성립한다.

$$n(A\cup B)=n(A)+n(B)-n(A\cap B)$$

벤 다이어그램

이는 **벤 다이어그램**(Venn diagram)을 통해 쉽게 알 수 있다. 벤 다이어그램은 전체집합과 그 부분집합의 관계, 또 부분집합과 부분집합의 합집합 및 교집합, 그리고 부분집합의 전체집합에 관한 여집합 등을 폐곡선으로 나타낸 그림이다. 세 개의 집합 A, B와 C의 합집합에 대해서는 다음이 성립한다.

$$n(A\cup B\cup C)=n(A)+n(B)+n(C)-n(A\cap B)-n(A\cap C)-n(B\cap C)+n(A\cap B\cap C)$$

이도 벤 다이어그램을 이용해 쉽게 이해할 수 있을 것이다.

합집합에 대한 확률도 해당부분의 원소의 개수를 전체의 개수로 나누어 다음과 같이 두 집합의 합집합에 대한 확률과 세집합의 합집합에 대한 확률을 구할 수 있다.

$$P(A \cup B) = P(A) + P(B) - P(A \cap B)$$
$$P(A \cup B \cup C) = P(A) + P(B) + P(C) - P(A \cap B) - P(A \cap C) - P(B \cap C) + P(A \cap B \cap C)$$

이제 이 공식을 일반화시켜 k개의 집합에 대한 합집합의 확률을 다음과 같이 구할 수 있다(각자 확인해 보기 바란다).

$$P(\bigcup_{i=1}^{k} A_i) = \sum_{i=1}^{k} P(A_i) - \sum_{\substack{i=1 \\ i<j}}^{k} P(A_i \cap A_j) + \cdots + (-1)^{k-1} P(\bigcap_{i=1}^{k} A_i)$$

여기서

$$P(\bigcup_{i=1}^{k} A_i) = P(A_1 \cup A_2 \cup \cdots \cup A_k)$$이고

$$P(\bigcap_{i=1}^{k} A_i) = P(A_1 \cap A_2 \cap \cdots \cap A_k)$$ 이다.

이제 **명제**(proposition)에 대해 설명하고자 한다. 명제

명제는 참(T)과 거짓(F)을 명확하게 판단할 수 있는 식이나 문장을 말한다. 내용이 항상 옳은 명제를 참인 명제라 하고 내용에 대해 한 가지라도 옳지 않은 경우가 있는 명제를 거짓인 명제라고 한다. 예를 들어 1은 홀수다라는 명제는 참인 명제이고 2는 1보다 작다라는 명제는 거짓인 명제이다. 한라산은 높다거나 $x-1<3$은 명제가 아니다(왜 아닌지 각자 생각해보라).

그리고 어떤 명제를 p이면 q이다의 형태로 나타낼 때($p \to q$로 나타냄) p를 가정 그리고 q를 결론이라고 한다. 명제 p이면 q이다의 가정과 결론을 바꾸어 q이면 p이다로 했을 때 이 명제를 원래 명제 p이면 q이다의 **역**(converse)이라고 한다. 명제 p이면 q이다에 대해 명제 q가 아니면 p도 아니다 즉 $\sim q \to \sim p$를 원래 명제 p이면 q이다의 **대우**(contraposition)라 한다. 그리고 명제 p가 아니면 q도 아니다, 즉 $\sim p \to \sim q$를 원 명제에 대해 **이**(inverse)라고 한다. 역, 이, 대우에

역
대우
이

대한 상호 관계는 아래 그림에 주어져 있다. 참고로 명제 $p \to q$가 참이면 그 대우 $\sim q \to \sim p$도 반드시 참이고, 명제 $p \to q$가 거짓이면 그 대우 $\sim q \to \sim p$도 반드시 거짓이다. 반면 명제 $p \to q$가 참일 때, 역 $q \to p$과 이 $\sim p \to \sim q$는 반드시 참이라고 할 수 없다. 예를 들어 3의 약수는 12의 약수이다란 명제의 역은 12의 약수는 3의 약수이다인데 이 경우 원명제는 참이지만 역은 거짓이 된다.

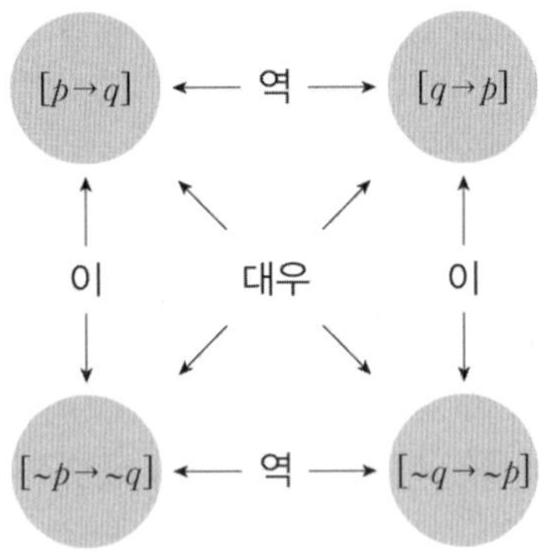

이제 명제에 대한 연산에 대해 알아보자.

부정명제 논리곱 논리합

p가 명제일 때 **부정명제**는 $\sim p$로 나타낸다. 그리고 p와 q가 명제일 때 **논리곱**은 $p \wedge q$로 나타내고 **논리합**은 $p \vee q$로 나타낸다. 그리고 p와 q가 명제일 때 조건문 $p \to q$을 만들 수 있고 또한 쌍조건문 $p \leftrightarrow q$를 만들 수도 있다. 그리고 이들 연산을 반복 사용하여 만든, 예를 들면 $\sim p \wedge (q \to r)$ 와 같은 표현을 명제식 또는 논리식이라고 하고 이 때 사용된 변수 p, q, r을 명제변수라고 한다.

이제 명제함수에 대해 설명하고자 한다.

명제함수 명제변수

어떤 집합 X의 원소 $x \in X$마다 명제를 대응하는 규칙이 있으면 이 규칙을 **명제함수**라 하고 x를 **명제변수**라고 한다. 즉, $x \in X$마다 명제 $p(x)$를 대응시킬 수 있고 이 명제의 참과 거짓 여부는 x의 값에 따라 달라진다. 예를 들어 X는 소수(prime number)의 집합이라고 할 때 x는 짝수이다라는 문장을 $p(x)$라고 하면 p는 명제함수이다. 이 때 $p(1)$은 1은 짝수이다라는 문장으로 거짓인 명제이나 $p(2)$, $p(4)$ 등은 참인 명제이다.

진리집합

그리고 명제 $p(x)$가 참인 $x \in X$의 집합을 **진리집합**이라고 한다. 참고로 진리집합은 고려하는 집합에 따라 달라진다. 다음의 예를 보자.

예 x는 4의 약수이다를 $p(x)$로 나타낼 때 다음의 집합에 대해 진리집합을 구하라.

1) 정수 집합

2) 자연수 집합

풀이 정수 집합에 대해서는 진리집합이 $\{\pm 1, \pm 2, \pm 4\}$이고 자연수 집합에 대해서는 진리집합이 $\{1, 2, 4\}$이다.

끝으로 필요충분조건에 대해 설명하고자 한다.

충분조건
필요조건
필요충분조건

$p \rightarrow q$에 대해 p는 q가 되기 위한 **충분조건**이고 q는 p가 되기 위한 **필요조건**이라 한다. 이를 p는 충분해서 q에게 주고 q는 필요해서 p로부터 받는다고 외워두면 좋을 것이다. 그리고 $p \leftrightarrow q$인 경우는 p와 q는 **필요충분조건**이며 서로 동치관계가 된다고 한다.

요약

1) 실수의 체계

- 실수에는 자연수, 정수, 유리수와 무리수가 있고 여기에 허수가 더해져 전체적으로 복소수를 이룬다.
- 실수에 대해 교환법칙, 결합법칙 그리고 분배법칙이 적용된다.

2) 항등원과 역원

- 덧셈에 대한 항등원

  $a+0=a$

- 곱셈에 대한 항등원

  $a\cdot 1=a$

- 덧셈에 대한 역원

  $a+(-a)=0$

- 곱셈에 대한 역원

  $a\cdot a^{-1}=1$

3) 분수

- 분수의 덧셈과 뺄셈에 있어 분모가 서로 다른 경우 공통분모를 찾기 위해 최소공배수를 구해야 한다.

4) 지수

- 지수에 대한 기본법칙

  $a^m\cdot a^n=a^{m+n}$

  $\dfrac{a^m}{a^n}=a^{m-n}$

  $(a^m)^n=a^{mn}$ (만약 m 또는 n이 음수이거나 0이면 $a\neq 0$)

  $(ab)^m=a^m b^m$ (만약 $m\leq 0$이면 $ab\neq 0$)

  $\left(\dfrac{a}{b}\right)^m=\dfrac{a^m}{b^m}$ (만약 $m\leq 0$이면 $b\neq 0$이고 $a\neq 0$)

5) 단항식과 다항식

- 다항식끼리의 나눗셈 결과는 다음과 같이 표시된다.

$$\frac{\text{피제수}}{\text{제수}} = \text{몫} + \frac{\text{나머지}}{\text{제수}}$$

6) 인수분해

- 기본적인 인수분해 공식

$$x^2 + (a+b)x + ab = (x+a)(x+b)$$

$$x^2 \pm 2ax + a^2 = (x \pm a)^2$$

$$x^2 - a^2 = (x+a)(x-a)$$

$$x^3 \pm a^3 = (x \pm a)(x^2 \mp ax + a^2)$$

7) 집합과 명제

- 원소나열법은 집합에 해당되는 원소를 나열하는 것을 말하고 조건제시법은 원소가 갖는 조건을 제시하는 방법을 말한다.
- 집합에 대해서도 교환법칙, 결합법칙 그리고 배분법칙이 성립한다.
- 드모르간 법칙

$$(A \cap B)^c = A^c \cup B^c,\ (A \cup B)^c = A^c \cap B^c$$

- k개의 집합에 대한 합집합의 확률

$$P\left(\bigcup_{i=1}^{k} A_i\right) = \sum_{i=1}^{k} P(A_i) - \sum_{\substack{i=1 \\ i<j}}^{k} P(A_i \cap A_j) + \cdots + (-1)^{k-1} P\left(\bigcap_{i=1}^{k} A_i\right)$$

여기서

$$P\left(\bigcup_{i=1}^{k} A_i\right) = P(A_1 \cup A_2 \cup \cdots \cup A_k)\text{이고}$$

$$P\left(\bigcap_{i=1}^{k} A_i\right) = P(A_1 \cap A_2 \cap \cdots \cap A_k)\ \text{이다.}$$

- 명제는 참(T)과 거짓(F)을 명확하게 판단할 수 있는 식이나 문장을 말한다. 내용이 항상 옳은 명제를 참인 명제라 하고 내용에 대해 한 가지라도 옳지 않은 경우가 있는 명제를 거짓인 명제라고 한다.
- 어떤 명제를 p이면 q이다의 형태로 나타낼 때($p \rightarrow q$로 나타냄) p를 가정 그리

고 q를 결론이라고 한다. 명제 p이면 q이다의 가정과 결론을 바꾸어 q이면 p이다로 했을 때 이 명제를 원래 명제 p이면 q이다의 역이라고 한다. 명제 p이면 q이다에 대해 명제 q가 아니면 p도 아니다 즉 $\sim q \rightarrow \sim p$를 원래 명제 p이면 q이다의 대우라 한다. 그리고 명제 p가 아니면 q도 아니다, 즉 $\sim p \rightarrow \sim q$를 원 명제에 대해 이라고 한다. 참고로 명제 $p \rightarrow q$가 참이면 그 대우 $\sim q \rightarrow \sim p$도 반드시 참이고, 명제 $p \rightarrow q$가 거짓이면 그 대우 $\sim q \rightarrow \sim p$도 반드시 거짓이다. 반면 명제 $p \rightarrow q$가 참일 때, 역 $q \rightarrow p$과 이 $\sim p \rightarrow \sim q$는 반드시 참이라고 할 수 없다.

- p가 명제일 때 부정명제는 $\sim p$로 나타낸다. 그리고 p와 q가 명제일 때 논리곱은 $p \wedge q$로 나타내고 논리합은 $p \vee q$로 나타낸다. 그리고 p와 q가 명제일 때 조건문 $p \rightarrow q$을 만들 수 있고 또한 쌍조건문 $p \leftrightarrow q$를 만들 수도 있다. 그리고 이들 연산을 반복 사용하여 만든, 예를 들면 $\sim p \wedge (q \rightarrow r)$와 같은 표현을 명제식 또는 논리식이라고 하고 이 때 사용된 변수 p, q, r을 명제변수라고 한다.
- 어떤 집합 X의 원소 $x \in X$마다 명제를 대응하는 규칙이 있으면 이 규칙을 명제함수라 하고 x를 명제변수라고 한다. 즉, $x \in X$마다 명제 $p(x)$를 대응시킬 수 있고 이 명제의 참과 거짓 여부는 x의 값에 따라 달라진다.
- 명제 $p(x)$가 참인 $x \in X$의 집합을 진리집합이라고 한다.

연습문제

1. 항등원과 역원에 대해 설명하라.

2. 원명제와 역, 이 그리고 대우인 명제에 대해 설명하라.

3. $a \square b = \dfrac{a+b}{a-2}$로 정의할 때 □에 대한 항등원과 역원을 구하라.

4. $a \blacksquare b = \dfrac{a-b}{a}$로 정의할 때 ■에 대한 항등원과 역원을 구하라.

5. $\dfrac{6}{x^2y} + \dfrac{5}{xy^3(x+y)}$를 계산하라.

6. $(x+y)^2 \times (x+y)^{-\frac{2}{3}}$를 계산하라.

7. $(6x^3 - 5x^2 - 8x - 13) \div (2x+1)$을 계산하라.

8. $3(2x-y)^2 - 5(2x-y) - 2$를 인수분해하라.

9. x는 6의 약수이다를 $p(x)$로 나타낼 때 다음의 집합에 대해 진리집합을 구하라.
   1) 정수 집합
   2) 자연수 집합

10. 다음 명제의 역, 이 그리고 대우명제를 쓰고 이에 대한 참 또는 거짓을 말하라.

두 정수가 모두 홀수이면 그 합은 짝수이다.

2 CHAPTER

방정식과 부등식

주요 학습목표

- 선형방정식의 해를 구할 수 있다.
- 이차방정식의 해를 인수분해나 근의 공식을 이용해 구할 수 있다.
- 현금의 미래가치 및 현재가치를 구할 수 있다.
- 선형부등식의 해를 구할 수 있다.
- 이차부등식의 해를 구할 수 있다.
- 절댓값으로 표현된 식의 해를 구할 수 있다.

1. 선형방정식
2. 이차방정식
3. 선형부등식
4. 이차부등식
5. 절댓값

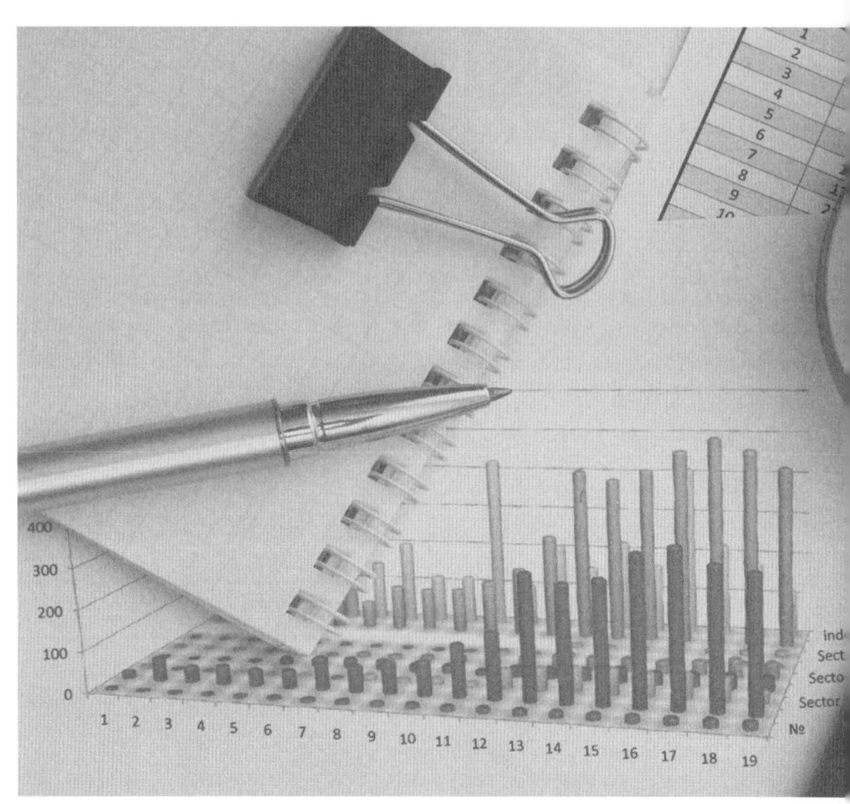

'강철비-신과 함께-1987' 손익분기점 넘겨, 손익분기점이란?

12일 영화 '신과 함께'와 '강철비', '1987'이 포털사이트 실시간 검색어 순위에 오르며 큰 관심을 모으고 있다.

8일 박스오피스 1위를 달리고 있는 '1987'의 누적 관객수는 영화진흥위원회 기준(영화관 입장권 통합전산망) 475만5873명이다. 2위 '신과 함께-죄와 벌'의 누적 관객수는 1209만8574명, 그리고 9위 '강철비'의 경우 440만5394명이다.

이 영화들이 관심을 받는 데는 '손익분기점'에 대한 궁금증이 큰 이유 중 하나다. 손익분기점은 한 기간의 매출액이 당해기간의 총비용과 일치하는 지점을 의미하는 뜻으로, 손익분기점이 넘어야 이익이 되는 것이다.

'강철비'의 손익분기점은 관객수 400만, '신과 함께'는 600만, '1987'은 410만 명이 손익분기점이다. 따라서 한국영화 3편 모두 손익분기점을 넘어선 상황이다.

출처: http://www.ecomedia.co.kr/news/newsview.php?ncode=1065617793166911

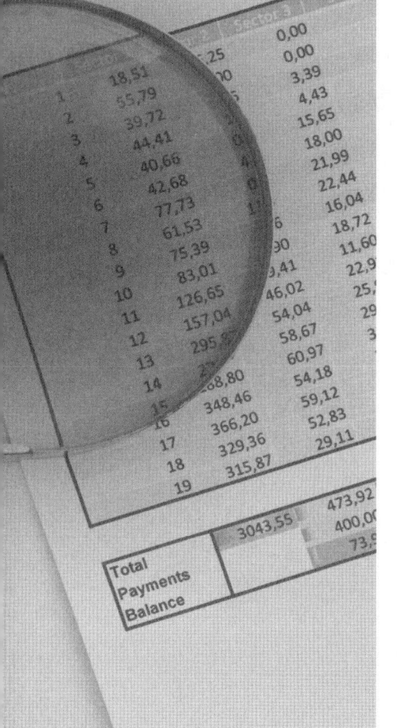

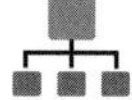

본 장에서는 현실에서 마주하게 되는 경영의 여러 문제들을 수학적으로 표현했을 때 방정식과 부등식의 형태가 되는데 이 방정식과 부등식의 해를 구하는 법을 공부한다.

1. 선형방정식

다음 형태의 방정식을 선형방정식(linear equation)이라고 한다.

$$3x-2=x+6$$

선형방정식

선형방정식에서 선형(linear)이란 의미는 변수에 대해 1차 관계가 있음을 말한다. 즉, 위의 식에서는 변수가 x인데 x에 대해 1차의 관계로 식이 주어져 있다. 선형방정식을 풀기 위해서는 변수는 변수대로 정리하여 왼편에, 상수는 상수대로 정리하여 오른편에 두고 변수의 값을 구하면 된다. 즉 아래와 같이 x를 왼편으로 −2를 오른편으로 보내면 된다. 이는 방정식의 양변에 $-x$와 2를 더하는 것과 같다. 이 결과 얻어진 $2x=8$의 양변을 2로 나누면 $x=4$란 답을 얻게 된다.

$$3x-2=x+6$$
$$3x-x=6+2$$
$$2x=8 \quad \rightarrow \quad x=4$$

이차방정식

하나 주의할 점은 $x^2=2x$와 같이 x에 대한 식이 주어졌을 때 양변을 x로 나누어 $x=2$와 같이 답을 구하면 틀린다. 왜냐하면 $x=0$ 또한 답이 될 수 있기 때문이다. 이 경우는 $x^2-2x=0$과 같이 변수를 왼편으로 모은 후 $x(x-2)=0$과 같이 인수분해하여 각각을 0으로 하는 값, 즉 $x=0$ 또는 $x=2$가 답이 되는 것이다. 참고로 이와 같이 x에 대해 2차로 주어지는 방정식을 **이차방정식**(quadratic equation)이라 한다.

선형방정식의 기본형태(standard form)는 다음과 같다.

$$ax+b \quad (a \neq 0)$$

여기서 a와 b는 상수이다.

이 형태는 경영 문제에서 많이 나타난다. 예를 들어 현재의 금액 P에 대한 1년 후의 미래가치 F는 이자 i를 고려하면

$$F=P+iP=P(1+i)$$

로 표시되어 이자 i에 대한 1차 함수, 즉 i에 대한 선형방정식임을 알 수 있다.

2. 이차방정식

이차방정식(quadratic equation)은 변수 x에 대해 이차식으로 표시되는 방정식을 말하는데 이차방정식의 기본 형태는 다음과 같다.

$$ax^2+bx+c=0 \quad (a \neq 0)$$

여기서 a, b와 c는 상수이다.

위의 식에서 x의 답은 다음과 같이 구할 수 있다. 앞에서 공부한 인수분해에 의해 위의 식이 다음과 같이 인수분해되었다고 하면 x의 답은 $-\alpha$ 또는 $-\beta$가 될 것이다.

$$a(x+\alpha)(x+\beta)=0 \quad (\text{여기서 } \alpha+\beta=\frac{b}{a},\ \alpha\beta=\frac{c}{a})$$

$$x+\alpha=0 \text{ 또는 } x+\beta=0$$

$$x=-\alpha \text{ 또는 } x=-\beta$$

만일 위와 같이 인수분해가 되지 않는 경우에는 다음의 **근의 공식**(quadratic formula)을 이용하여 x의 답을 구할 수가 있다. 근의 공식

$$x=\frac{-b\pm\sqrt{b^2-4ac}}{2a}$$

근의 공식을 어떻게 유도하였는지는 뒤에서 설명이 되겠지만 이 공식을 외워두면 유용하다. $x^2=A(A\geq 0)$이면 $x=\pm\sqrt{A}$ 인데 이를 **제곱근 공식**이라고도 한다. 제곱근 공식

다음의 예를 보자.

$$x^2+4x-1=4$$

제곱근 공식을 이용하기 위해 양변에 5를 더하면

$$x^2+4x+4=4+5$$

가 된다. 이는

$$(x+2)^2=9$$

와 같다. 따라서

$x+2=\pm\sqrt{9}=\pm3$

이 된다. 즉, $x=1$ 또는 -5이다.

같은 문제를 $x^2+4x-5=0$으로 정리하여 근의 공식을 이용해 풀 수도 있다. 물론 근의 공식을 적용하기 위해서는 오른편의 값이 0이 되어야 한다.

$$x=\frac{-4\pm\sqrt{4^2-4\cdot1\cdot(-5)}}{2\cdot1}=\frac{-4\pm\sqrt{16+20}}{2}=\frac{-4\pm6}{2}$$

즉, $x=1$ 또는 -5이다.

이제 근의 공식의 유도과정에 대해 설명하려고 한다. 근의 공식을 유도하기 위해 위의 제곱근 공식 형태로 변형하는 것이 중요하다. 이를 위해서 다음과 같이 접근할 수 있다.

$$ax^2+bx+c=0$$

$$ax^2+bx=-c$$

$$x^2+\frac{b}{a}x=-\frac{c}{a}\quad(a\neq0)$$

$$x^2+\frac{b}{a}x+\left(\frac{b}{2a}\right)^2=-\frac{c}{a}+\left(\frac{b}{2a}\right)^2$$

$$\left(x+\frac{b}{2a}\right)^2=\frac{-4ac+b^2}{4a^2}$$

$$x+\frac{b}{2a}=\pm\sqrt{\frac{b^2-4ac}{4a^2}}=\pm\frac{\sqrt{b^2-4ac}}{2a}$$

따라서 $x=\dfrac{-b\pm\sqrt{b^2-4ac}}{2a}$ 가 된다.

근의 공식의 유도과정에서 중요한 것은 $\left(x+\dfrac{b}{2a}\right)^2$ 와 같이 방정식의 왼편을 완전제곱 형태로 만드는 것이다.

근의 공식에서 제곱근 안에 있는 b^2-4ac를 **판별식**(discriminant)이라 한다. 판별식

판별식이란 이름이 붙은 이유는 이 값에 따라 x의 값이 두 개의 실수일 수도 있고 하나의 실수일 수도 있고 실수인 값이 없을 수도 있기 때문이다. 판별식을 D라고 하면 D의 값에 따라 다음과 같이 x의 값에 대한 세 가지 경우가 발생한다.

$$\begin{cases} D>0\text{이면 } x\text{는 두 개의 서로 다른 실수 해} \\ D=0\text{이면 } x\text{는 하나의 실수 해} \\ D<0\text{이면 실수인 } x\text{의 해는 없음} \end{cases}$$

이차방정식은 경영 문제에서 자주 나타난다. 예를 들면 이익(profit)을 구하는 경우 이익은 다음과 같이 표시가 된다.

이익 = 수입(revenue) − 비용(cost)

그런데 수입은 단위당 판매가격인 p와 판매단위인 x를 곱한 것으로 일반적으로 px로 나타낸다. 여기서 p는 뒤에서 배울 수요함수에서 x와는 $p=a-bx$의 관계가 성립해 가격 p가 줄어들수록 판매량 x는 늘어나는 형태를 갖는다. 이를 고려하면 수입을 r이라 할 때 $r=px=(a-bx)x=ax-bx^2$으로 x에 대해 2차식의 형태를 띤다.

앞에서 배운 현재의 금액 P가 2년 후에 갖는 미래가치 F는 다음과 같이 주어진다.

$$F=P(1+i)^2$$

이는 1년 뒤의 미래가치가 $F=P(1+i)$임을 앞에서 이미 보았으므로 2년 뒤의 미래가치는 이 금액을 현재의 원금으로 생각하고 여기에 이자 i를 적용해 다음과 같이 얻은 것이다.

$$F=P(1+i)+P(1+i)i=P(1+i)(1+i)=P(1+i)^2$$

이는 i에 대해 2차식의 형태임을 알 수 있다.

여기서 계속 같은 식으로 유추하면 재무관리에서 많이 다루는 현재의 금액 P에

대한 n년 후의 미래가치 F는 다음과 같이 주어짐을 알 수 있다.

$$F = P(1+i)^n$$

재무관리에서는 저축이나 연금 등의 문제가 나오는데 위의 공식이 연도별로 반복적으로 사용되므로 다음의 등차수열(arithmetic progressions, AP)과 등비수열(geometric progressions, GP)에 대해 알아두면 도움이 될 것이다. 먼저 등차수열에 대해 알아보자.

등차수열

등차수열은 어떤 항과 앞선 항 사이의 차이가 d로 다음과 같은 수열을 말한다.

$$a, \quad a+d, \quad a+2d, \quad \cdots$$

이 경우 n번째 해당하는 일반항은 $T_n = a+(n-1)d$ 와 같이 표시된다.

$T_n = a+(n-1)d = l$ 로 놓고 등차수열의 합을 다음과 같이 구할 수 있다.

등차수열의 합

등차수열의 합 S_n은 다음과 같이 두 가지 경우로 표시되는데 이 둘을 합하면

$$\begin{array}{rl} S_n &= a+(a+d)+(a+2d)+ \ \cdots \ +(l-d)+l \\ + \ S_n &= l+(l-d)+(l-2d)+ \ \cdots \ +(a+d)+a \\ \hline 2S_n &= (l+a)+(l+a)+(l+a)+ \ \cdots \ +(l+a)+(l+a) \end{array}$$

즉, $2S_n = n(l+a)$ 이 되어

$$\begin{aligned} S_n &= \frac{n}{2}(l+a) \\ &= \frac{n}{2}(a+(n-1)d+a) \\ &= \frac{n}{2}[2a+(n-1)d] \end{aligned}$$

가 된다.

등비수열

등비수열은 각 항과 앞선 항의 비율이 r로 다음과 같은 수열을 말한다.

$$a,\quad ar,\quad ar^2,\quad \cdots$$

이 경우 n번째 일반항은 $T_n = ar^{n-1}$으로 표시된다.

등비수열의 합 S_n은 다음과 같이 구해지는데 그 이유는 아래에 나와 있다. 등비수열의 합

$$S_n = \frac{a(1-r^n)}{1-r}$$

이를 증명해보자.

$S_n = a + ar + ar^2 + \cdots + ar^{n-1}$ 이므로 양변을 r배 하면

$rS_n = ar + ar^2 + ar^3 + \cdots + ar^n$ 을 얻게 된다.

이제 위의 식에서 아래의 식을 빼면 $(1-r)S_n = a - ar^n$ 이 된다. 즉 오른편의 경우 위 식의 첫 항 a와 아래 식의 ar^n을 제외하고는 모두 사라지게 된다.

따라서 $S_n = \dfrac{a(1-r^n)}{1-r} \quad (r<1),$

$$S_n = \frac{a(r^n-1)}{r-1} \quad (r>1)$$

로 r값에 따라 두 가지로 주어진다.

참고로 $r=1$인 경우 $S_n = \underbrace{a + a + \cdots + a}_{n\text{개}} = na$이다.

아래처럼 무한 등비수열의 합

$$a + ar + ar^2 + \cdots = \frac{a}{1-r} \quad (-1<r<1)$$

로 주어짐을 알 수 있다.

이제 재무관리에서 자주 사용되는 예들을 보자.

매년 A씩 불입하는 경우의 n년도 총 **불입액의 미래가치**를 구해보자. 여기서는 불입액의 미래가치

n년도에도 A는 불입해야 하는 것으로 가정하자.

이 문제를 그림으로 나타내면 다음과 같다.

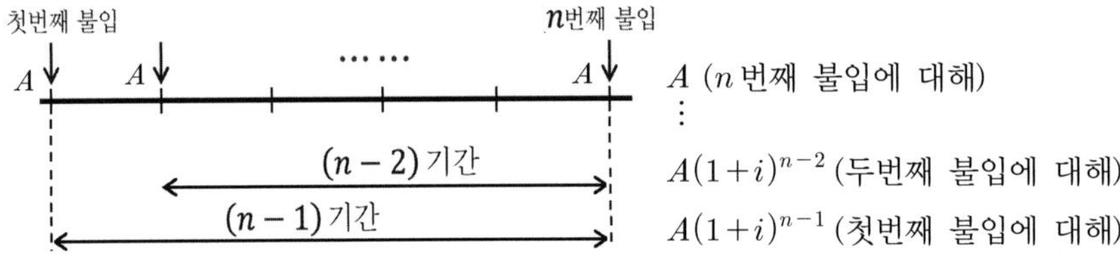

따라서 미래가치

$$
\begin{aligned}
F &= A(1+i)^{n-1} + A(1+i)^{n-2} + \cdots + A(1+i) + A \\
&= \frac{A[(1+i)^n - 1]}{(1+i)-1} \\
&= \frac{A}{i}[(1+i)^n - 1]
\end{aligned}
$$

이 된다.

연금

이제 매년 A씩 n년간 **연금**(annuity)을 지급 받으려면(연금은 1년 말부터 지급받는 것으로 가정한다) 현재 얼마의 금액을 입금해야 하는지를 알아보자.

이 문제를 풀기 위해서는 다음과 같이 해마다 연말에 받는 금액 A의 현재가치를 구하면 된다.

$$
\begin{aligned}
P &= A(1+i)^{-1} + A(1+i)^{-2} + \cdots + A(1+i)^{-n} \\
&= \frac{A(1+i)^{-1}[1-(1+i)^{-n}]}{1-(1+i)^{-1}} \\
&= \frac{A[1-(1+i)^{-n}]}{(1+i)-1} \\
&= \frac{A}{i}[1-(1+i)^{-n}]
\end{aligned}
$$

할부상환

이다. 물론 이 식은 **할부상환**(amortization)에도 적용될 수 있다.

이제 부등식에 대해 설명해 보기로 하자.

손익분기점

때때로 풀이의 결과를 하나의 값이 아니라 범위로 나타낼 필요가 있다. 예를 들어 뒤에서 다룰 손익분기점(break-even point) 분석에 있어서 **손익분기점**, 즉 이익이 0이 되는 다시 말해서 수입과 비용이 같아지는 점도 중요하지만 이익이 발생하는 구간이라든지 또는 손실이 발생하는 구간 등으로 나타낼 필요가 있는 경우도 있다. 이 외에도 두 가지 가능한 투자안이 있을 때 한 투자안이 다른 투자안보다 매력적인 구간을 나타내 주어야 할 경우도 있다.

3. 선형부등식

선형부등식(linear inequality)은 다음과 같이 변수에 대해 1차 관계로 부등식이 주어진 것을 말한다. 선형부등식

$ax+b>0$ (또는 <0, ≥ 0, ≤ 0) 여기서 a, b는 상수이다.

선형부등식을 풀기 위해서는 다음의 규칙을 알아둘 필요가 있다.

규칙 1) $a>b$이고 c가 어떤 실수라면

$a+c>b+c$ 이고 $a-c>b-c$ 이다.

규칙 2) $a>b$이고 c가 어떤 양수라면

$ac>bc$ 이고 $\frac{a}{c}>\frac{b}{c}$ 이다.

$a>b$이라도 c가 음수라면

$ac<bc$ 이고 $\frac{a}{c}<\frac{b}{c}$ 이다.

다음의 선형부등식을 풀어보자.

$$2x+5>4x-1$$

먼저 선형방정식에서처럼 변수는 왼쪽에 상수는 오른쪽에 다음과 같이 정리한다.

$$2x-4x>-1-5$$

$$-2x>-6$$

따라서 $x<3$이다.

4. 이차부등식

이차부등식

이차부등식(quadratic inequality)은 다음의 형태를 갖는다.

$$ax^2+bx+c>0 \ \ (\text{또는} < 0, \ \geq 0, \ \leq 0) \text{ 여기서 } a, \ b, \ c\text{는 상수이다.}$$

다음의 부등식을 만족하는 해를 구해보자.

$$x^2-x<6$$

먼저 다음과 같이

$$x^2-x-6<0$$

로 정리한 후 인수분해를 다음과 같이 한다.

$$(x+2)(x-3)<0$$

따라서 이를 만족하는 답은 다음과 같다.

$$-2<x<3$$

5. 절댓값

방정식과 부등식이 절댓값(absolute value)을 포함하는 경우도 있다.

절댓값

절댓값은 다음과 같이 정의된다.

$$|x| = \begin{cases} x, & x \geq 0 \\ -x, & x<0 \end{cases}$$

절댓값은 절대 음수가 될 수 없다. 즉, $|x| \geq 0$이다. 절댓값에 대해 다음을 알아두면 절댓값 관련 문제를 푸는데 도움이 된다.

$|a|=b$ (여기서 $b \geq 0$)이면 $a=b$ 또는 $a=-b$이다.

$|a|=|b|$ 이면 $a=b$ 또는 $a=-b$이다.

그리고 절댓값과 제곱근 사이에는 다음의 관계가 성립한다.

$$|x| = \sqrt{x^2}$$

절댓값 $|x-c|$ 는 수직선(number line)상에서 두 점 x와 c 사이의 거리(방향성은 없음)이므로

$$|x-c| = |c-x|$$

가 성립한다.

절댓값에 대해 다음이 성립한다.

$$|x| = |-x|$$

$a > 0$ 이면

$|x| < a \Leftrightarrow -a < x < a$

$|x| > a \Leftrightarrow x > a$ 또는 $x < -a$

$$|ab| = |a||b|$$

$$\left|\frac{a}{b}\right| = \frac{|a|}{|b|} \quad (b \neq 0)$$

예 절댓값을 이용한 다음 문제를 풀어보자.

$|3x-2| = |2x+7|$

풀이 $3x-2 = 2x+7$ 또는 $3x-2 = -(2x+7)$

$x = 9$ 또는 $x = -1$

또는 다음과 같이 풀 수도 있다.

$$(3x-2)^2 = (2x+7)^2$$
$$9x^2 - 12x + 4 = 4x^2 + 28x + 49$$
$$5x^2 - 40x - 45 = 0$$
$$x^2 - 8x - 9 = 0$$
$$(x+1)(x-9) = 0$$

$x = -1$ 또는 $x = 9$

요약

1) 선형방정식

- 선형방정식의 기본형태는 다음과 같다.

$$ax+b \quad (a \neq 0)$$

여기서 a와 b는 상수이다.

2) 이차방정식

- 이차방정식의 기본형태는 다음과 같다.

$$ax^2+bx+c=0 \quad (a \neq 0)$$

여기서 a, b와 c는 상수이다.

- 이차방정식이 인수분해가 되지 않는 경우 아래의 근의 공식을 이용하여 x의 답을 구할 수가 있다.

$$x = \frac{-b \pm \sqrt{b^2-4ac}}{2a}$$

근의 공식에서 제곱근 안에 있는 b^2-4ac를 판별식이라 한다. 판별식이란 이름이 붙은 이유는 이 값에 따라 x의 값이 두 개의 실수일 수도 있고 하나의 실수일 수도 있고 실수인 값이 없을 수도 있기 때문이다. 판별식을 D라고 하면 D의 값에 따라 다음과 같이 x의 값에 대해 세 가지 경우가 발생한다.

$$\begin{cases} D>0\text{이면 } x\text{는 두 개의 서로 다른 실수 해} \\ D=0\text{이면 } x\text{는 하나의 실수 해} \\ D<0\text{이면 실수인 } x\text{의 해는 없음} \end{cases}$$

- 매년 A씩 불입하는 경우의 n년도 총 불입액의 미래가치(n년도에도 A는 불입해야 하는 것으로 가정)

$$F = \frac{A}{i}[(1+i)^n - 1]$$

매년 A씩 n년간 연금을 지급 받기 위해(연금은 1년 말부터 지급받는 것으로 가정) 현재 납입해야 하는 금액

$$F = \frac{A}{i}[1-(1+i)^{-n}]$$

3) 선형부등식

- 선형부등식은 다음과 같이 변수에 대해 1차 관계로 부등식이 주어진 것을 말한다.

$ax+b>0$ (또는 <0, ≥ 0, ≤ 0) 여기서 a, b는 상수이다.

4) 이차부등식

- 이차부등식은 다음의 형태를 갖는다.

$ax^2+bx+c>0$ (또는 <0, ≥ 0, ≤ 0) 여기서 a, b, c는 상수이다.

5) 절댓값

$$|x| = \begin{cases} x, & x \geq 0 \\ -x, & x < 0 \end{cases}$$

절댓값과 제곱근 사이에는 다음의 관계가 성립한다.

$$|x| = \sqrt{x^2}$$

연습문제

1. 이차방정식에 있어서 근의 공식의 유용성에 대해 설명하라.

2. 등비수열의 합을 유도하라.

3. $x^2 - 3x = 0$을 만족하는 x를 구하라.

4. 다음 문제를 풀어라.

$$|2x+1| = |3x+1|$$

5. 승리전자는 채용설명회에서 신입사원의 연봉이 3500만원이고 매년 5% 인상될 것이라고 한다. 그러면 신입사원 A의 내년 연봉은 얼마인가?

6. 신형자동차의 단위대수당 판매가격이 5000만원이고 생산비용은 고정비 2000억원과 단위대수당 변동비용 3600만원으로 주어질 때 이익을 최대로 하는 판매대수 x를 구하려고 한다. 이익을 x를 이용해 나타내라.

7. 개인 투자자 A에게 자본금 5000만원이 있다. 2년 만기, 연리 7%인 국고채에 투자했을 때 2년 후 얼마를 받을 수 있는가?

8. A는 매년 초 500만원씩 불입해 나갈 때 10년 후의 총 불입액에 대한 미래가치를 구하라(단, 연리는 3%로 가정한다).

9. 고려전자는 제품 A를 생산하고 있다. 제품 A의 개당 생산비용은 20만원이고 고정비용은 2000만원이다. 개당 판매가격이 35만원이라고 할 때 수익이 1000만원보다 크려면 제품 A를 얼마나 생산해야 하는가?

10. 개인 투자자 A는 6000만원을 가지고 있는데 금융상품에 투자해 2년 뒤에 6800만원으로 만들고 싶으면 이 금융상품의 이자율은 얼마나 되어야 하는가?

3 CHAPTER

함수와 그래프

주요 학습목표

- 한 점-기울기 공식, 두 점 공식과 기울기-절편 공식을 이용해 직선의 방정식을 구할 수 있다.
- 손익분기점을 구할 수 있다.
- 수요함수와 공급함수를 이해하고 시장의 균형점을 구할 수 있다. 그리고 세금과 보조금의 효과에 대해 파악할 수 있다.
- 연립 선형방정식의 해를 구할 수 있다.
- 이차함수에 대한 그래프를 이해할 수 있다.
- 합성함수, 음함수, 역함수에 대해 이해할 수 있다.

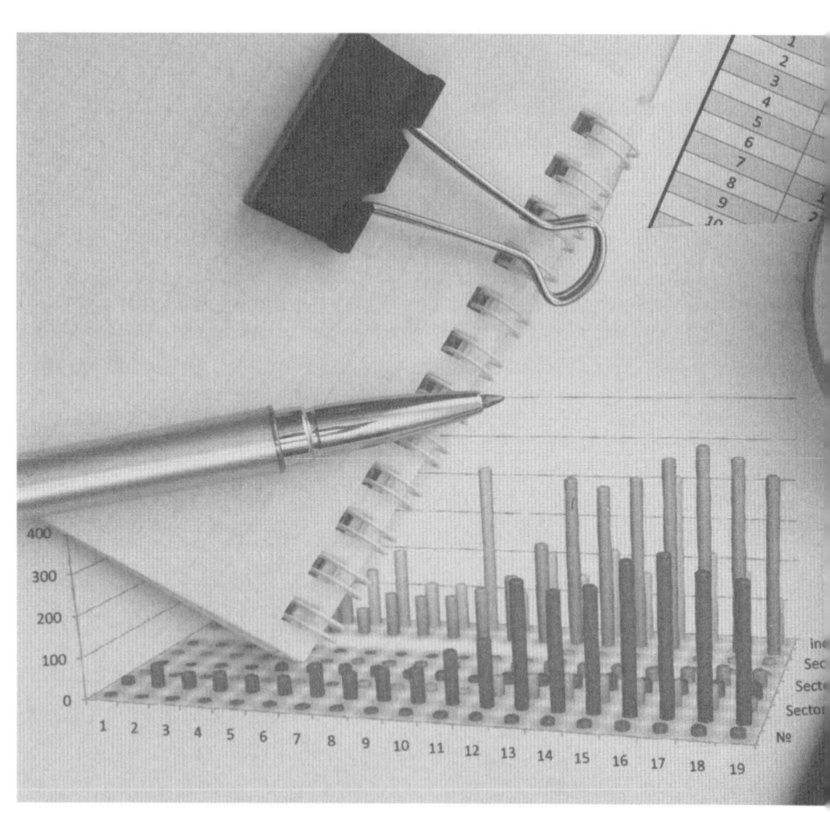

'나홀로 올라' 서울 아파트값만 오르는 건 왜?

서울 주간 아파트값이 지난주보다 0.37% 오르면서 1월 마지막 주 이후 30주 만에 최대 상승 폭을 기록했다.

한국감정원 자료를 보면, 8월 셋째 주 서울 아파트값은 지난주보다 0.37% 올라, 0.18% 오른 지난주에 비해 상승 폭이 두 배 이상으로 커졌다. 수도권 외 다른 지역은 울산 −0.35%, 경남 −0.31%로 서울만 아파트값만 오르고 있다는 것을 확인할 수 있다.

특히 지역별로 살펴보면 뉴타운과 지하철 연장 등 개발 호재가 있는 동작구가 0.8%, 강동구가 0.66% 올랐고, 통합개발 계획이 거론된 영등포구가 0.51%, 용산구가 0.45% 올라 전체 집값을 끌어 올렸다.

그런데 최근 서울 아파트 매매 거래량은 예년보다 적은 수준이어서, 한두 건이 비싸게 거래되면서 전체 시세가 오르는 현상이 이어지고 있는 것으로 분석됐다.

보통 거래량이 많아야 가격이 올랐는데 이례적인 현상의 이유는 뭘까?

[박원갑 / KB 국민은행 수석전문위원: 시장 가격은 수요와 공급의 함수라고 할 수 있다. 다주택자 양도세 중과세나 보유세 부담이 무거워지면서 투기적 수요는 준 것은 맞다. 하지만 공급량이 수요보다 더 줄어들다 보니까 힘의 균형이 한쪽으로 쏠리고 그러다 보니 결국 가격이 오르는 양상들이 이어지고 있다.]

수요도 적지만 공급이 더 적은 데다, 개발에 대한 기대감에 이사철을 앞두고 더 오를 수 있다는 심리가 적용된 것이 서울 아파트값만 더 올린 것으로 보인다.

집값 불균형에 김현미 국토교통부 장관은 올해 집값 상승분을 내년도 공시가격에 적극적으로 반영하겠다고 밝혔다.

공시가격은 재산세·종부세뿐 아니라 건강보험료 등의 산정 기준이 되는 만큼 김 장관의 이번 발표는 고가 주택 보유자들에 대한 세금 부담을 높이겠다는 뜻으로 해석된다.

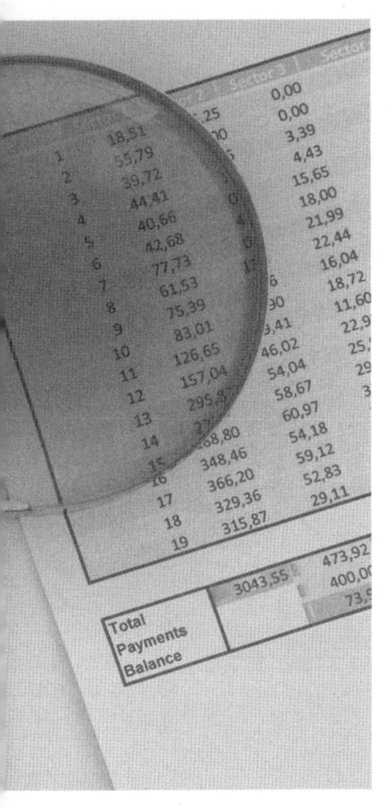

[김현미 / 국토교통부 장관: 올해 초에 올랐던 것, 올해 여름을 중심으로 시세가 급등하는 지역들의 경우에는 공시지가를 현실화할 때 충분히 반영하도록 적극적으로 노력하겠다.]

그런데 고가 주택 보유자들에게 부담을 주겠다는 정책에도 서울 강남의 집값은 계속 뛰고 있다.

강남의 아파트는 5년 새 두 배 가까이 뛰어 30평대 아파트가 30억에 가까워진 것도 있다.

과연 국토부의 처방이 효과를 볼 수 있을까?

[박원갑 / KB 국민은행 수석전문위원: 내년에 고지서를 받아보면 급등 지역에서 재산세가 크게 늘어날 수밖에 없고 은퇴자일수록 상당한 부담감을 느낄 것이다. 하지만 당장 고지서가 날아오는 게 아니니까 현재로는 심리적 부담 정도로 예상하고 있다.]

심리적인 부담감만으로 서울 아파트값만 오르는 현상을 잡을 수 있을까?

각종 경기 지표의 빨간 불이 켜진 가운데 부동산 대책도 시험대에 오르고 있다.

출처: http://www.ytn.co.kr/_ln/0102_201808241343284094

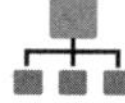

본 장에서는 함수와 그래프에 대해 살펴보기로 한다. 먼저 함수에 대해 알아보자.

1. 함수

함수
정의역
치역

함수(function)는 다음과 같이 정의된다. X에서 Y로의 함수는 X에 속하는 각 원소 x에 대해 Y에 속하는 하나의 y를 유일하게 대응시키는 규칙을 말한다. 이 때 집합 X를 함수 f의 **정의역**(domain)이라고 하고 D_f로 표시하며 집합 Y를 함수 f의 **치역**(range)이라 하고 R_f로 표시한다. 이를 그림으로 나타내면 다음과 같다.

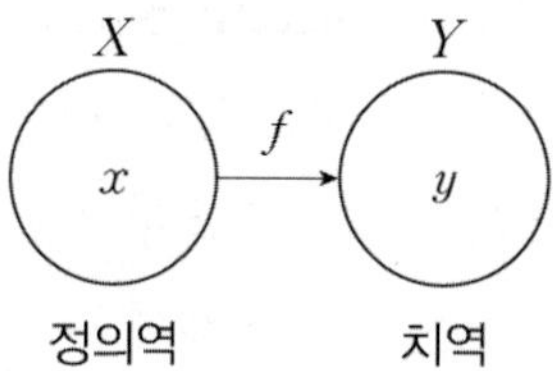

위의 함수의 정의에 따라 아래의 두 경우를 보면 왼편은 함수가 아니고 오른편은 함수이다. 그 이유는 왼편의 경우 X의 한 값에 대해 Y의 세 개 값이 대응되어 있어 함수가 아니고 오른편의 경우 X의 각 값에 대해 Y의 값이 하나만 대응되었지만 공교롭게도 대응된 값이 같은 것이지 함수의 정의를 위반한 것은 아니다.

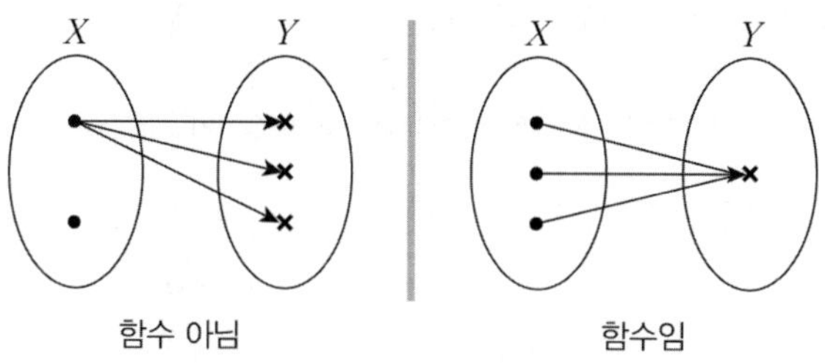

$y=f(x)$로 표시되는 경우 x를 **독립변수**(independent variable)라 하고 y를 **종속변수**(dependent variable)라 한다.

독립변수
종속변수

다음의 예를 보자.

예 $g(x)=3x^2-5x+1$로 주어진 경우 $g(1+h)$와 $g(1)+g(h)$를 구해 보자.

풀이

$$g(1+h)=3(1+h)^2-5(1+h)+1$$
$$=3h^2+h-1$$
$$g(1)+g(h)=3\times1^2-5\times1+1+(3h^2-5h+1)$$
$$=3h^2-5h$$

참고로 $g'(x)=\lim_{h\to0}\frac{g(x+h)-g(x)}{h}$

$$=\lim_{h\to0}\frac{3(x+h)^2-5(x+h)+1-(3x^2-5x+1)}{h}$$

$$=\lim_{h\to 0}\frac{6xh+3h^2-5h}{h}=\lim_{h\to 0}(6x+3h-5)=6x-5$$

이 $g'(x)$는 추후 미분에서 배우게 될 한 점(여기서는 x)에서의 순간기울기로 최소와 최대 문제에서 중요한 역할을 한다.

이제 주어진 그래프가 함수 $y=f(x)$의 그래프인지를 파악하는 법을 알아보자. 이를 위해 다음의 수직선 테스트가 적용된다.

수직선 테스트(vertical-line test)

수직선 테스트

xy 평면에서의 주어진 그래프에 **수직선 테스트**를 적용한 결과 어떤 수직선도 그래프와 기껏해야 한 점에서 만난다면 이는 함수의 그래프라고 한다.

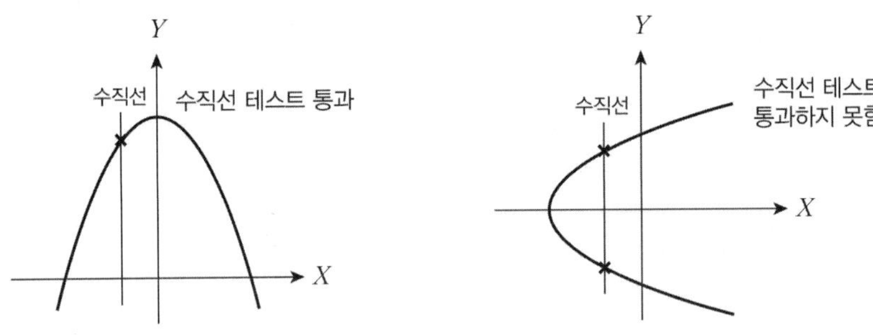

위의 그림에서 보면 왼편의 경우는 수직선 테스트를 통과한 경우이고 오른쪽은 수직선 테스트를 통과하지 못한 경우이다. 왜냐하면 오른쪽의 경우 수직선 테스트를 적용한 결과 그래프와 두 곳에서 만나기 때문이다.

주어진 함수의 정의역을 찾을 때 다음의 두 조건을 기억하면 도움이 된다.

① 제곱근 아래의 값은 음수가 될 수 없다.
② 어떤 함수의 분모도 0이 될 수 없다.

다음의 예들을 보자.

예 다음 함수의 정의역은?

$$f(x) = \frac{x+2}{x-1}$$

풀이 분모는 0이 될 수 없으므로 $D_f = \{x|x = 1$을 제외한 모든 실수$\}$

예 다음 함수의 정의역은?

$$f(x) = \sqrt{x-2}$$

풀이 제곱근 아래의 값은 음수가 될 수 없으므로

$D_f = \{x|x \geq 2$인 모든 실수$\}$

예 다음 함수의 정의역은?

$$f(x) = \frac{x}{(x-1)\sqrt{x-3}}$$

풀이 분모는 0이 될 수 없고 제곱근 아래의 값이 음수가 될 수 없으므로

$D_f = \{x|x > 3, x \neq 1$인 모든 실수$\}$

이제 함수의 종류를 살펴보자.

먼저 **상수함수**(constant function)는 다음과 같다.

상수함수

$f(x) = b$

D_f : 모든 실수의 집합

$R_f = \{b\}$

Y

b $f(x) = b > 0$

X

***n*차 다항함수**(polynomial function of degree n)는 다음과 같다.

n차 다항함수

$$f(x) = a_n x^n + a_{n-1} x^{n-1} + \cdots + a_1 x + a_0 \quad (a_n \neq 0)$$

D_f, R_f : 모든 실수의 집합

선형함수

선형함수(linear function)는 다음과 같다.

$$f(x) = mx + b \quad (m \neq 0)$$

D_f, R_f : 모든 실수의 집합

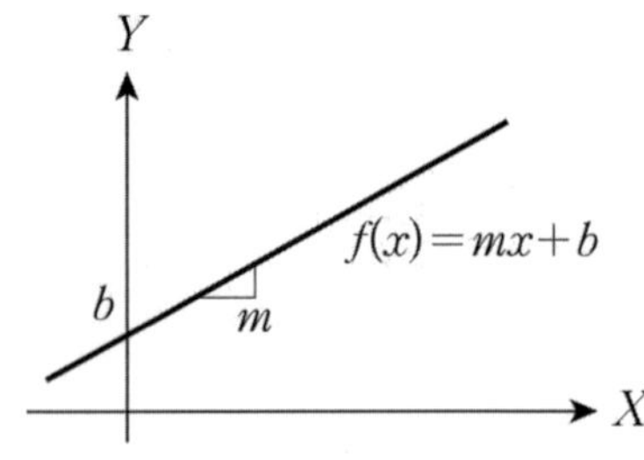

2. 카티전 평면

카티전 좌표계
xy 좌표계

이제 함수를 그래프로 나타내는 것에 대해 살펴보기로 하자. 함수의 그래프는 해당 함수를 만족하는 모든 점들의 집합으로 정의할 수 있다. 함수를 그래프로 나타내기 위해서 우리는 **카티전 좌표계**, 즉 우리가 ***xy* 좌표계**라고 부르는 것을 알 필요가 있다. xy 좌표계에서 한 점 $P(x, y)$가 주어지면 x는 X축 좌표(abscissa), y는 Y축 좌표(ordinate)라 하고 O는 원점(origin)이라 한다.

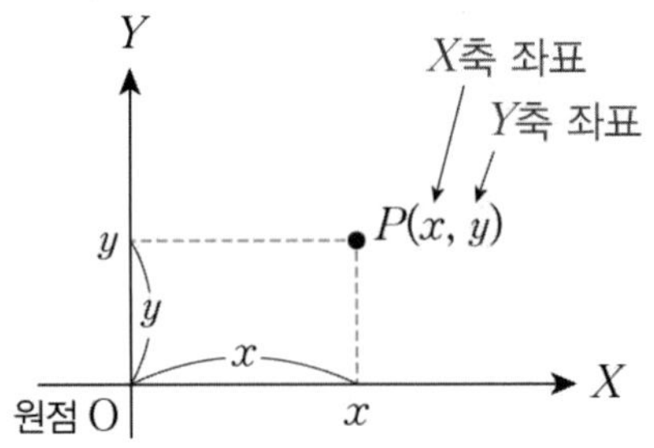

카티전 평면
xy 평면
순서쌍

그리고 **카티전 평면**(Cartesian plane)은 X축과 Y축을 갖는 평면으로 ***xy* 평면**이라고도 한다. XY 평면 위의 한 점은 실수의 **순서쌍**(ordered pair of real numbers)인 (x, y)에 대응한다고 볼 수 있다. 그리고 실수의 순서쌍인 (x, y)의 경우 x와 y 값 조합에 따라 다음의 4가지 경우가 발생한다. 즉, $x > 0$이고 $y > 0$인 경우는 1사분면에 해당되고 $x < 0$이고 $y > 0$인 경우는 2사분면, $x < 0$이고 $y < 0$인 경우는 3사분면, $x > 0$이고 $y < 0$인 경우는 4사분면에 해당된다.

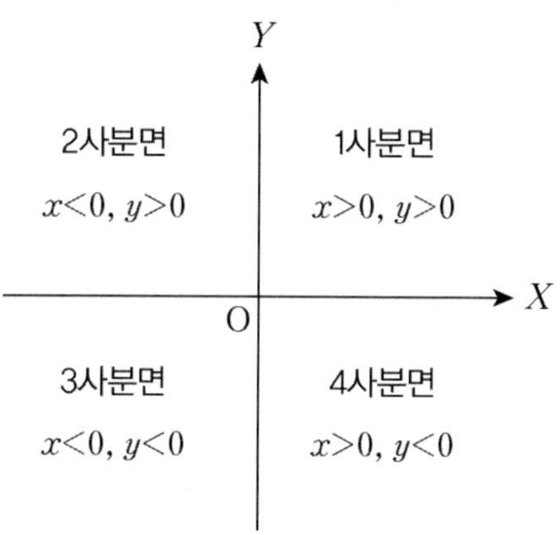

xy 평면 위에 있는 두 점 사이의 거리를 보여주는 다음의 정리를 알아둘 필요가 있다.

정리 $P(x_1, y_1)$와 $Q(x_2, y_2)$가 xy 평면 위에 있는 두 개의 점이라면 이들 사이의 거리는 $d=\sqrt{(x_2-x_1)^2+(y_2-y_1)^2}$ 이다.

이는 **피타고라스 정리**를 이용하여 쉽게 증명할 수 있다. 즉 다음 그림의 직각삼각형(PQR)에 대해 빗변의 제곱은 다른 두 변의 제곱 합과 같아야 하므로 $PQ^2=PR^2+RQ^2$이고 따라서 $PQ=\sqrt{PR^2+RQ^2}$ 이다. 여기서 PQ는 거리를 나타내므로 음수가 될 수 없다.

피타고라스 정리

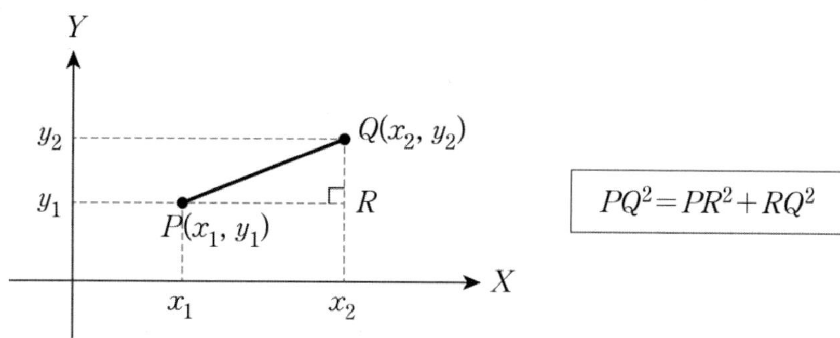

함수를 그래프로 나타내는 가장 간단한 방법은 x의 값들에 대해 대응하는 y의 값들을 찾아 이 대응되는 (x, y)를 xy 좌표계에 나타내면 된다.

예 $6x-3y-3=0$을 그래프로 나타내보자.

풀이 y에 대해 정리하면 $y=2x-1$이고 아래와 같이 몇 개의 점을 대응시키면 오른쪽의 그래프를 그릴 수 있다.

$$x=\cdots\ -1\quad 0\quad 1\quad \cdots$$
$$y=\cdots\ -3\quad -1\quad 1\quad \cdots$$

또 다른 예를 보자. 이 경우도 마찬가지로 x에 대응하는 y의 값들을 찾아 xy 좌표상에 나타내면 된다.

예 $y=1-x^2$

$x=0\ \pm1\ \pm2\ \cdots$

$y=1\quad 0\ -3\ \cdots$

수요함수

이제 자주 사용되는 수요함수에 대해 살펴보기로 하자. **수요함수**는 일반적으로 $p=a-bq$로 주어져 수요, 즉 수량 q가 증가하면 가격 p가 감소하고 수량 q가 감소하면 가격 p가 증가한다. 다음 예를 보면 이를 알 수 있다.

예 수요함수가 다음과 같이 주어져 있다.

$3q+p=10$ (q는 수량으로 0 이상이고 가격 p도 0 이상임)

이를 가격에 대해 나타내보자.

풀이 가격에 대해 나타내면

$$p=10-3q$$

이다. 여기서 10은 절편이고 −3은 기울기이다. 이는 수량이 한 단위 증가할 때마다 가격이 3씩 감소함을 의미한다.

3. 직선에 대한 그래프

직선에 대한 그래프를 그리기 위해서는 앞에서 설명한 것처럼 x의 각 값들에 대해 대응하는 y의 각 값들을 찾아 그래프에 나타낼 수도 있으나(사실 이 작업은 번거로운 면이 있다) 이제 다른 아이디어로 직선을 나타내보기로 하자. 기본 아이디어는 직선에 대한 그래프를 나타내기 위해 절편(intercept)과 직선의 기울기(slope)를 이용하는 것이다. 다음 그림에서 보듯이 두 점 P와 Q가 주어지면 직선의 기울기 m은 P와 Q 사이의 y값의 차이(수직거리 QR)를 x값의 차이(수평거리 PR)로 나눈 $\dfrac{y_2-y_1}{x_2-x_1}$이 된다.

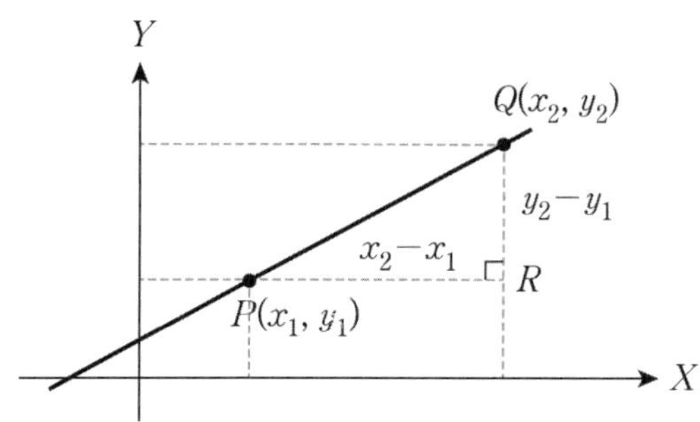

수평거리 $PR=x_2-x_1$
수직거리 $QR=y_2-y_1$

즉,

$$\text{직선의 기울기}(m) = \frac{\text{두 점 사이의 수직거리(rise)}}{\text{두 점 사이의 수평거리(run)}} = \frac{y_2 - y_1}{x_2 - x_1}$$

이 된다.

직선은 직선의 기울기에 따라 여러 가지 형태가 존재한다. 양의 기울기가 크면 직선은 가파른 우상향이고 양의 기울기가 작으면 직선은 완만한 우상향이고 기울기가 0이면 수평선(x축에 평행)이 된다. 그리고 양의 기울기가 너무 큰 경우 즉 기울기가 무한대인 경우 직선은 수직선(y축에 평행)이 된다(아래 그림 참조).

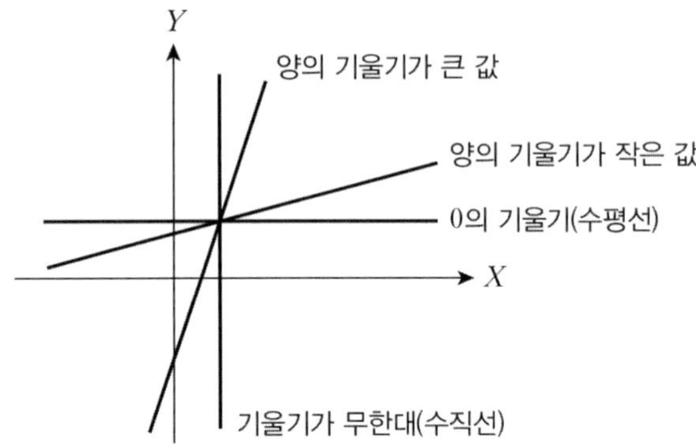

이제 한 점 (x_1, y_1)과 기울기 m이 주어진 경우 직선의 방정식을 구하는 법을 알아보자.

아래 그림에서 보듯이 기울기 m이 만들어지는 원리를 알면 직선의 방정식을 쉽게 구할 수 있다. 즉, 이 경우 기울기 $m = \frac{y - y_1}{x - x_1}$ 이다. 이를 y에 대해 정리하면 $y - y_1 = m(x - x_1)$을 얻게 된다.

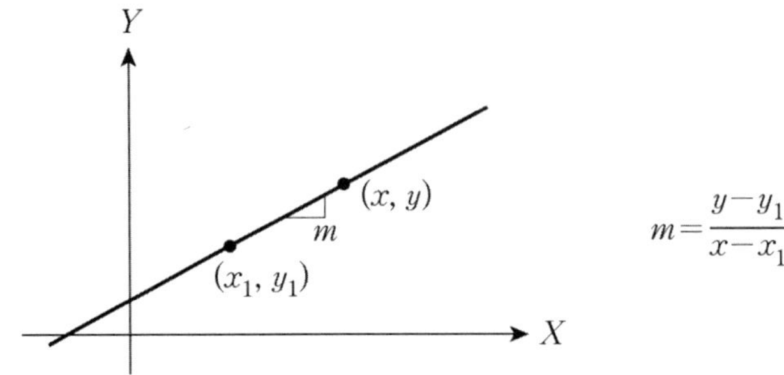

$$m = \frac{y - y_1}{x - x_1}$$

이것이 바로 **한 점-기울기 공식**(point-slope formula) 한 점-기울기 공식

$$y-y_1=m(x-x_1)$$

이다.

두 점 $(x_1,\ y_1)$과 $(x_2,\ y_2)$가 주어진 경우 직선의 방정식을 구하는 법을 알아보자. 아래 그림에서 보듯이 기울기 $m=\dfrac{y_2-y_1}{x_2-x_1}$이다. 이 기울기와 기울기를 구할 때 사용하지 않은 다른 점 $(x,\ y)$를 이용해 앞의 한 점-기울기 공식으로 다음을 얻을 수 있다.

$$y-y_1=\frac{y_2-y_1}{x_2-x_1}(x-x_1)$$

이를 **두 점 공식**(two points formula)이라 하며 아래 그림을 보면 이를 이해할 수 있다. 두 점 공식

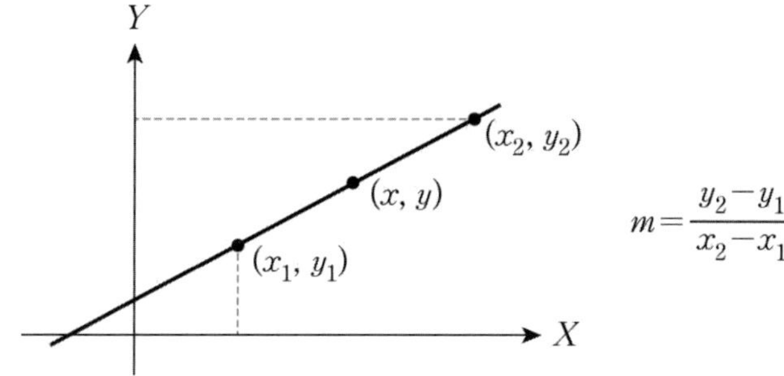

$$m=\frac{y_2-y_1}{x_2-x_1}$$

다음으로 기울기 m과 절편 b가 주어진 경우는 절편 b에 대응하는 한 점 (0, b)와 기울기 m이 주어진 것으로 생각할 수 있다. 이를 위의 한 점-기울기 공식에 대입하면 $(y-b)=m(x-0)$이 되고 이를 y에 대해 풀면 $y=mx+b$가 된다. 이를 **기울기-절편 공식**(slope-intercept formula)이라 한다. 다음 그림을 보면 이를 알 수 있다. 기울기-절편 공식

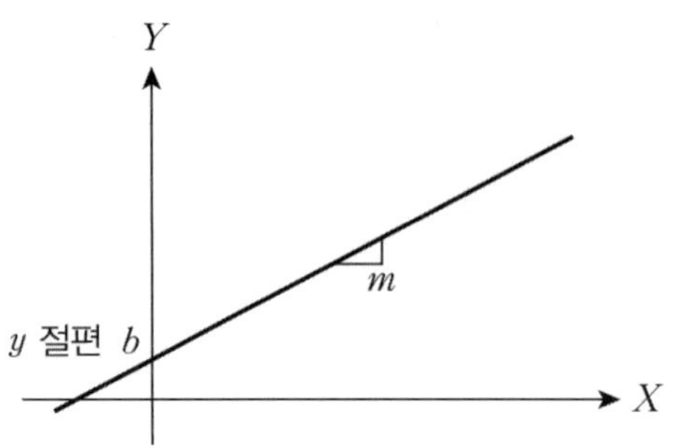

그리고 $y=b$로 표시되는 직선은 (0, b)를 지나면서 X축에 평행한 직선이고 $x=a$로 표시되는 직선은 (a, 0)을 지나면서 Y축에 평행한 직선으로 이는 다음 그림과 같다.

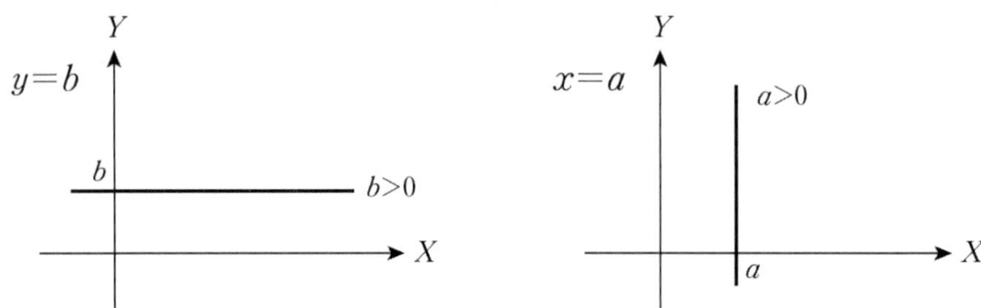

참고로 두 변수 x와 y로 이루어진 일반적인 직선의 방정식은 다음과 같이 주어진다.

$ax+by+c=0$, 여기서 a, b와 c는 상수

이 방정식은 a와 b의 값에 따라 다음의 세 가지 경우가 존재한다.

① $a \neq 0, \quad b \neq 0$

$$y=-\frac{a}{b}x-\frac{c}{b}$$

② $a \neq 0, \quad b=0$

$$x=-\frac{c}{a} \text{ (수직선)}$$

③ $a=0, \quad b \neq 0$

$$y=-\frac{c}{b} \text{ (수평선)}$$

이제 직선의 방정식과 관련한 몇 가지 특징을 살펴보자. 두 직선이 평행하다는 것은 두 직선의 기울기가 같다는 것을 의미하고 두 직선이 수직인 경우는 두 직선의 기울기를 곱하면 -1이 된다. 즉, 다음과 같이 정리할 수 있다.

- 평행한 두 직선 : $m_1 = m_2$ (두 직선의 기울기가 같음)
- 서로 수직인 두 직선 : $m_1 \cdot m_2 = -1$ (두 직선의 기울기의 곱이 -1)

서로 수직인 두 직선의 곱이 -1이 되는 이유를 알아보자.

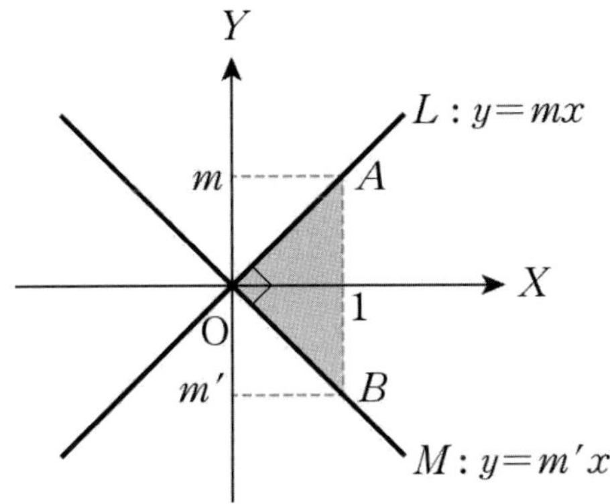

위의 그림에서 서로 수직인 두 직선 L과 M의 기울기를 m과 m'라 하자. 위 그림은 xy 평면의 어디나 있을 수 있는 수직인 두 직선을 편의상 원점으로 평행이동을 시켜놓은 것이다. 그림에서 보면 삼각형 OAB는 직각삼각형이고 A의 좌표는 (1, m)이고 B의 좌표는 (1, m')이다. 여기에 피타고라스 정리를 적용하면 다음이 성립한다.

$$\overline{AB}^2 = \overline{OA}^2 + \overline{OB}^2$$

여기에 해당되는 값을 대입해 전개하면 최종적으로 두 직선의 기울기 곱이 -1임을 알 수 있다.

$$(m-m')^2 = (1^2+m^2)+(1^2+m'^2)$$
$$m^2-2mm'+m'^2 = m^2+m'^2+2$$
$$-2mm' = 2$$
따라서 $mm' = -1$

이제 직선의 방정식에 관한 다음 예를 보자.

예 10개의 제품을 생산하는 비용은 3500이고 20개의 제품을 생산하는 비용은 6000이라 할 때 x개의 제품을 생산하는 비용 y를 직선의 방정식으로 나타내 보자.

풀이 이 예에서는 두 개의 점 (10, 3500), (20, 6000)을 지나는 직선을 구하여야 한다. 따라서 두 점 공식을 적용하면

$$y-3500=\frac{6000-3500}{20-10}(x-10)=250(x-10)$$

을 얻게 된다.

따라서

$$y=250x+1000$$

다음의 예와 같이 주어진 직선의 방정식을 그래프로 나타내기 위해서는 두 가지 방법이 모두 가능하다.

예 $2x-7y=14$를 그래프로 나타내 보자.

풀이 1) $x=0$일 때의 y의 값과 $y=0$일 때의 x의 값을 구한 후 이 두 점을 연결해 그래프를 그리면 된다.

$$x=0 \rightarrow -7y=14 \rightarrow y=-2$$
$$y=0 \rightarrow 2x=14 \rightarrow x=7$$

따라서 (0, −2)와 (7, 0)을 지나는 직선을 다음과 같이 그리면 된다.

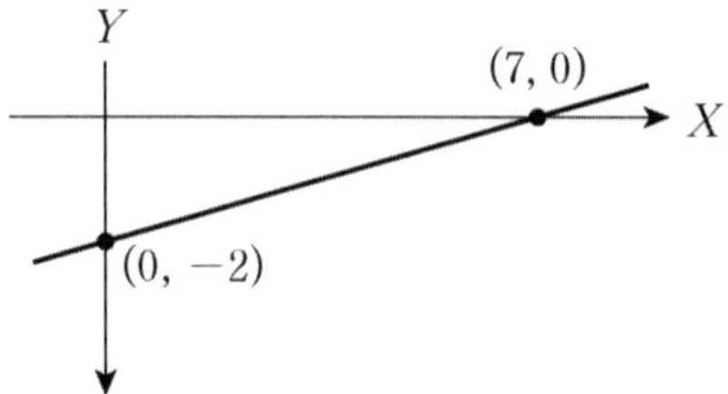

2) 주어진 식 $2x-7y=14$을 y에 대해 풀면

$$y=\frac{2}{7}x-2$$

가 된다. 이를 그래프로 나타내면 다음과 같다.

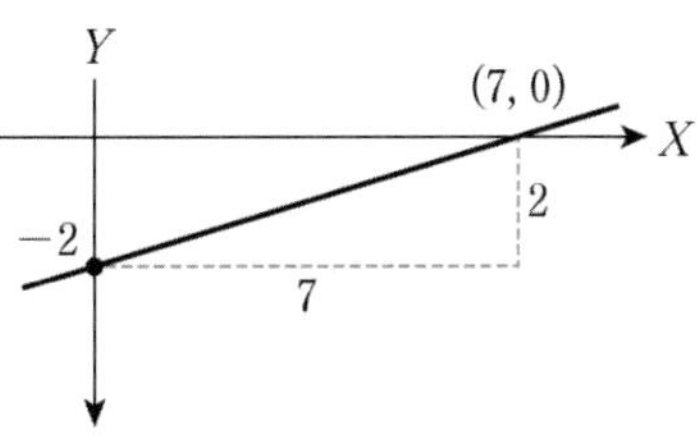

직선의 방정식은 앞에서 살펴본 수요함수 외에도 생활에서 많이 활용된다.

먼저 직선 형태의 비용함수를 고려해 보자. 일반적으로 비용은 고정비와 변동비로 나누어지는데 고정비는 생산량에 관계없이 발생하는 비용인데 비해 변동비는 생산량에 비례해 발생한다. 따라서 비용은 다음과 같이 직선의 방정식 형태로 주어진다.

비용 = 고정비(fixed cost) + 변동비(variable cost)

$C=F+vx$ (x는 생산량으로 $x \geq 0$)

이제 경영에서 활용되고 있는 손익분기점(break-even point, BEP) 분석에 대해 살펴보자. **손익분기점**이란 제품을 만드는 데 드는 비용과 수입이 같아지는 점을 말한다. 비용은 이미 앞에서 주어져 있고 수입(revenue)은 다음과 같이 나타낼 수 있다. 손익분기점

$R=px$, 여기서 p는 제품단위당 가격

참고로 이익(profit)은 다음과 같이 주어진다. 즉 이익은 수입 - 비용으로

$$P=R-C$$

이다.

손익분기점을 구하기 위해 비용과 수익이 같아지는 x를 찾으면, 즉

$$F+vx=px$$

를 만족시키는 x를 찾으면 되고 x는 다음과 같이 주어진다.

$$x=\frac{F}{p-v}$$

다음의 예를 보자.

예 장난감의 생산비용은 고정비용 2억에 생산단위당 변동비용 15000원을 고려하면 비용함수는 2억 + 15000x으로 주어진다. 그리고 판매수입은 단위당 판매가 20000을 고려하면 20000x로 주어진다. 손익분기점을 구해보자.

풀이 손익분기점은 비용과 수입을 같게 하는, 즉 $15000x+2$억 $=20000x$을 만족시키는 x의 값이다. 이를 풀면 x = 40000이다. 이는 생산량이 40000보다 큰 경우는 이익이 발생하고 이 보다 적은 양에서는 손실이 발생함을 의미한다. 참고로 손익분기점에서 이익과 비용은 8억이고 이윤은 0이 된다. 이를 그림으로 나타내면 다음과 같다.

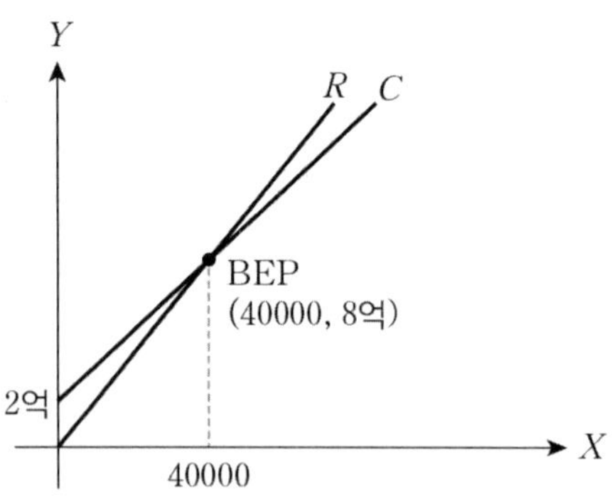

또 다른 예로 감가상각(depreciation)을 들 수 있다. 감가상각 공식은 다음과 같다.

$$\text{연간 감가상각액} = \frac{\text{초기치} - \text{잔존가치}}{\text{수명}}$$

따라서

잔존가치 = 초기치 + 연간감가상각액 × 수명

으로 잔존가치는 수명에 대해 선형방정식이다.

앞에서 살펴본 수요함수 외에 공급함수가 있다. 수요함수는 일반적으로 가격이 증가하면 수요량이 감소하는데 반해 공급함수는 가격이 증가하면 공급되는 생산량이 증가한다. 따라서 수요함수와 공급함수를 다음과 같이 나타낼 수 있다.

수요 방정식 : $p = mx + a \quad (m < 0)$

공급 방정식 : $p = mx + b \quad (m > 0)$

이를 그림으로 나타내면 다음과 같다.

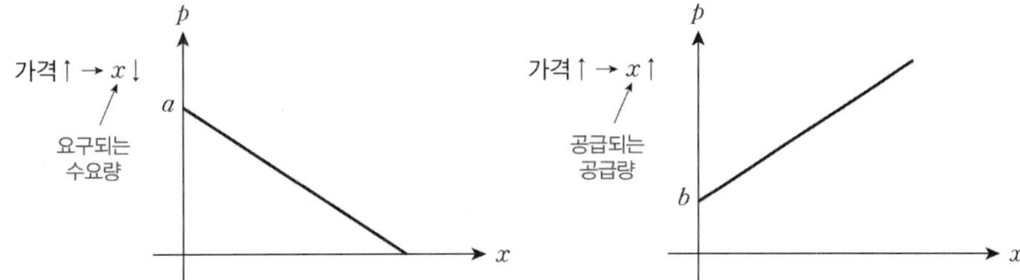

이제 수요함수와 공급함수를 이용해 시장균형점(market equilibrium)을 설명하려고 한다. **시장균형점**은 수요량과 공급량이 일치하는 점을 말한다. 아래 그림에서 (x_0, y_0)가 시장균형점이다. 시장균형점

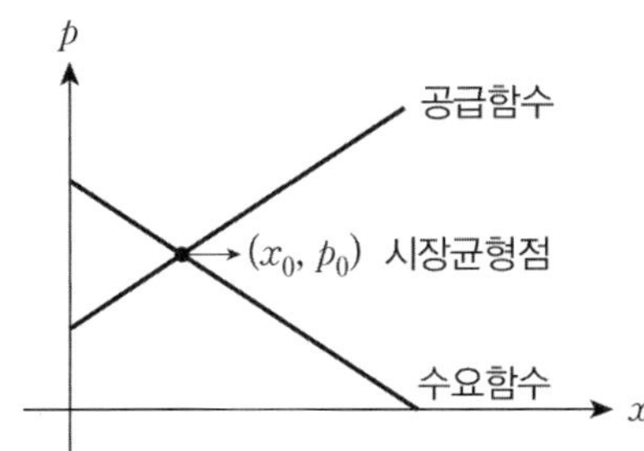

세금
보조금

만일 이 시장균형점에 세금이 부과되면 어떻게 될까? **세금** t가 부과되면 균형점에서의 소비자 가격은 균형점에서의 공급자 가격에 이 부과된 세금(tax) t만큼 증가하게 된다. 즉, $P_C = P_S + t$가 된다. 반대로 **보조금**(subsidy) s가 주어지면 균형점에서의 소비자 가격은 균형점에서의 공급자 가격보다 이 보조금 s만큼 줄어들게 된다. 즉, $P_C = P_S - s$이다. 여기서 P_C는 소비자가 지불하는 가격이고 P_S는 공급자가 지불하는 가격이다.

이와 관련된 다음의 예를 보자.

예 어떤 제품에 대한 수요함수는 $5p_c + 2x = 120$, 공급함수는 $p_s = \frac{2}{5}x + 20$으로 주어져 있다.

1) 균형가격과 수량을 구해보자.
2) 한 단위당 2의 세금이 부과될 때 균형가격과 수량은? 그리고 이 때 가격의 증가와 수요의 감소는?
3) 수요를 1 증가시키려면 얼마의 보조금이 주어져야 하는가?

풀이 1) 두 식을 연립해서 푸는데 먼저 두 번째 식을 첫 번째 식에 대입한다.

$$5\left(\frac{2}{5}x + 20\right) + 2x = 120$$

$$4x + 100 = 120$$

$$4x = 20$$

$$x = 5$$

이를 두 번째 식에 대입하면 $p = 22$이다.

2) 한 단위당 2의 세금이 부과되었다는 것은 소비자가 지불하는 가격인 p_c가 $p_s + 2$가 되었다는 것이다. 즉, $p_c = p_s + 2$이다. 따라서 $p_s = p_c - 2$을 두 번째 식에 대입한다.

$$p_c - 2 = \frac{2}{5}x + 20$$

$$p_c = \frac{2}{5}x + 22$$

이를 첫 번째 식에 대입한다.

$$5(\frac{2}{5}x + 22) + 2x = 120$$

$$4x + 110 = 120$$

$$x = 2.5 \text{ 따라서 } p_c = 23$$

이 때 가격은 1 증가하고 수요는 5에서 2.5로 2.5 감소한다.

3) 보조금이 주어지는 경우의 $p_c = p_s - s$이다. 즉 $p_s = p_c + s$이다.

이를 두 번째 식에 대입한다.

$$p_c + s = \frac{2}{5}x + 20$$

$$p_c = \frac{2}{5}x + 20 - s$$

이를 첫 번째 식에 대입한다.

$$5(\frac{2}{5}x + 20 - s) + 2x = 120$$

$$4x + 100 - 5s = 120$$

$$s = \frac{4x - 20}{5}$$

$$x = 5 + 1 = 6 \text{ 이므로}$$

$$s = \frac{4 \times 6 - 20}{5} = \frac{4}{5} = 0.8$$

따라서 수요를 5에서 6으로 1만큼 증가시키기 위해 0.8의 보조금이 주어져야 한다.

4. 연립 선형방정식

이제 앞 장에서 배운 방정식을 확장해 두 변수 x, y로 이루어진 다음 형태의 연립 선형방정식(system of linear equation)에 대해 살펴보자.

$$a_1x+b_1y=c_1 \quad \cdots \text{①}$$
$$a_2x+b_2y=c_2 \quad \cdots \text{②} \qquad (a_1,\ b_1,\ c_1,\ a_2,\ b_2,\ c_2\text{는 상수})$$

위의 두 방정식 ①과 ②에 의해 정의된 연립 선형방정식의 해는 두 방정식 ①과 ②를 모두 만족시키는 x와 y의 집합이다. 식 ①과 ②는 모두 직선에 대한 방정식으로 각각을 다음과 같이 직선 L과 M이라 하면

$$a_1x+b_1y=c_1 \quad \cdots \text{①} \quad \text{직선 } L$$
$$a_2x+b_2y=c_2 \quad \cdots \text{②} \quad \text{직선 } M$$

이 연립 선형방정식에 대해 다음의 세 가지 경우가 가능하다.

a) 직선 L과 M이 서로 교차하는 경우

이 경우는 두 직선을 동시에 만족하는 유일한 하나의 해가 존재한다.

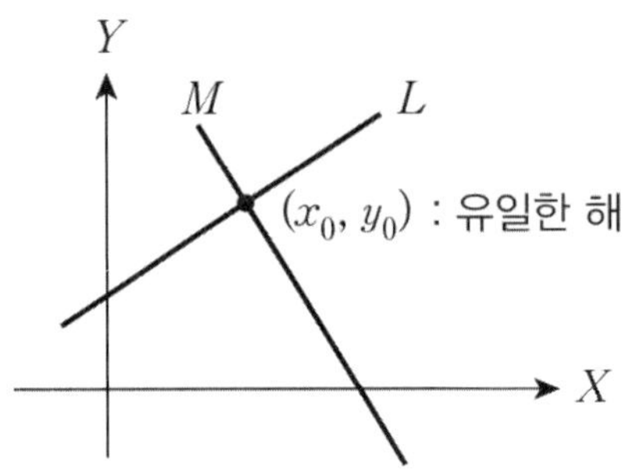

b) 직선 L과 M이 평행한 경우

여기에 대한 예는 다음과 같은 경우로 이 경우는 연립 선형방정식을 만족하는 해를 구할 수 없다.

예) $2x-3y=6$

$4x-6y=8$

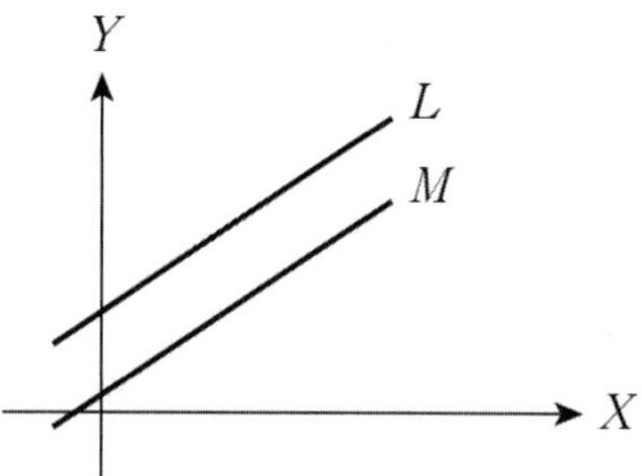

왜냐하면 위의 식을 2배하여 아래의 식을 빼면 0=4가 되어 모순이 발생한다. 즉 두 직선이 평행한 경우 두 직선을 동시에 만족하는 해는 존재하지 않는다.

c) 직선 L과 M이 일치하는 경우

여기에 대한 예는 다음과 같은 경우로 이 경우는 그림에서 보듯이 두 직선을 동시에 만족하는, 즉 연립 선형방정식을 만족하는 해가 무수히 많다.

예) $2x-3y=8$

$4x-6y=16$

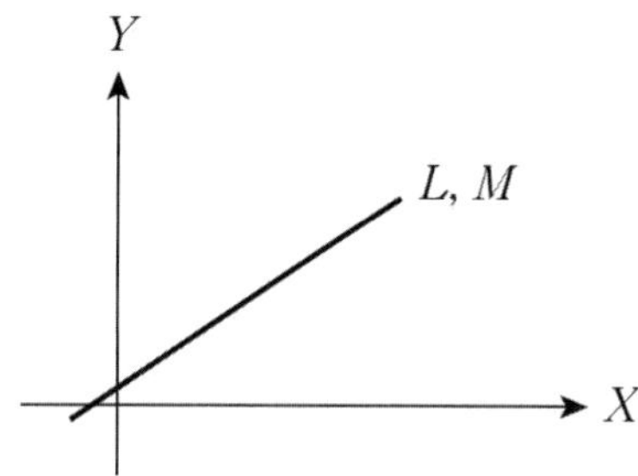

왜냐하면 위의 식을 2배하여 아래의 식을 빼면 0=0이 되어 즉, $0\cdot$●$=0$을 만족하는 ●는 무수히 많다.

따라서 두 직선이 일치하는 경우 두 직선을 동시에 만족하는 해는 무수히 많다.

이 외에 다음 절에서 설명될 이차함수는 다음과 같은 형태를 갖는다.

$$f(x) = ax^2 + bx + c \quad (a \neq 0)$$

유리함수

그리고 다음과 같은 형태의 **유리함수**(rational function)가 있다.

$$f(x) = \frac{p(x)}{q(x)}$$

여기서 $p(x)$와 $q(x)$는 모두 x에 관한 다항식이고 $q(x)$는 0이 될 수 없다.

끝으로 다음 장에서 배울 로그함수와 지수함수 그리고 삼각함수가 있는데 이는 초월함수(transcendental function)라 불린다.

5. 이차함수의 그래프

가장 간단한 이차함수는 $f(x) = ax^2$ 으로 이차식의 부호인 a에 따라 다음의 두 경우가 있다.

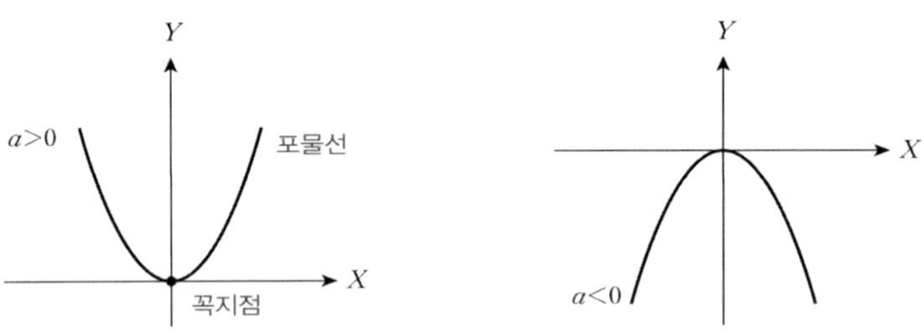

일반적인 이차함수는

$$f(x) = ax^2 + bx + c \ \ (a \neq 0)$$

로 주어지는데 이 이차함수의 그래프(parabola)는 2차식의 부호인 a에 따라 $a > 0$인 경우는 위로 열려 있는 포물선이 되고 $a < 0$인 경우는 아래로 열려있는 포물선이 된다. 그리고 이 포물선의 꼭지점 좌표는 $\left(-\frac{b}{2a}, \frac{4ac-b^2}{4a}\right)$, 즉

$x = -\dfrac{b}{2a}$ 이고 $y = \dfrac{4ac-b^2}{4a}$ 로 주어진다.

이렇게 되는 이유는 다음을 통해 알 수 있다.

$$\begin{aligned} f(x) &= ax^2 + bx + c \\ &= a\left(x^2 + \frac{b}{a}x\right) + c \\ &= a\left(x + \frac{b}{2a}\right)^2 + c - \frac{b^2}{4a} \\ &= a\left(x + \frac{b}{2a}\right)^2 + \frac{4ac-b^2}{4a} \end{aligned}$$

여기서 $b^2 - 4ac > 0$ 이다(왜 그런지 각자 생각해 보라).

$a > 0$ 이 경우에 대해 이를 그림으로 나타내면 다음과 같다.

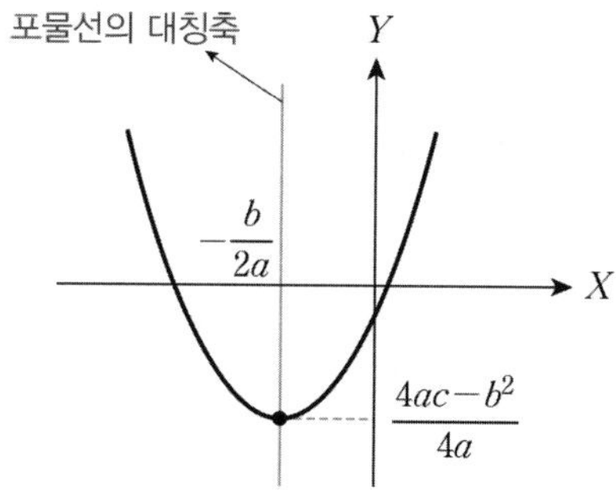

6. 기타 함수와 그래프

먼저 **멱함수**(power function)는 다음과 같은 형태로 주어진다. 멱함수

$$f(x) = ax^n \quad (a \neq 0,\ n \neq 0)$$

이 멱함수는 $x \to \infty$ 인 경우 $f(x) \to 0$ 이면 x축이 이 그래프에 대한 **수평점근선** 수평점근선 (horizontal asymptote)이 되고 $x \to 0$ 인 경우 $f(x) \to \pm\infty$ 이면 y축이 이 그래

수직점근선

프에 대한 **수직점근선**(vertical asymptote)이 된다.

몇 가지 간단한 멱함수의 예를 들어보면 다음과 같다.

a) $n=2 \quad f(x)=ax^2$

이는 이미 위에서 다룬 이차함수의 형태이다.

b) $n=\frac{1}{2} \quad f(x)=ax^{\frac{1}{2}}=a\sqrt{x}$ 여기서 $x \geq 0$이다.

이 함수는 a의 값에 따라 아래의 두 가지 경우가 있으며 함수 f의 정의역은 비음인 모든 실수이다.

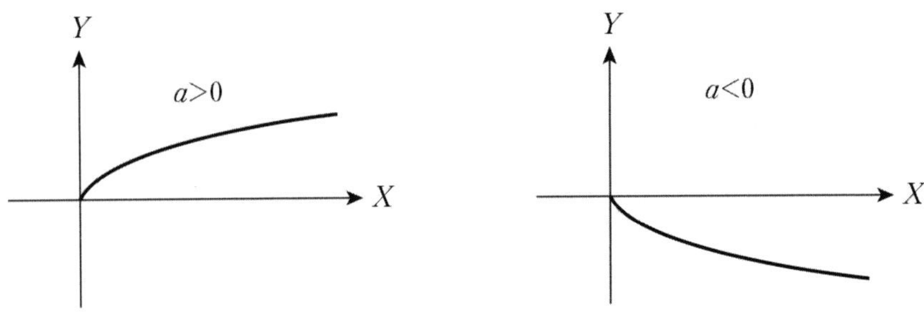

c) $n=-1 \quad f(x)=\frac{a}{x}$

직각쌍곡선

이 경우는 **직각쌍곡선**(rectangular hyperbola)으로 a의 값에 따라 다음의 두 가지 경우가 있고 함수 f의 정의역은 0을 제외한 모든 실수의 집합이다.

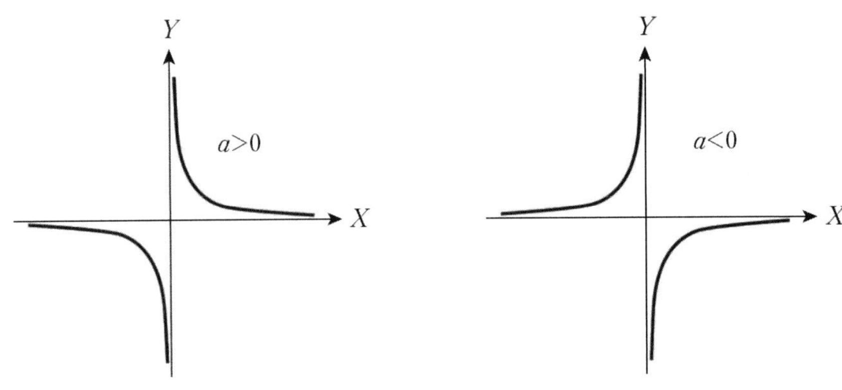

d) $n=3 \quad f(x)=ax^3$

이 경우도 a의 값에 따라 다음의 두 가지 경우가 있다.

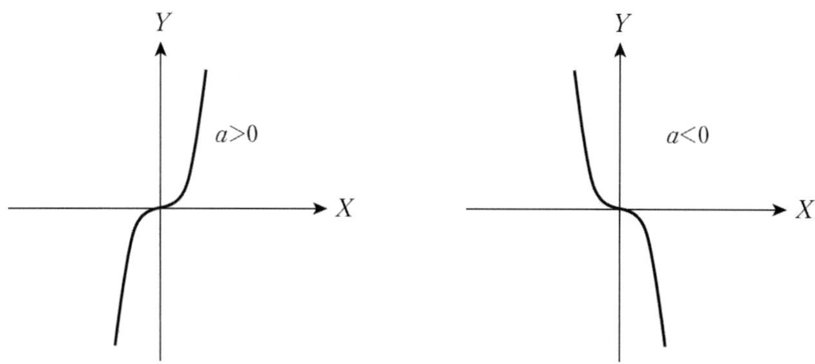

경영 및 경제에서 다루어지는 $y=ax^n\,(a>0)$ 형태의 문제에서는 x와 y가 모두 비음인 경우를 다룬다. n의 값에 따른 여러 함수의 형태가 다음 그림에 주어져 있다.

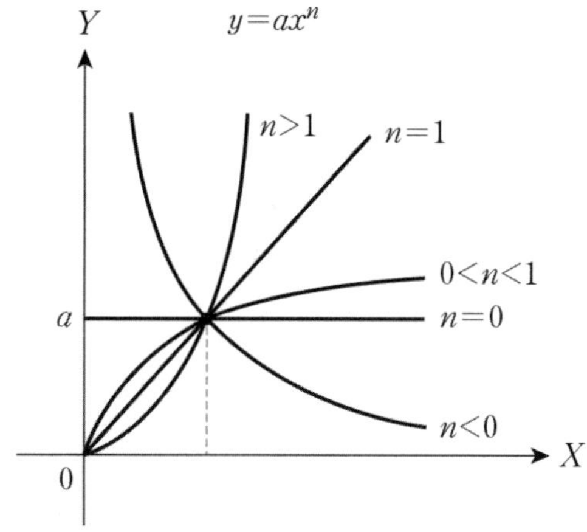

이제 원(circle)의 방정식과 그래프에 대해 살펴보자.

원은 주어진 점 (a, b)로부터 같은 거리 r을 갖는 점들의 집합으로 정의된다. 그리고 이 같은 거리 r을 원의 **반지름**(radius)이라고 한다. 원은 다음의 식으로 주어지는데 이 식을 **원의 중심-반지름 공식**(center-radius form of a circle)이라고 한다.

원
반지름
원의 중심-반지름 공식

$$\sqrt{(x-a)^2+(y-b)^2}=r$$
$$(x-a)^2+(y-b)^2=r^2$$

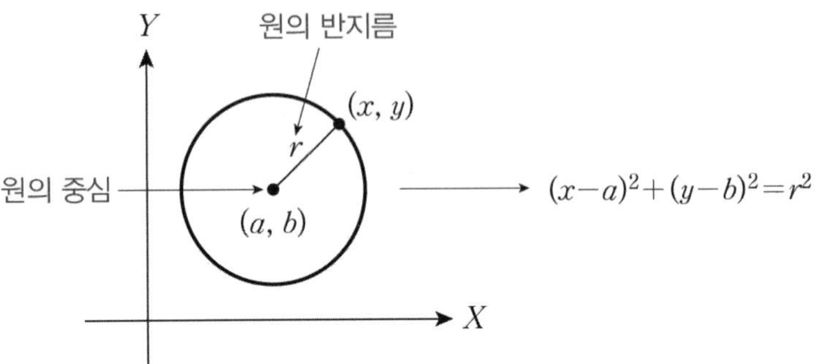

원에 대한 일반적인 식은 다음과 같다.

$$x^2+y^2+Ax+By+C=0$$

여기서

$$A=-2a, \quad B=-2b$$
$$C=a^2+b^2-r^2$$

이다.

여기서

$$\begin{cases} \text{원의 중심} \quad a=-\dfrac{A}{2} \quad b=-\dfrac{B}{2} \\ \text{반지름} \quad r=\sqrt{a^2+b^2-C} \end{cases}$$

이다.

앞에서 배운 수직선 테스트에 의하면 원은 함수의 그래프가 될 수 없다. 왜냐하면 수직선 테스트에 의하면 x의 한 점에 대응하는 y의 한 점이 유일하게 존재해야만 함수가 되는데 원의 경우 원 상의 임의의 한 점 x에 대응하는 y의 점이 두 개가 있기 때문이다.

물론 완전한 원은 두 개의 다른 함수를 나타낸다고 볼 수 있다.

이제 다음의 **절댓값 함수**(absolute-value function)를 고려해보자. 절댓값 함수

$$f(x) = |x|$$

이 함수의 그래프는 다음과 같다.

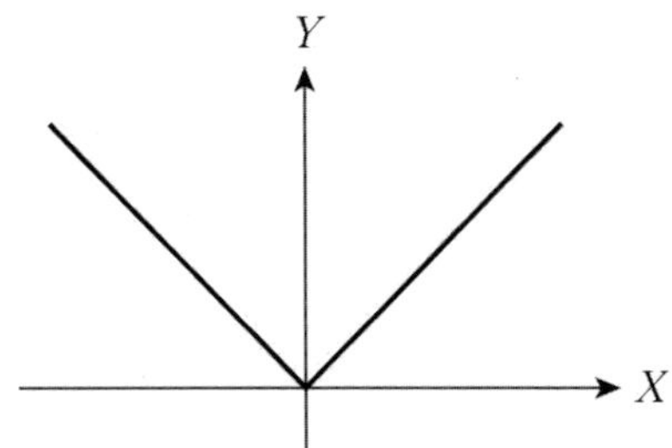

다음의 예를 보자.

예 $f(x) = \frac{|x|}{x}$ 을 그려보자.

풀이 이 그래프를 그리기 위해 다음의 두 경우를 생각해 볼 수 있다. 물론 $x=0$은 될 수 없다.

a) $x > 0 \rightarrow f(x) = \frac{x}{x} = 1$

b) $x < 0 \rightarrow f(x) = \frac{-x}{x} = -1$

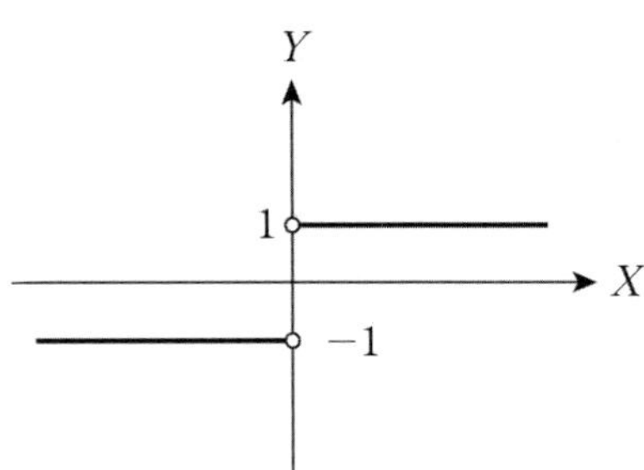

예 $f(x)=3-2|4-x|$ 를 그려보자.

풀이 이 그래프를 그리기 위해 다음과 같이 두 경우로 나누어 생각할 수 있다.

a) $4-x \geq 0 \quad \rightarrow \quad f(x)=3-2(4-x)=2x-5$

b) $4-x<0 \quad \rightarrow \quad f(x)=3-2(-(4-x))=-2x+11$

이에 대한 그래프는 다음과 같으며 함수 f의 최댓값은 $x=4$에서 나타나며 그 값은 3이다.

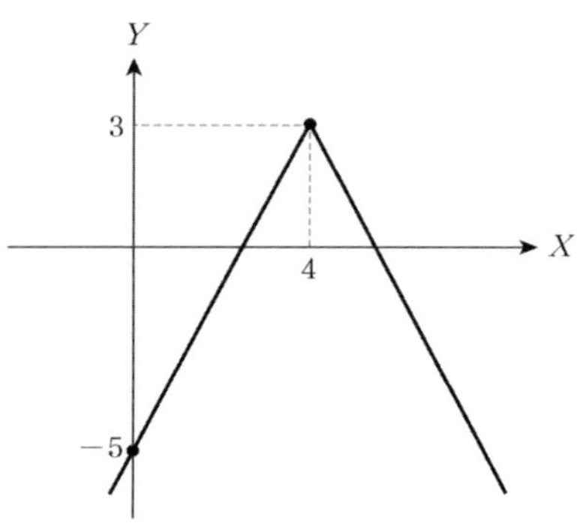

7. 함수의 결합

함수의 결합

함수의 결합에 대해 설명하고자 한다. 두 함수 f와 g가 있는 경우 다음과 같이 **함수의 결합**에 대해 정의할 수 있다.

- 함수의 합: $(f+g)(x)=f(x)+g(x)$
- 함수의 차: $(f-g)(x)=f(x)-g(x)$
- 함수의 곱: $(f \cdot g)(x)=f(x)g(x)$
- 함수의 몫: $\left(\dfrac{f}{g}\right)(x)=\dfrac{f(x)}{g(x)}$ 여기서 $g(x) \neq 0$

함수의 몫에 있어서 $\frac{f}{g}$의 정의역을 구하기 위해 f와 g가 모두 정의된 부분만을 고려해야 함을 기억해 두자. 이는 아래의 예를 통해 확인할 수 있다.

예 $f(x)=\frac{1}{x-2}$, $g(x)=\sqrt{x-2}$ 에 대해 $\left(\frac{g}{f}\right)(x)$의 정의역을 구해 보자.

풀이 D_f 와 D_g의 공통집합인 $D_{f\cap g}=\{x|x\geq 2$ 이고 $x\neq 2\}$ 이다.

$$\left(\frac{g}{f}\right)(x)=\frac{g(x)}{f(x)}=\sqrt{x-2}\,(x-2)$$

이다. $\frac{g}{f}$의 정의역을 구하기 위해 $x=2$를 제외할 필요가 있다. 왜냐하면 $\frac{g}{f}$는 f와 g가 모두 정의된 점에서만 정의되기 때문이다.

8. 합성함수

합성함수(composite function)는 다음과 같이 정의된다. 합성함수

$$(f\circ g)(x)=f(g(x))$$

그리고 이 합성함수에 대한 정의역은 다음과 같다.

$$D_{f\circ g}=\{x|x\in D_g \text{ 이고 } g(x)\in D_f\}$$

다음의 예를 보자.

예 $f(x)=\dfrac{1}{x-2}$ 와 $g(x)=\sqrt{x-2}$ 가 주어졌을 때 $(f\circ g)(x)=f(g(x))$를 구해보자.

풀이 $(f\circ g)(x)=f(g(x))=\dfrac{1}{\sqrt{x-2}-2}$ 이고,

$D_{f\circ g}=\{x|x\geq 2 \text{ 이고 } x\neq 6\}$이다.

9. 음함수와 역함수

이제 음함수(implicit function)와 역함수(inverse function)에 대해 살펴보자.

음함수 **음함수**는 $F(x,\ y)=0$ 으로 주어져 x와 y 사이의 관계를 암묵적으로 보여준다. 다음의 예를 보자.

예 $xy+y-1=0$ 으로 주어진 경우 y를 x의 함수로 나타내 보자.

풀이 주어진 식을 y에 대해 정리하면 다음과 같다.

$$y(x+1)=1,\ \text{즉}\ y=\frac{1}{x+1}$$

이 예의 경우 x와 y의 관계가 암묵적으로 주어져 있지만 약간의 정리를 통해 y를 x의 함수로 명확히 나타낼 수 있다.

다음의 예를 보자.

예 $y^3+x^2-xy=0$으로 주어진 경우 y를 x의 함수로 나타내 보자.

풀이 이 경우는 y를 x의 함수로 나타낼 수가 없다.

끝으로 **역함수**에 대해 살펴보자.

역함수

$y=f(x)$에 대해 $x=f^{-1}(y)$로 나타내면 f^{-1}를 f의 역함수라고 부른다. 역함수에 대해 다음의 관계가 성립한다.

$$(f^{-1}\circ f)(x)=x$$
$$(f\circ f^{-1})(x)=y$$

다음의 예를 보자.

예 $f(x)=2x+3$의 역함수를 구해보자.

풀이 주어진 함수 $f(x)$를 y로 하고 주어진 식을 x에 대해 정리하면 다음과 같다.

$$y=2x+3$$

이를 x에 대해 정리하면 $x=\dfrac{y-3}{2}$이다.

따라서 역함수는 다음과 같다.

$$f^{-1}(y)=\frac{y-3}{2}$$

주어진 함수의 역함수를 구하기 위해서는 위와 같이 x에 대해 풀어 구하면 된다. 원함수와 역함수를 그림으로 나타내면 다음과 같이 $y=x$에 대해 대칭이 됨을 유의하자.

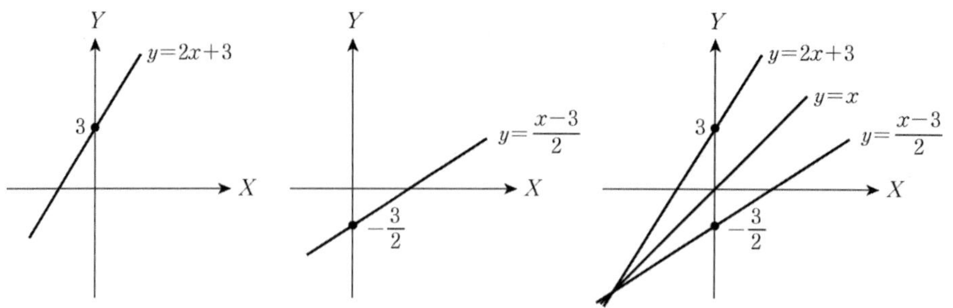

참고로 $y=x^2$의 경우는 아래에서 보듯이 두 개의 역함수를 갖는다.

$$\begin{cases} \text{하나의 역함수는 } x=\sqrt{y}\text{로 주어지고} \\ \text{다른 역함수는 } x=-\sqrt{y}\text{로 주어진다.} \end{cases}$$

이것이 다음 그림에 나타나 있다.

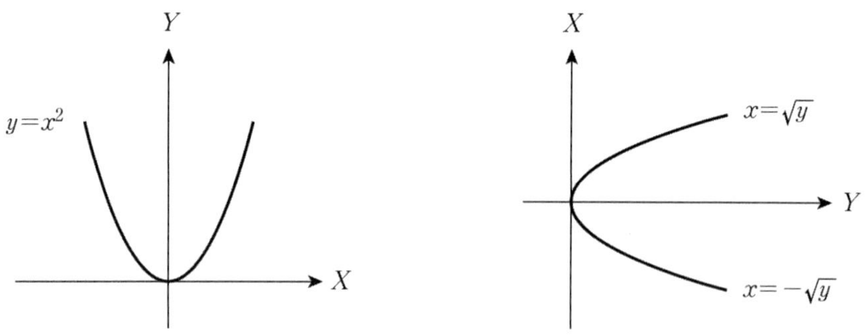

물론 함수 f의 정의역에 적절한 조건을 부여해 역함수를 유일하게 만들 수도 있다.

요약

1) 함수

- X에서 Y로의 함수는 X에 속하는 각 원소 x에 대해 Y에 속하는 하나의 y를 유일하게 대응시키는 규칙을 말한다. 이 때 집합 X를 함수 f의 정의역이라고 하고 D_f로 표시하며 집합 Y를 함수 f의 치역이라 하고 R_f로 표시한다.
- 주어진 함수의 정의역을 찾을 때 다음의 두 조건을 기억해 두자.
  ① 제곱근 아래의 값은 음수가 될 수 없다.
  ② 어떤 함수의 분모도 0이 될 수 없다.

2) 카티젼 평면

카티젼 평면은 X축과 Y축을 갖는 평면으로 xy 평면이라고도 한다.

3) 직선에 대한 그래프

- 한 점 $(x_1,\ y_1)$과 기울기 m이 주어진 경우 직선의 방정식을 구하는 법 : 한 점-기울기 공식

$$y-y_1=m(x-x_1)$$

- 두 점 $(x_1,\ y_1)$과 $(x_2,\ y_2)$가 주어진 경우 직선의 방정식을 구하는 법 : 두 점 공식

$$y-y_1=\frac{y_2-y_1}{x_2-x_1}(x-x_1)$$

- 기울기 m과 절편 b가 주어진 경우 $y=mx+b$가 된다. 이를 기울기-절편 공식이라 한다.
- 서로 수직인 두 직선 : $m_1 \cdot m_2=-1$ (두 직선의 기울기의 곱이 -1)
- 손익분기점이란 제품을 만드는 데 드는 비용(C)과 수입(R)이 같아지는 점으로 다음의 이윤(P)을 0으로 하는 값이다.

$$P = R - C = 0$$

여기서 $R = px$, p는 제품단위당 가격

$$C = F + vx \ (x \geq 0)$$

이다.

이를 대입해 풀면

$$x = \frac{F}{p - v}$$

- 시장균형점은 수요량과 공급량이 일치하는 점을 말한다. 시장균형점에 세금 t가 부과되면 균형점에서의 소비자 가격은 균형점에서의 공급자 가격에 이 부과된 세금 t만큼 증가하게 된다. 즉, $P_C = P_S + t$가 된다. 반대로 보조금 s가 주어지면 균형점에서의 소비자 가격은 균형점에서의 공급자 가격보다 이 보조금 s만큼 줄어들게 된다. 즉, $P_C = P_S - s$이다. 여기서 P_C는 소비자가 지불하는 가격이고 P_S는 공급자가 지불하는 가격이다.

4) 연립 선형방정식

$$a_1x + b_1y = c_1 \ \cdots \ ① \quad \text{직선 } L$$
$$a_2x + b_2y = c_2 \ \cdots \ ② \quad \text{직선 } M$$

이 연립 선형방정식에 대해 다음의 세 가지 경우가 가능하다.

① 직선 L과 M이 서로 교차하는 경우

이 경우는 두 직선을 동시에 만족하는 유일한 하나의 해가 존재한다.

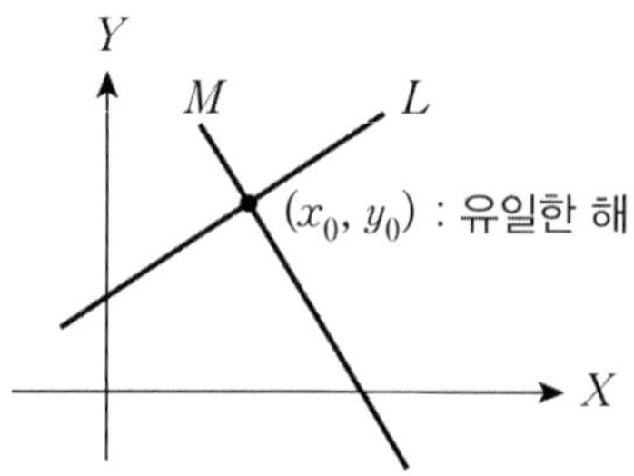

② 직선 L과 M이 평행한 경우

이 경우는 연립방정식을 만족하는 해를 구할 수 없다.

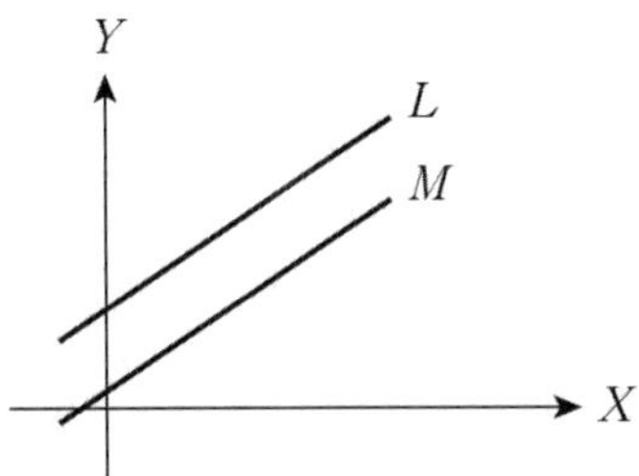

③ 직선 L과 M이 일치하는 경우

이 경우는 그림에서 보듯이 두 직선을 동시에 만족하는, 즉 연립방정식을 만족하는 해가 무수히 많다.

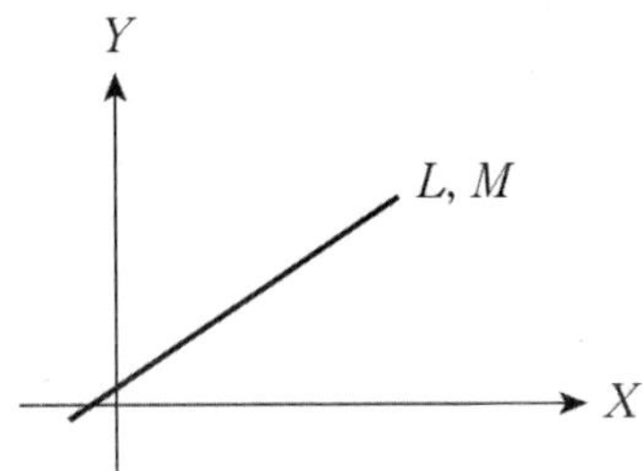

5) 이차함수의 그래프

일반적인 이차함수는

$$f(x) = ax^2 + bx + c \ \ (a \neq 0)$$

로 주어지는데 이 이차함수의 그래프는 2차식의 부호인 a에 따라 $a > 0$인 경우는 위로 열려 있는 포물선이 되고 $a < 0$인 경우는 아래로 열려있는 포물선이 된다. 그리고 이 포물선의 꼭지점 좌표는 $(-\frac{b}{2a}, \frac{4ac-b^2}{4a})$ 이다.

6) 기타 함수와 그래프

경영 및 경제에서 다루어지는 멱함수 $y = ax^n (a > 0)$ 형태의 문제에서는 x와

y가 모두 비음인 경우를 다룬다. n의 값에 따른 여러 함수의 형태가 다음 그림에 주어져 있다.

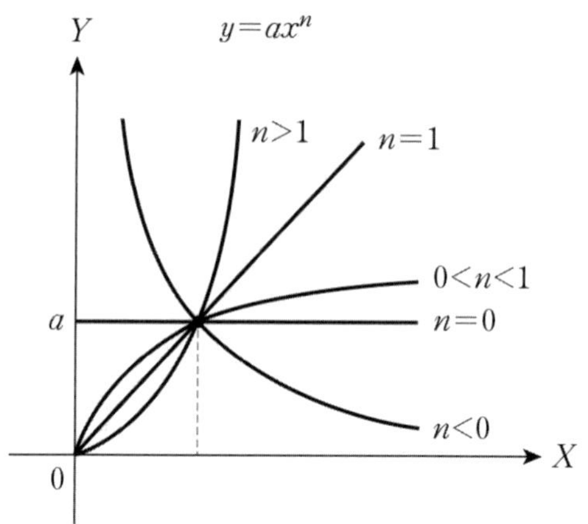

7) 함수의 결합

두 함수 f와 g가 있는 경우 다음과 같이 함수의 결합에 대해 정의할 수 있다.

- 함수의 합: $(f+g)(x)=f(x)+g(x)$
- 함수의 차: $(f-g)(x)=f(x)-g(x)$
- 함수의 곱: $(f\cdot g)(x)=f(x)g(x)$
- 함수의 몫: $\left(\dfrac{f}{g}\right)(x)=\dfrac{f(x)}{g(x)}$ 여기서 $g(x)\neq 0$

함수의 몫에 있어서 $\dfrac{f}{g}$의 정의역을 구하기 위해 f와 g가 모두 정의된 부분만을 고려해야 한다.

8) 합성함수

합성함수는 다음과 같이 정의된다.

$$(f\circ g)(x)=f(g(x))$$

그리고 이 합성함수에 대한 정의역은 다음과 같다.

$$D_{f\circ g}=\{x|x\in D_g \text{ 이고 } g(x)\in D_f\}$$

9) 음함수와 역함수

- 음함수는 $F(x, y)=0$ 으로 주어져 x와 y 사이의 관계를 암묵적으로 보여준다.
- $y=f(x)$에 대해 $x=f^{-1}(y)$로 나타내면 f^{-1}를 f의 역함수라고 부른다.
- 원함수와 역함수는 $y=x$에 대해 대칭이 된다.

연습문제

1. 수직선 테스트의 역할에 대해 설명하라.

2. 정의역을 구하는데 있어 주의해야 할 점을 설명하라.

3. 수요함수가 다음과 같이 주어져 있다.

   $5q+4p=12$(q는 수량으로 0 이상이고 가격 p도 0 이상임)

   이를 가격에 대해, 즉 가격을 y축으로 나타내라.

4. A기업에서 1000개의 제품을 생산하는 비용은 8,500,000원이고 1800개의 제품을 생산하는 비용은 15,000,000원이라 할 때 x개의 제품을 생산하는 비용 y를 직선의 방정식으로 나타내라.

5. 고대우유는 2018년 상반기에 귀여운 캐릭터 디자인의 우유를 500mL 용량으로 새롭게 출시하였다. 고려우유의 고정비용은 200만원이고 단위당 생산비용은 700원 그리고 단위당 판매가격은 1200원이라 할 때 손익분기점을 구하라.

6. A 기업의 수요함수와 공급함수는 다음과 같다.

   $$4p_c+3x=600,\ p_s=\frac{1}{2}x+50$$

   1) 시장균형에서의 가격과 수량을 구하라.
   2) 소비자에게 세금 10을 부과하는 경우 가격과 수요량의 증감분을 구하라.

7. $f(x) = 3|x| + 1$를 그려라.

8. $f(x) = \sqrt{2x}$, $g(x) = \dfrac{2}{x+2}$ 가 주어졌을 때 $(f \circ g)(x)$ 를 구하라.

9. $3xy + 4y - 12 = 0$으로 주어진 경우 y를 x의 함수로 나타내라.

10. $f(x) = 4x + 5$의 역함수를 구하라.

4

CHAPTER

초월함수

주요 학습목표

- 실질이자율과 명목이자율에 대해 이해할 수 있다.
- 연속복리의 개념을 이해할 수 있다.
- 지수함수에 대해 이해할 수 있다.
- 로그함수에 대해 이해할 수 있다.
- 로지스틱 모형을 이해할 수 있다.
- 삼각함수에 대해 이해할 수 있다.

1. 복리
2. 지수함수
3. 로그함수
4. 삼각함수

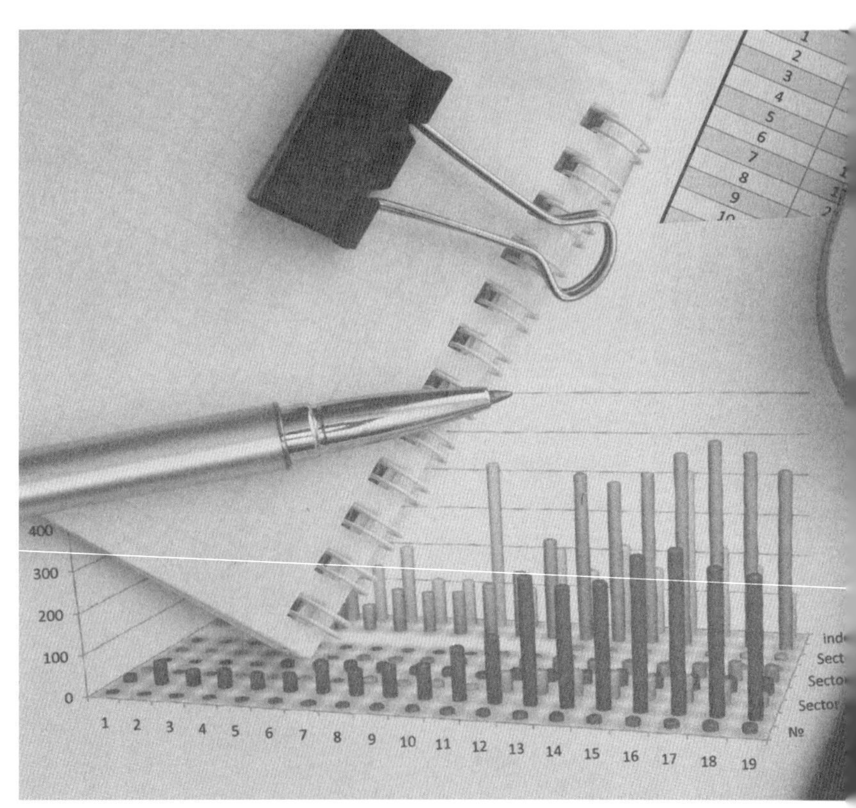

기사

길어지는 저금리 시대… 복리의 마술을 노려라

예·적금 금리가 여전히 1%대인 저금리 시대, '복리의 마술'이 필요한 시기다. 복리효과는 투자원금으로 인해 얻은 수익을 또 투자하면서 투자금액이 기하급수적으로 증가하는 것을 말한다. 알버트 아인슈타인은 투자 기간이 길어질수록 돈의 가치가 기하급수적으로 늘어나는 복리의 위력을 '세계의 여덟 번째 불가사의'라고 표현하기도 했다. 매월 원금과 이자에 다시 이자가 붙는 월 복리 재테크 상품은 은행권에서 쉽게 찾아볼 수 있다. 이왕 예·적금 들 예정이라면 복리상품을 골라보자.

10일 금융상품 추천 사이트인 뱅크샐러드에 따르면 신한은행, BNK경남은행에서 월 복리 예금 상품을 판매 중이다. 신한은행의 신한플러스 월 복리 정기예금은 12개월, 24개월, 36개월 만기 중에 선택할 수 있으며 만기 일시지급식으로 12개월 예치할 경우 연 1.37%, 24개월 예치시 1.59%, 36개월 예치시 1.74%의 금리를 받을 수 있다. BNK경남은행의 월 복리 솔솔 정기예금은 최소 12개월부터 최대 36개월까지 선택 가능하다. 만기일시지급식으로 12개월 연 1.2%, 36개월 1.3%의 이자가 붙는다.

월 복리 적금상품도 있다. KEB하나은행의 넘버엔 월복리적금은 월 300만원 한도에서 자유롭게 적립할 수 있는 상품이다. 만기는 최소 12개월에서 최대 36개월까지며 12개월 연 1.5%, 24개월 1.6%, 36개월 1.7%의 이자를 받을 수 있다. 장애인 고객은 0.2%포인트 우대금리를 더 받을 수 있다. NH농협은행의 NH직장인월복리적금은 급여이체와 교차거래 실적에 따라 우대금리를 제공하는 직장인 재테크 월 복리 적금상품이다. 가입기간은 최소 12개월에서 최대 36개월까지다. 자유적립식으로 12~23개월은 연 1.47%, 24~35개월은 1.61%, 36개월은 1.68%의 금리가 적용된다.

IBK기업은행의 월 복리 자유적금 상품인 독도는 우리땅통장은 최소 6개월에서 최대 60개월까지 가입 가능하며 이자는 6~11개월 연 1.1%부터 36~60개월 적립 시 연 1.4%를 받을 수 있다. 후원금을 조성해 독도 관련 사업을 후원하는 공익형 상품이다.

요즘 유행하는 핀테크 투자인 개인간(P2P) 투자도 월 복리가 가능한 상품이 있다. 개인 신용대출을 전문으로 하는 렌딧은 자동으로 재투자할 수 있는 플랫폼을 제공한다. 투자자 중 68%가 매월 받는 원리금을 재투자해 월 복리 혜택을 누리고 있다.

한 금융권 관계자는 "복리가 불가사의 정도는 아니지만 이자까지 재투자하면 목돈 만드는 기간이 짧아질 것"이라며 "투자에 있어서 복리는 기본"이라고 말했다.

출처: http://www.edaily.co.kr/news/news_detail.asp?newsId=03952406616091608&mediaCodeNo=257&OutLnkChk=Y

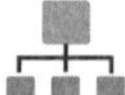

본 장에서는 먼저 경영문제에서 많이 활용되는 로그와 지수함수에 대해 살펴보고자 한다. 이후 삼각함수를 다룰 것이다. 이제 지수함수를 복리문제를 통해 알아보자.

1. 복리

복리

경영학의 재무관리 분야에서 자주 사용되는 **복리**(compound interest) 개념에 대해 알아보자.

앞에서 이미 공부한대로 현재의 금액 P는 n년 후에 가치가 $P(1+i)^n$으로 된다. 여기서 i는 일 년에 한 번 주어지는 이자이다.

이제 일 년에 한 번 대신 일 년에 k번 이자가 주어지는 경우를 생각해보자. 이때 n은 nk로 변경되고 n년 후의 가치는 다음 식으로 표시된다.

$$P\left(1+\frac{i}{k}\right)^{nk}$$

명목(연간)이자율

여기서 nk는 총 복리횟수(number of compounding periods)이다. i는 **명목(연간) 이자율**(nominal(annual) rate of interest)이다.

이제 실질이자율(effective rate of interest)과 명목이자율과의 관계를 살펴보

자. **실질이자율**(i_{eff})이란 연간 한 번만 복리로 주어지는 경우 얻게 되는 연간이자율 실질이자율
을 말한다. 따라서 다음의 관계가 성립한다.

$$1+i_{eff}=(1+\frac{i}{k})^{nk}$$

아래의 표는 복리횟수에 따른 실질이자율을 보여준다.

〈복리횟수에 따른 실질이자율〉

명목이자율 (%)	반기에 한 번 (%)	분기에 한 번 (%)	월에 한 번 (%)	하루에 한 번 (%)	연속복리 (%)
1	1.003	1.004	1.005	1.005	1.005
5	5.063	5.095	5.116	5.127	5.127
10	10.250	10.381	10.471	10.516	10.517
15	15.563	15.865	16.075	16.180	16.183
20	21.000	21.551	21.939	22.134	22.140
30	32.250	33.547	34.489	34.969	34.986
40	44.000	46.410	48.213	49.150	49.182
50	56.250	60.181	63.209	64.816	64.872

이제 연속복리(continuous compounding)에 대해 살펴보자. 연속복리를 이해하기 위해서 다음의 e와 관련된 식을 기억할 필요가 있다.

$$\lim_{h\to\infty}\left(1+\frac{1}{h}\right)^h=e$$

이의 유도에 대한 설명을 위해 다음을 고려해 보자.

$10^{1/2}$ = 3.16227766016837933l
$10^{1/4}$ = 1.778279410038922801
$10^{1/8}$ = 1.333521432163324025
$10^{1/16}$ = 1.154781984689458179
$10^{1/32}$ = 1.074607828321317497
$10^{1/64}$ = 1.036632928437697997

$$10^{1/128} = 1.0181517217181841$$
$$10^{1/256} = 1.0090350448414474$$
$$10^{1/512} = 1.0045073642544625$$
$$10^{1/1024} = 1.0022511482929129$$
$$10^{1/2048} = 1.0011249413998798$$
$$10^{1/4096} = 1.0005623126022086$$
$$10^{1/8192} = 1.0002811167877801$$
$$10^{1/16384} = 1.0001405485169472$$
$$10^{1/32768} = 1.0000702717894114$$
$$10^{1/65536} = 1.0000351352774618$$

이제 오른쪽에 나타나는 숫자를 유심히 들여다보면 왼편에서 지수를 반으로 나누어 갈수록, 오른편에서 소수점 이하의 숫자는 거의 반으로 줄어드는 것을 알 수 있다(아래로 갈수록 이 현상이 뚜렷해짐에 유의하자). 즉, 지수와 소수점 이하의 숫자가 갈수록 비례한다. 이 때 비례상수는 얼마일까?

보다 정확한 비례상수를 얻기 위해 위의 주어진 값들 중 아래에 있는 6가지에 대해 왼편의 관련 지수부분과 오른편의 관련 소수부분을 곱해 다음을 얻을 수 있다.

$$2048 \times 0.0011249413998798 = 2.3038799869539 \cdots$$
$$4096 \times 0.0005623126022086 = 2.3032324186465 \cdots$$
$$8192 \times 0.0002811167877801 = 2.3029087254948 \cdots$$
$$16384 \times 0.0001405485169472 = 2.3027469016638 \cdots$$
$$32768 \times 0.0000702717894114 = 2.3026659954339 \cdots$$
$$65536 \times 0.0000351352774618 = 2.3026255437402 \cdots$$

위에서 보면 2.302…쯤의 값이 비례상수임을 알 수 있고 따라서 지수가 아주 작은 값을 갖는 경우에 다음과 같이 정리할 수 있다(왜 그런지 각자 생각해 보라).

$$10^t \approx 1 + 2.302 \cdots \times t$$

위의 식에서 ≈는 t가 0 근처의 값일 때 양변이 거의 같아진다는 것을 나타낸다.

이제 비례상수를 1로 만들어 보자. 이를 위해 t 대신 $t/2.302\cdots$를 대입하면 다음과 같이 된다.

$$10^{\frac{t}{2.302\cdots}} \approx 1+t$$

위의 식에서

$$e = 10^{1/2.302\cdots}$$

로 두면 위의 식은 다음과 같이 깔끔한 형태로 정리가 된다.

$$e^t \approx 1+t$$

이제 양변에 $1/t$ 제곱을 하면 다음과 같이 된다.

$$e \approx (1+t)^{\frac{1}{t}}$$

이를 수학적으로 표현하면 (t가 0에 가까이 갈수록 왼편과 오른편의 값은 같다는 것으로 표현하면) 다음과 같이 나타낼 수 있다.

$$e = \lim_{t \to 0} (1+t)^{\frac{1}{t}}$$

이 e는 수학자인 오일러의 이름을 따서 **오일러 상수** 또는 자연로그의 밑으로 사용되어 **자연상수**라고 부르며 이 값은 2.71828…가 되는데 이는 뒤의 미적분에서 많이 활용되는 테일러 급수(Taylor series)를 이용해 구할 수 있다.

오일러 상수
자연상수

이제 이를 이용하면 앞에서의 식 $P\left(1+\dfrac{i}{k}\right)^{nk}$ 에서 k를 무한대로 하면, 즉 **연속복리**로 하면 최종적으로 Pe^{in}이 된다. 즉,

연속복리

$$\lim_{k \to \infty} P\left(1+\frac{i}{k}\right)^{nk} = \lim_{k \to \infty} P\left\{(1+\frac{i}{k})^{\frac{k}{i}}\right\}^{in} = \lim_{k \to \infty} Pe^{in}$$

연속복리에 대한 실질이자율은 다음의 관계를 통해서 얻을 수 있다.

$$1 + i_{eff} = e^{i}\text{(여기서 } n\text{=1임을 유의하자.)}$$

따라서 $i_{eff} = e^{i} - 1$이다.

2. 지수함수

지수함수

이제 **지수함수**(exponential function)에 대해 살펴보자. 지수함수는 다음의 형태를 띤다.

$y = a^{x}$ $(a > 0,\ a \neq 1)$

$a > 1$ 이면 증가하는 지수함수이고

$a < 1$ 이면 감소하는 지수함수이다.

이는 다음의 그림을 통해 알 수 있다.

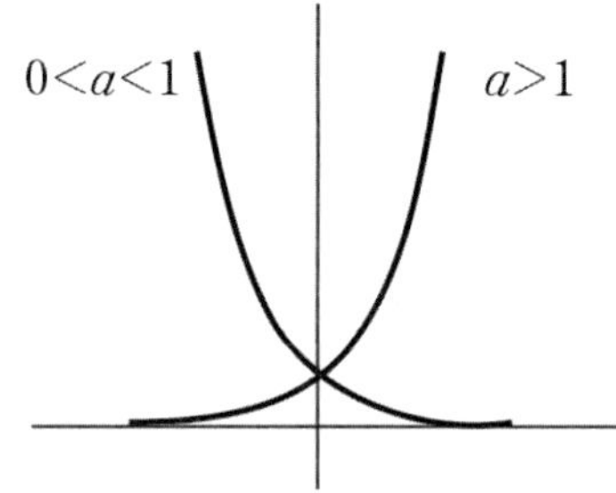

$a > 0$ 인 경우 x의 모든 값에 대해 $a^{x} > 0$ 이다.

자연 지수함수

밑(base)이 e인 e^{x}를 특히 **자연 지수함수**(natural exponential function)라 한다.

3. 로그함수

이제 **로그함수**(logarithmic function)에 대해 살펴보자. 지수함수와 로그함수는 다음의 관계에 있다. 로그함수

$$y = a^x \Leftrightarrow x = \log_a y \ (\text{여기서 } a > 0,\ a \neq 1)$$

$x = \log_a y$는 밑 a를 갖는 y의 로그가 x임을 의미한다. $\log_a y$는 또한 y를 얻기 위해 a가 얼마나 곱해져야 하는지를 나타낸다.

$\log_a y$는 $y > 0$에 대해 정의되고

$a > 1$에 대해

$y > 1$이면 $\log_a y > 0$이고

$y < 1$이면 $\log_a y < 0$이다.

$x = \log_a y$는 로그형태이고 $y = a^x$은 지수형태이다. 이제 로그와 지수에 대한 몇 가지 성질을 살펴보자.

- 로그의 성질

$$\log_a 1 = 0$$

$$\log_a a = 1$$

$$\log_a (uv) = \log_a u + \log_a v$$

$$\log_a \left(\frac{u}{v}\right) = \log_a u - \log_a v$$

$$\log_a \left(\frac{1}{v}\right) = -\log_a v$$

$$\log_a (u^n) = n \log_a u$$

- 지수의 성질

$$a^x \cdot a^y = a^{x+y}$$

$$\frac{a^x}{a^y} = a^{x-y}$$

$$a^{-x} = \frac{1}{a^x}$$

$$(a^x)^n = a^{xn}$$

자연로그

자연로그(natural logarithm)는 다음과 같이 정의된다.

$x = \log_e y = \ln y$ (이 경우 $y = e^x$이다.)

$y > 0$에 대해

$y > 1$이면 $\ln y > 0$이고

$y < 1$이면 $\ln y < 0$이다.

자연로그에 대해서도 다음의 성질을 알 수 있다.

$$\ln 1 = 0$$

$$\ln e = 1$$

$$\ln(uv) = \ln u + \ln v$$

$$\ln\left(\frac{u}{v}\right) = \ln u - \ln v$$

$$\ln\left(\frac{1}{v}\right) = -\ln v$$

$$\ln u^n = n \ln u$$

$e^{\ln y} = y$, 모든 $y > 0$에 대해

$\ln(e^x) = x$, 모든 x에 대해

상용로그

상용로그(common logarithm)는 다음과 같이 정의된다.

$$\log_{10} y = \log y$$

$x = \log y$이면 $y = 10^x$이다.

로그와 지수의 추가 성질에 대해 알아보자.

$$a^x = b$$

이 식의 양변에 자연로그를 취하면

$$x \ln a = \ln b$$

$$x = \frac{\ln b}{\ln a}$$

이다.

앞에서 이미 살펴보았듯이 연속복리에 대해 명목이자율과 실질이자율의 다음 관계를 기억해 둘 필요가 있다.

$$1 + i_{eff} = e^{i}$$

이 식에서 명목이자율을 실질이자율로 변환하기 위해서는 $i_{eff} = e^{i} - 1$을 사용하고 실질이자율을 명목이자율로 변환하기 위해서는 $i = \ln(1 + i_{eff})$을 사용하면 된다.

끝으로 지수에 대해 다음의 **밑변환 공식**을 살펴보자.

밑변환 공식

$$a^{x} = e^{kx} \quad \Leftrightarrow \quad k = \ln a$$

이는 $a^{x} = (e^{\ln a})^{x} = e^{(\ln a)x}$로 표시할 수 있고 따라서 위의 왼편식에서 $k = \ln a$임을 알 수 있다.

로그에 대해서도 다음의 밑변환 공식을 알 수 있다.

$$\log_a y = \frac{\log_b y}{\log_b a}$$

$$\log_a y = \frac{\ln y}{\ln a}$$

$$\log_a y = \frac{\log y}{\log a}$$

$$\log_b a = \frac{1}{\log_a b}$$

$$\log_b y = \log_b a \ \log_a y$$

지금까지 살펴본 것들은 로그와 지수관련 문제를 푸는데 유용하게 사용된다.

다음의 예를 보자.

예 $3^{\log_9 4}$를 계산하라.

풀이 $3^{\log_9 4}=x$라 하고 양변에 밑이 3인 로그를 취하면

$$\log_9 4=\log_3 x$$

양변을 밑이 3인 로그로 변환하면

$$\frac{\log_3 4}{\log_3 9}=\frac{\log_3 x}{\log_3 3}$$

이다. 이는

$$\frac{\log_3 4}{2}=\log_3 x$$

이는

$$\log_3 2=\log_3 x$$

따라서 $x=2$이다.

예 $x=\log_3 2$인 경우 $\log_3 18$을 x로 표현하라.

풀이 $\log_3 18=\log_3(2\times 3^2)=\log_3 2+2\log_3 3=x+2$

예 다음 방정식을 만족하는 x를 구하라.

$$2\ln(x-1)=\ln(5+x)-\ln 5$$

풀이 $2\ln(x-1)=\ln(5+x)-\ln 5$

$$(x-1)^2=1+\frac{x}{5}$$

$$x^2-2x+1=1+\frac{x}{5}$$

$$5x^2-11x=0$$

$$x(5x-11)=0$$

따라서 $x=0$ 또는 $x=\frac{11}{5}$

그러나 $x-1>0$과 $5+x>0$ 즉, $x>1$과 $x>-5$이므로 이를 모두 만족하는 $x=\frac{11}{5}$이다.

로지스틱 모형
로지스틱 함수

이제 **로지스틱 모형**(logistic model)에 대해 알아보자.

로지스틱 함수는 베르헐스트(Verhulst)라는 사람이 인구의 증가를 설명하기 위해 처음 이름 붙였다. 로지스틱 함수는 0과 1 사이의 값을 가지기 때문에 사건의 발생 가능성을 예측하는 데 사용된다. 또한 이 모형은 2개의 반응범주를 취하는 이항변수 Y를 공변량(covariate) X로 설명하기 위해서도 사용된다. 예를 들어, 어떤 교육방법에 대한 성공적 결과를 $Y=1$로, 실패적 결과를 $Y=0$로 나타내어 반응변수 Y를 예측변수(공변량) x로 설명하고자 하는 경우 해당되는 로지스틱 모형은

$$\log\frac{P(Y=1|x)}{P(Y=0|x)}=\log\left(\frac{\pi(x)}{1-\pi(x)}\right)=\beta_0+\beta_1 x,$$

로 주어진다. 여기서 성공적인 결과에 대한 확률은 약간의 작업을 거쳐 다음과 같이 주어진다(각자 확인해 보라).

$$P(Y=1|x)=\pi(x)=\frac{e^{\beta_0+\beta_1 x}}{1+e^{\beta_0+\beta_1 x}}$$

이제 y를 시점 t에서의 인구수라 하면 y는 다음과 같이 로지스틱 모형으로 표시된다.

$$y=\frac{y_m}{1+ce^{-kt}}$$

이를 그림으로 나타내면 다음과 같다.

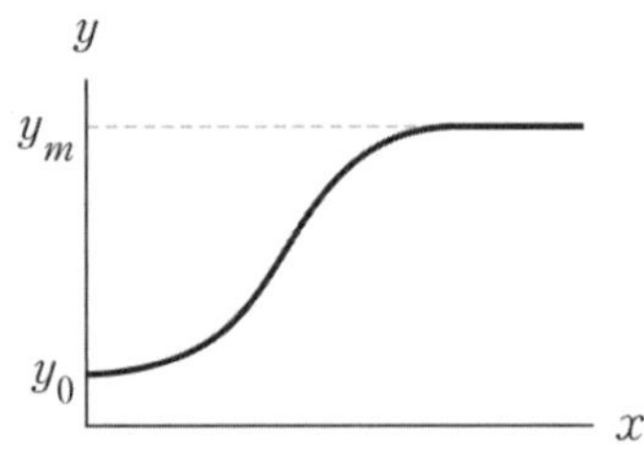

정보의 확산

이 모형을 이용해 **정보의 확산** 관련 문제를 풀 수 있다. 위의 식에서 분자 y_m을 1로 둔 아래의 식을 만들 수 있는데 여기서 분자가 1이 된 것은 모든 사람에게 정보가 전달된 즉 정보가 100% 확산된 경우를 의미한다.

$$y = \frac{1}{1 + ce^{-kt}}$$

물론 이 식의 왼편에 있는 y는 시점 t에서 정보를 알고 있는 사람의 비율을 말한다.

로지스틱 모형은 혁신의 확산을 설명할 때도 사용된다. 즉, 새로운 아이디어가 집단에 소개되었을 때 다음 그림과 같이 집단을 혁신가, 초기 채택자, 초기 대다수, 후기 대다수, 혁신 지체자로 구분할 수 있는데 이들이 새로운 아이디어를 받아들이는 속도를 로지스틱 함수로 나타낼 수 있는 것이다.

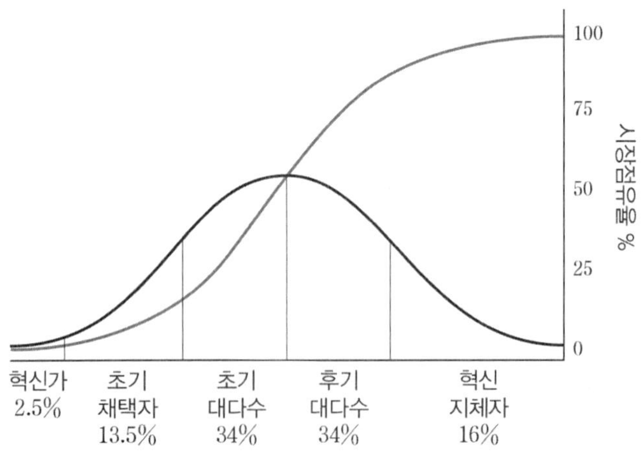

이제 다음의 관련 예를 보자.

예 현재 모 기업의 재정적 위기에 대해 10%의 사람이 알고 있다고 하자. 3일 후에는 40%의 사람이 알게 된다고 할 때, 80%가 이기업의 재정적 위기를 아는 데는 며칠이 걸리겠는가?

풀이 현재와 3일 후의 상황을 나타내는 다음의 식으로부터 c와 k를 구하고 이를 이용해 최종 답을 구한다.

$$t=0 \rightarrow \frac{1}{1+ce^{-k\times 0}}=\frac{1}{1+c}=0.1,\ \text{따라서}\ c=9$$

$$t=3 \rightarrow \frac{1}{1+9e^{-k\times 3}}=0.4$$

$$1+9e^{-3k}=\frac{1}{0.4}=2.5$$

$$9e^{-3k}=1.5$$

$$e^{-3k}=\frac{1}{6}$$

$$k=-\frac{1}{3}\ln\frac{1}{6}=\frac{1}{3}\ln 6$$

$$\frac{1}{1+9e^{-kt}}=0.8\text{이 되는 } t\text{의 값}$$

$$1+9e^{-kt}=\frac{1}{0.8}=\frac{5}{4}$$

$$e^{-kt}=\frac{1}{36}$$

$$t=-\frac{1}{k}\ln\frac{1}{36}=3\frac{1}{\ln 6}\times\ln 36=3\times 2=6$$

따라서 6일 후이다.

4. 삼각함수

삼각함수
호도법

함수는 이미 배웠듯이 독립변수 x에 대응하는 종속변수 y를 만들어내는 규칙이다. **삼각함수**(trigonometric function)의 경우 이 x는 각도가 되는 것이다. 각도의 크기를 나타내는 방법에는 육십분법과 호도법이 있는데 일반적으로 호도법을 선호한다. 반지름이 1인 원에 있어서 길이가 1인 원호(arc)에 대한 중심각의 크기를 각도의 단위로 잡고 이를 1라디안(radian)이라고 말하고 1rad로 적는다. 라디안을 호도라고도 한다. 이처럼 라디안을 단위로 하여 각을 재는 방법을 **호도법**(circular measure)이라고 한다. 참고로 π라디안은 180도에 해당한다. 물론 1도는 $\frac{\pi}{180}$라디안이다. 호도법에서는 단위의 명칭인 라디안을 생략하는 것이 보통이다. 따라서 90도는 $\frac{\pi}{2}$로 나타내면 된다.

기본적인 삼각함수에는 $y=\sin x$, $y=\cos x$ 그리고 $y=\tan x$가 있다. 먼저 $y=\sin x$의 그래프에 대해 살펴보자. $y=\sin x$의 그래프는 다음과 같다.

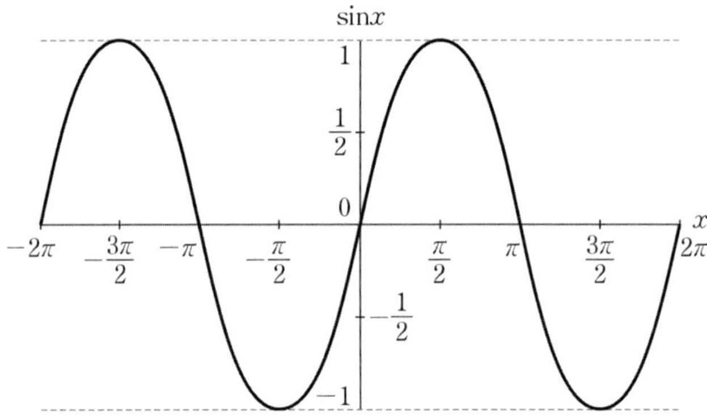

주기

여기서 보면 비슷한 모양을 발견할 수 있다. 즉, 2π마다 같은 모양이 반복되는 것이다. 따라서 2π를 **주기**(period)라고 한다. 따라서 함수를 나타내기 위해 전체보다 2π에 대해 나타내면 되는 것이다. 또 하나 알 수 있는 것은 $y=\sin x$의 최댓값과 최솟값은 1과 -1이라는 것이다.

이제 $y=\cos x$에 대해 알아보자. $y=\cos x$의 그래프는 다음과 같다.

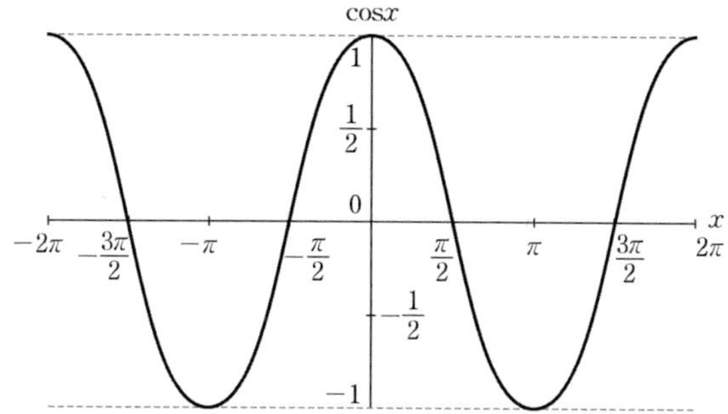

이 그래프도 $y = \sin x$ 처럼 주기가 2π이고 최댓값과 최솟값은 1과 -1이다. 그리고 이 그래프를 $\frac{\pi}{2}$만큼 왼쪽으로 이동시키면 $y = \sin x$의 그래프와 같아진다.

$y = \tan x$ 의 그래프는 다음과 같다.

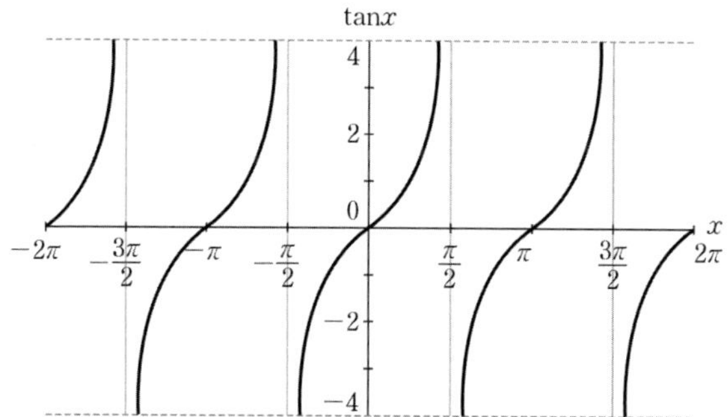

$y = \tan x$ 의 그래프는 앞의 $y = \sin x$ 나 $y = \cos x$ 와는 완전히 다른 모습이다. $y = \tan x$ 의 그래프는 주기가 π이고 특히 값이 정해지지 않은 곳(예를 들면 $\frac{\pi}{2}$)도 있다.

삼각함수를 다음의 직각삼각형을 이용해 좀 더 알아보기로 하자.

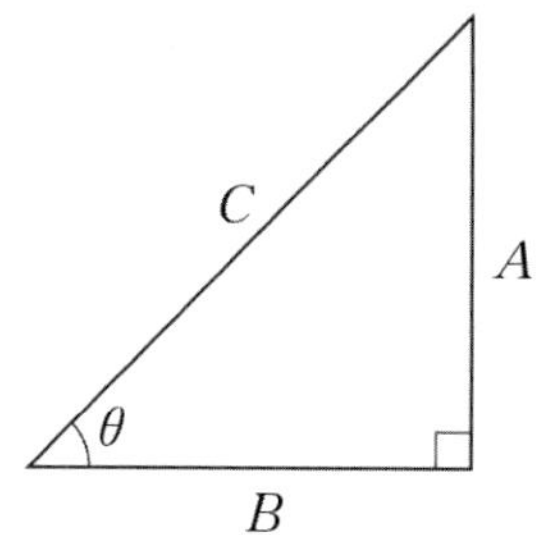

이 직각삼각형에서 각도는 바로 지면에 대한 비탈면의 각도이다. 이 각도가 주어지면 빗변과 높이, 빗변과 밑변 그리고 밑변과 높이의 비를 구할 수 있게 된다. 다시 말해서 각도 θ는 $\frac{\text{높이}}{\text{빗변}}$, $\frac{\text{밑변}}{\text{빗변}}$ 그리고 $\frac{\text{높이}}{\text{밑변}}$와 함수관계를 이루게 되는데 이를 삼각함수라 한다.

여기서 $\frac{\text{높이}}{\text{빗변}}$을 간단히 $\sin\theta$로 표현한다. 각도 θ가 들어간 이유는 $\frac{\text{높이}}{\text{빗변}}$의 값이 θ에 따라 달라지기 때문이다. $\sin\theta = \frac{\text{높이}}{\text{빗변}} = \frac{A}{C}$와 같은 식을 삼각형의 θ에 관한 식이라는 뜻으로 삼각함수라고 한다. $\sin\theta$는 사인 θ라고 읽는다.

$\cos\theta$와 $\tan\theta$도 다음과 같이 정의하고 코사인(cosine) θ와 탄젠트(tangent) θ로 읽는다.

$$\cos\theta = \frac{B}{C},\ \tan\theta = \frac{A}{B}$$

이 외에도 다음을 정의할 수 있고 각각 코시칸트(cosecant), 시칸트(secant) 그리고 코탄젠트(cotangent)로 읽는다.

$$\csc\theta = \frac{1}{\sin\theta} = \frac{C}{A},\ \sec\theta = \frac{1}{\cos\theta} = \frac{C}{B}$$

$$\text{그리고 } \cot\theta = \frac{1}{\tan\theta} = \frac{B}{A}$$

이제 아래의 단위원을 통해 삼각함수를 정의해 보자.

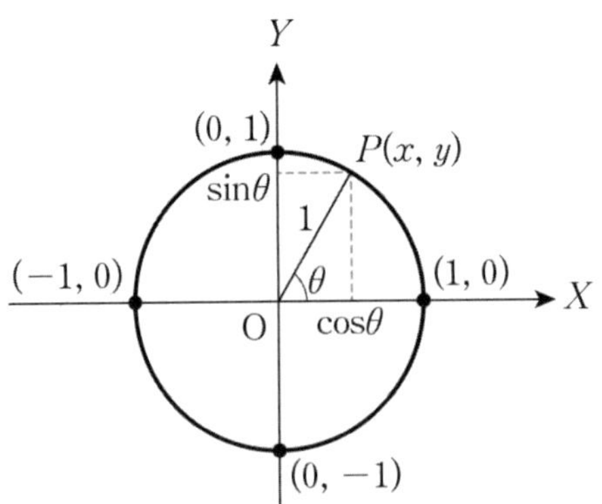

좌표평면에서 원점을 중심으로 반지름이 1인 원을 단위원이라고 한다. 이 단위원 위의 한 점 $P(x, y)$에 대해 X축과 점 P와 원점을 잇는 직선간의 각을 θ라고 하면 삼각함수는 다음과 같이 정의된다.

$$\sin\theta = y,\ \cos\theta = x,\ \tan\theta = \frac{y}{x}$$

이 단위원을 이용하면 해당 위치에 따라 삼각함수의 부호를 알 수 있다. 예를 들어 $y = \sin\theta$의 경우 1사분면과 2사분면에 있는 경우는 $y > 0$이므로 $y = \sin\theta$는 양수이고 3사분면과 4사분면에 있는 경우는 $y < 0$이므로 $y = \sin\theta$는 음수이다. $y = \cos\theta$의 경우는 1사분면과 4사분면에 있는 경우 $x > 0$이므로 $y = \cos\theta$는 양수이고 2사분면과 3사분면에 있는 경우는 $x < 0$이므로 $y = \cos\theta$는 음수이다. $y = \tan\theta$의 경우는 1사분면과 3사분면이 x와 y가 같은 부호이므로 $y = \tan\theta$는 양수이고 2사분면과 4사분면은 x와 y의 부호가 다르므로 $y = \tan\theta$는 음수이다. 그리고 $\csc\theta$는 $\sin\theta$와 같은 부호이고 $\sec\theta$는 $\cos\theta$와 같은 부호이고 $\cot\theta$는 $\tan\theta$와 같은 부호이다. 이를 정리하면 다음과 같다.

사분면	sin과 csc	cos과 sec	tan와 cot
I	+	+	+
II	+	−	−
III	−	−	+
IV	−	+	−

삼각함수에 있어서는 다음의 식이 성립한다. 이는 단위원에서 피타고라스 정리를 이용하면 쉽게 알 수 있다(각자 확인해 보기 바란다).

$$\sin^2\theta + \cos^2\theta = 1$$

또한 이 공식은 다음의 육각형 그림을 통해서도 알 수 있다. 육각형 그림에서 역삼각형의 위에 있는 값의 제곱의 합은 아래에 있는 값의 제곱의 합과 같다. 따라서 제일 위의 역삼각형을 이용해 $\sin^2\theta + \cos^2\theta = 1^2 = 1$을 만들어낼 수 있다. 육각형 그림의 아래에 있는 역삼각형 두 개를 이용해 다음의 공식을 만들어낼 수 있다.

$$\tan^2\theta + 1 = \sec^2\theta,\ \ 1 + \cot^2\theta = \csc^2\theta$$

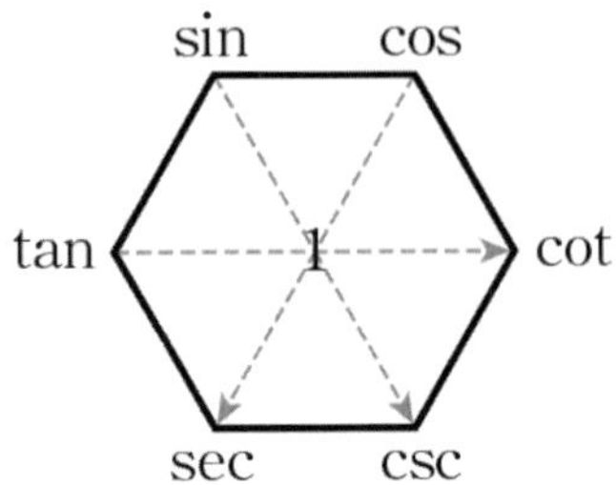

이 외에도 여러 공식을 위의 육각형 그림을 통해 만들어 낼 수 있다. 육각형 그림에서 대각선에 있는 것은 서로 역의 관계에 있다. 앞에서 배운 공식인 $\csc\theta = \dfrac{1}{\sin\theta}$ 도 이 육각형 그림을 통해 알 수 있다. 그리고 육각형 그림에서 인접한 두 항목의 비율은 인접시켜 나가는 방향에 있는 바로 옆의 값과 같다. 예를 들면 cos와 sin을 왼쪽으로 인접시키면 즉 $\dfrac{\sin\theta}{\cos\theta}$ 는 $\tan\theta$이다. 물론 sin과 cos을 오른쪽으로 인접시키면, 즉 $\dfrac{\cos\theta}{\sin\theta}$는 $\cot\theta$이다.

삼각함수의 덧셈정리

이제 **삼각함수의 덧셈정리**에 대해 알아보자.

$$\sin(\alpha \pm \beta) = \sin\alpha\cos\beta \pm \cos\alpha\sin\beta \ (\text{복호동순})$$

$$\cos(\alpha \pm \beta) = \cos\alpha\cos\beta \mp \sin\alpha\sin\beta \ (\text{복호동순})$$

$$\tan(\alpha \pm \beta) = \frac{\tan\alpha \pm \tan\beta}{1 \mp \tan\alpha\tan\beta} \ \ (\text{복호동순})$$

삼각함수의 덧셈정리의 유도과정을 살펴보자.

앞의 단위원에서 cos과 sin을 각각의 변으로 하는 직각삼각형은 빗변의 길이가 1임을 알 수 있다.

이제 앞의 단위원의 각 θ 대신 각 $\alpha+\beta$를 갖는 직각삼각형을 다음과 같이 생각해 보자.

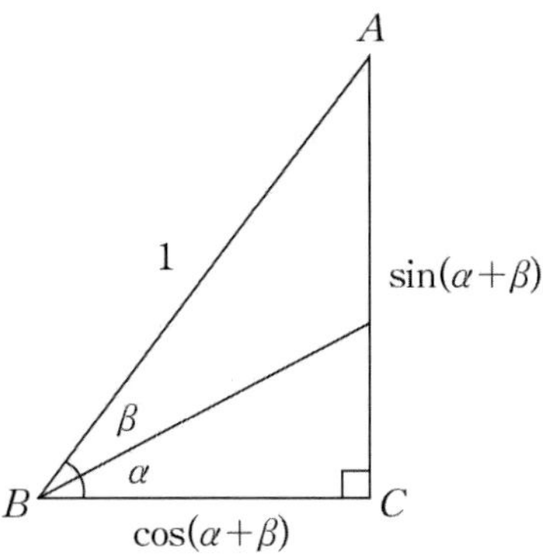

그러면 밑변의 길이는 $\cos(\alpha+\beta)$ 이고 높이는 $\sin(\alpha+\beta)$ 가 된다. 이제 점 A 에서 각 β에 대한 직각삼각형이 되게끔 수선을 내려 직각삼각형 ABD를 만들면 빗변이 여전히 1이므로 BD의 길이는 $\cos\beta$ 그리고 AD의 길이는 $\sin\beta$가 된다. 이제 각 α에 대해서도 직각삼각형이 되게끔 D에서 수선을 내려 직각삼각형 DBE를 만들면 BD를, 즉 $\cos\beta$를 빗변으로 하고 각이 α인 직각삼각형 DBE가 만들어지고 AD, 즉 $\sin\beta$를 빗변으로 하는 각이 역시 α인 직각삼각형 ADF가 만들어진다. 이를 그림으로 나타내면 아래와 같다.

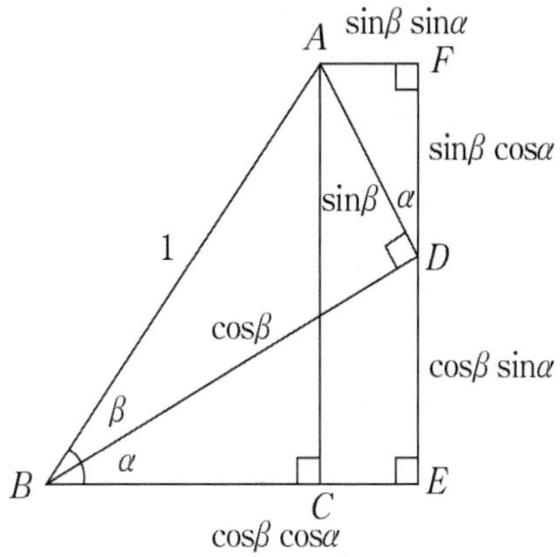

이 그림을 통해 삼각형 ABC의 높이 AC로부터 $\sin(\alpha+\beta)$ 공식을 FD와 DE의 합으로, 밑변 BC로부터 $\cos(\alpha+\beta)$ 의 공식을 $BE-CE$로 얻을 수 있다.

뺄셈공식은 덧셈공식에서 β 대신 $-\beta$를 대입해 전개 후 $\sin(-\beta)=-\sin\beta$ 그리고 $\cos(-\beta)=\cos\beta$를 이용하면 된다(각자 확인해 보라).

이제 $\tan(\alpha+\beta)$ 의 유도과정을 살펴보자.

$$\tan(\alpha+\beta)=\frac{\sin(\alpha+\beta)}{\cos(\alpha+\beta)}$$
$$=\frac{\sin\alpha\cos\beta+\cos\alpha\sin\beta}{\cos\alpha\cos\beta-\sin\alpha\sin\beta}$$

이고 여기서 분자와 분모를 $\cos\alpha\cos\beta$로 나누어 아래와 같이 정리하면 원하는 결과를 얻게 된다.

$$\frac{\dfrac{\sin\alpha}{\cos\alpha}+\dfrac{\sin\beta}{\cos\beta}}{1-\dfrac{\sin\alpha}{\cos\alpha}\dfrac{\sin\beta}{\cos\beta}}$$
$$=\frac{\tan\alpha+\tan\beta}{1-\tan\alpha\tan\beta}$$

삼각함수의 2배각 공식

이제 **삼각함수의 2배각 공식**을 다음과 같이 소개하고자 한다.

$$\sin 2x=2\sin x\cos x$$
$$\cos 2x=\cos^2 x-\sin^2 x$$
$$\tan 2x=\frac{2\tan x}{1-\tan^2 x}$$

이는 위에서 얻은 삼각함수 덧셈정리에서 같은 각을 서로 더하는 것으로 해서 얻을 수 있다.

위의 공식에서 $\cos 2x$ 공식은

$$\sin^2 x+\cos^2 x=1$$

을 이용하여 다음과 같이 나타낼 수도 있다.

$$\cos 2x=2\cos^2 x-1$$

즉,

$$\cos^2 x=\frac{1+\cos 2x}{2}$$

물론 다음과 같이 나타낼 수도 있다.

$$\cos 2x = 1 - 2\sin^2 x$$

즉,

$$\sin^2 x = \frac{1-\cos 2x}{2}$$

이 결과를 이용해 **반각공식**을 만들어 보자. 반각공식

위에서 주어진 것을 $2x$의 반각공식이라 생각하면 이를 변형해 x의 반각공식을 다음과 같이 만들 수 있다.

$$\sin^2\frac{x}{2} = \frac{1-\cos x}{2}$$

$$\cos^2\frac{x}{2} = \frac{1+\cos x}{2}$$

$$\tan^2\frac{x}{2} = \frac{\sin^2\frac{x}{2}}{\cos^2\frac{x}{2}} = \frac{1-\cos x}{1+\cos x}$$

사인 법칙에 대해 알아보기로 하자.

사인 법칙은 임의의 삼각형 ABC에서 각 A, B, C의 대변 a, b, c에 대해 다음의 성립함을 나타낸다. 사인 법칙

$$\frac{\sin A}{a} = \frac{\sin B}{b} = \frac{\sin C}{c}$$

이는 다음 그림을 이용해 보일 수 있다.

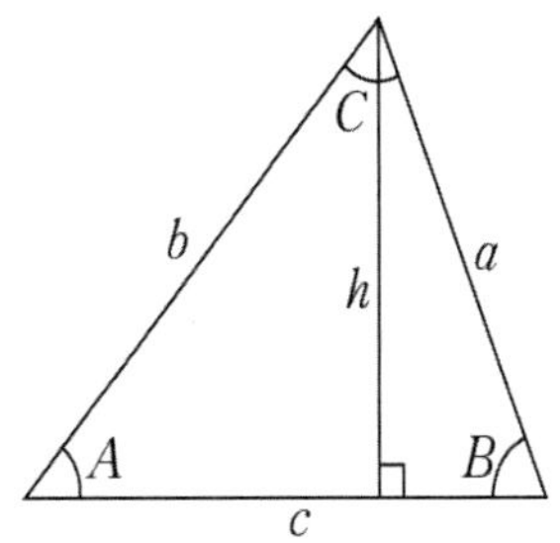

앞의 그림에서 h를 다음과 같이 두 가지 방식으로 나타낼 수 있다.

즉, $h = b\sin A = a\sin B$

이 식에서 $\dfrac{\sin A}{a} = \dfrac{\sin B}{b}$를 얻을 수 있다. 나머지에 대해서도 같은 방식으로 얻을 수 있다(각자 확인해 보라).

마찬가지로 다음도 성립한다.

$$\frac{a}{\sin A} = \frac{b}{\sin B} = \frac{c}{\sin C} = 2R$$

여기서 R은 삼각형의 외접원의 반지름 길이를 나타낸다.

이는 다음과 같이 보일 수 있다(여기서는 A가 예각인 경우만 보이지만 A가 직각이거나 둔각인 경우에도 유사하게 보일 수 있다. 각자 확인해 보라).

아래 삼각형 ABC의 꼭지점 B에서 외접원의 중심 O를 지나는 BA'를 그어보자. 그러면 $\overline{BA'}$는 원의 지름($2R$)이 된다.

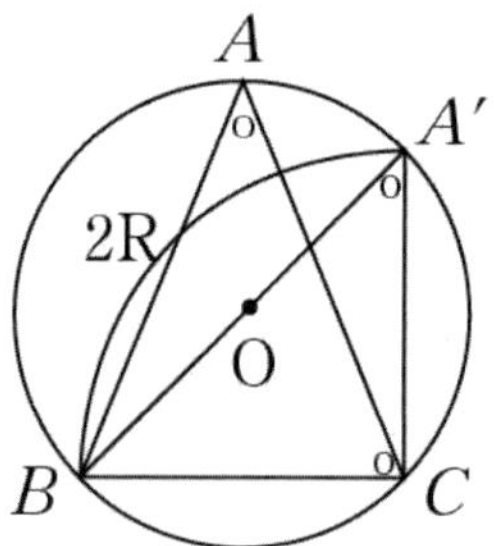

한 원에서 한 원호(arc)의 원주각의 크기는 같으므로 원호 BC의 원주각인 $\angle A$와 $\angle A'$는 같다.

그리고 지름의 원주각이 90도이므로

$\angle A'CB = 90°$

이다. 따라서 $\sin A' = \sin A = \dfrac{a}{2R}$로 주어지고 이를 다시 $\dfrac{a}{\sin A} = 2R$로 나타내면 첫 번째 주어진 식이 된다. 나머지 식에 대해서도 같이 하면 된다(각자 확인해 보라).

이제 코사인 법칙에 대해 알아보자. 코사인 법칙에는 코사인 제1법칙과 코사인 제2법칙의 두 가지가 있다.

코사인 제1법칙은 코사인 제1법칙

$$c = b\cos A + a\cos B$$

이는 양변의 길이와 알고자 하는 변 사이의 두 각의 크기를 알 경우, 다른 한 변의 길이를 알게 해 준다. 이는 다음의 그림을 통해 알 수 있다.

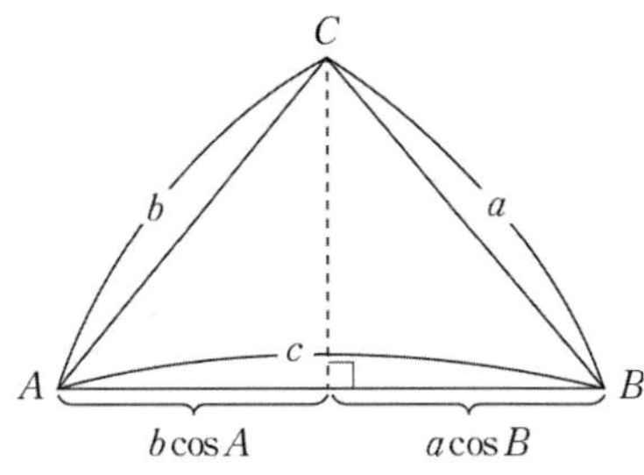

코사인 제2법칙은 코사인 제2법칙

$$a^2 = b^2 + c^2 - 2bc\cos A$$

이다. 이를 변형하면

$$\cos A = \frac{b^2 + c^2 - a^2}{2bc}$$

이는 모든 변의 길이를 알고 있을 때 각의 코사인값을 구할 때 이용된다. 이는 다음 삼각형을 이용해 보일 수 있다.

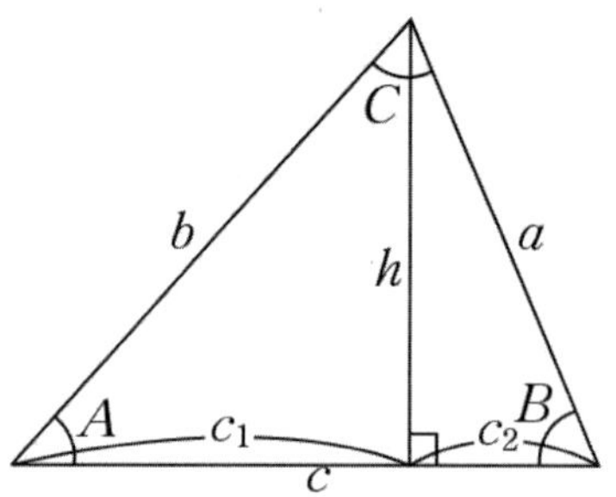

삼각형에서 각 A에 대한 sin값과 cos값을 구하면 다음과 같다.

$$\sin A = \frac{h}{b},\ \cos A = \frac{c_1}{b}$$

이는 다음과 같이 적을 수 있다.

$$h = b\sin A,\ c_1 = b\cos A$$

그리고 변 c로부터 c_1은 $c - c_2$이므로

$$c - c_2 = b\cos A$$
$$c_2 = c - b\cos A$$

이다.

피타고라스 정리에 의하면

$$a^2 = h^2 + c_2^2$$

이므로

$$\begin{aligned} a^2 &= (b\sin A)^2 + (c - b\cos A)^2 \\ &= b^2\sin^2 A + c^2 - 2bc\cos A + b^2\cos^2 A \\ &= b^2(\sin^2 A + \cos^2 A) + c^2 - 2bc\cos A \end{aligned}$$

여기서

$$\sin^2 x + \cos^2 x = 1$$

이므로 $a^2 = b^2 + c^2 - 2bc\cos A$

따라서 $\cos A = \dfrac{b^2 + c^2 - a^2}{2bc}$

이다.

탄젠트 법칙은 다음과 같다.

탄젠트 법칙

$$\frac{a+b}{a-b} = \frac{\tan\frac{1}{2}(A+B)}{\tan\frac{1}{2}(A-B)}$$

이는 임의의 삼각형 ABC에서 각 A, B의 대변 a, b에 대한 관련성을 보여준다. 이를 보이기 위해서는 다음과 같이 **삼각함수의 곱과 삼각함수의 관계**를 알 필요가 있다.

삼각함수의 곱과 삼각함수의 관계

$$\sin A + \sin B = 2\sin\frac{A+B}{2}\cos\frac{A-B}{2}$$

이는 다음과 같이 보일 수 있다(㉠은 삼각함수의 덧셈정리로부터 알 수 있다).

$$\sin\alpha\cos\beta = \frac{1}{2}\{\sin(\alpha+\beta) + \sin(\alpha-\beta)\} \quad \cdots \text{ ㉠}$$

$$\alpha+\beta = A \ \cdots \text{ ①}$$

$$\alpha-\beta = B \ \cdots \text{ ②}$$

① + ②에서 $2\alpha = A+B,\ \alpha = \dfrac{A+B}{2}$

① - ②에서 $2\beta = A-B,\ \beta = \dfrac{A-B}{2}$

이것을 ㉠에 대입한다.

$$\sin\frac{A+B}{2}\cos\frac{A-B}{2} = \frac{1}{2}\{\sin A + \sin B\}$$

양변에 2를 곱하면

$$2\sin\frac{A+B}{2}\cos\frac{A-B}{2} = \sin A + \sin B$$

따라서 $\sin A + \sin B = 2\sin\dfrac{A+B}{2}\cos\dfrac{A-B}{2}$

그러면 탄젠트 법칙은 다음과 같이 보일 수 있다.

$$\frac{a-b}{a+b}$$
$$=\frac{2R\sin A-2R\sin B}{2R\sin A+2R\sin B}$$
$$=\frac{\sin A-\sin B}{\sin A+\sin B}$$
$$=\frac{2\cos\frac{A+B}{2}\sin\frac{A-B}{2}}{2\sin\frac{A+B}{2}\cos\frac{A-B}{2}}$$
$$=\frac{\tan\frac{A-B}{2}}{\tan\frac{A+B}{2}}$$

이제 삼각함수 관련 다음의 예를 풀어보자.

예 $\tan x=a$ 일 때 $\cos x$를 표시하라.

풀이 앞에서 배운 육각형 그림의 역삼각형으로부터 $\tan^2 x+1=\sec^2$ 임을 알 수 있다.

따라서 $\cos^2 x=\frac{1}{\sec^2 x}=\frac{1}{\tan^2 x+1}=\frac{1}{a^2+1}$ 이다.

최종적으로 구하고자 하는 $\cos x=\pm\sqrt{\frac{1}{a^2+1}}$ 이다.

예 $2\sin^2 x - 5\cos x - 4 = 0$을 풀어라.

풀이 $\sin^2 x + \cos^2 x = 1$이므로 위 식을 다시 적으면

$2(1-\cos^2 x) - 5\cos x - 4 = 0$ 이다. 즉,

$2\cos^2 x + 5\cos x + 2 = 0$ 으로 인수분해하면

$(\cos x + 2)(2\cos x + 1) = 0$ 이다.

여기서 $\cos x + 2$는 0이 될 수 없으므로 $2\cos x + 1 = 0$이다.

즉, $\cos x = -\frac{1}{2}$ 이다. 따라서

$x = 2n\pi \pm \frac{2}{3}\pi$ 이다.

요약

1) 복리

연속복리에 대한 실질이자율은 다음의 관계를 통해서 얻을 수 있다.

$1+i_{eff}=e^i$ (여기서 $n=1$ 임을 유의하자.)

따라서 $i_{eff}=e^i-1$이다.

2) 지수함수

$y=a^x\,(a>0,\ a\neq 1)$

$a>1$ 이면 증가하는 지수함수이고,

$a<1$ 이면 감소하는 지수함수이다.

a 대신 밑이 e인 e^x를 자연 지수함수라 한다.

3) 로그함수

$\log_a y$는 $y>0$에 대해 정의되고

$a>1$에 대해

$y>1$ 이면 $\log_a y>0$이고

$y<1$ 이면 $\log_a y<0$이다.

a 대신 밑이 e인 $\log_e y=\ln y$라 쓰고 자연로그라 한다.

- 성공적 결과를 Y=1로, 실패적 결과를 Y=0로 나타내어 반응변수 Y를 예측변수(공변량) x로 설명하고자 하는 경우 사용되는 로지스틱 모형은

$$\log\frac{P(Y=1|x)}{P(Y=0|x)}=\log\left(\frac{\pi(x)}{1-\pi(x)}\right)=\beta_0+\beta_1 x$$

로 주어진다. 여기서 성공적인 결과에 대한 확률은 약간의 작업을 거쳐 다음과 같이 주어진다.

$$P(Y=1|x)=\pi(x)=\frac{e^{\beta_0+\beta_1 x}}{1+e^{\beta_0+\beta_1 x}}$$

y를 시점 t에서의 인구수라 하면 y는 다음과 같이 로지스틱 모형으로 표시된다.

$$y=\frac{y_m}{1+ce^{-kt}}$$

위의 식에서 분자 y_m을 1로 둔 아래의 식을 만들 수 있는데 이는 정보의 확산 관련 문제를 푸는데 사용된다. 여기서 분자가 1이 된 것은 모든 사람에게 정보가 전달된 즉 정보가 100% 확산된 경우를 의미한다.

$$y=\frac{1}{1+ce^{-kt}}$$

물론 이 식의 왼편에 있는 y는 시점 t에서 정보를 알고 있는 사람의 비율을 말한다.

4) 삼각함수

- 아래의 단위원을 통해 삼각함수를 정의할 수 있고 또한 해당 삼각함수의 부호를 파악할 수 있다.

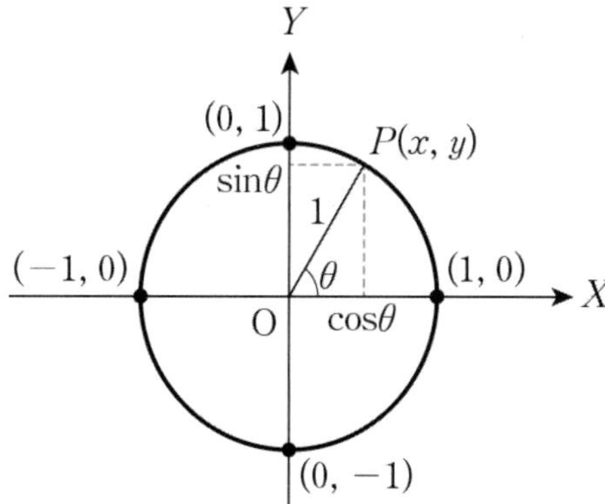

$$\sin\theta=y, \cos\theta=x, \tan\theta=\frac{y}{x}$$

사분면	sin과 csc	cos과 sec	tan와 cot
I	+	+	+
II	+	−	−
III	−	−	+
IV	−	+	−

• 아래 육각형 그림에서 역삼각형의 위에 있는 값의 제곱의 합은 아래에 있는 값의 제곱의 합과 같다.

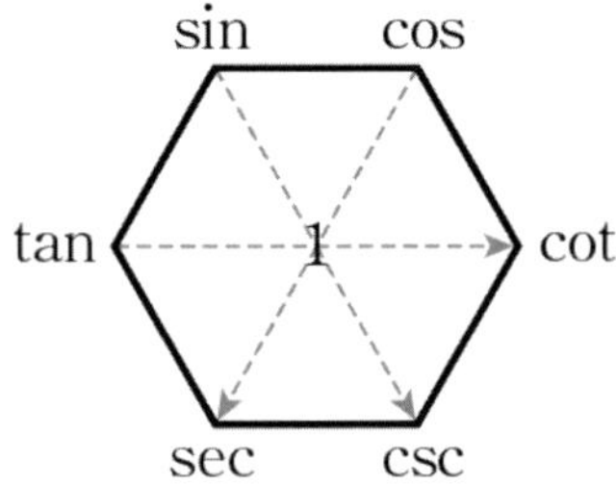

$$\sin^2 x + \cos^2 x = 1$$
$$\tan^2 x + 1 = \sec^2, \ 1 + \cot^2 x = \csc^2$$

이 외에도 여러 공식을 위의 육각형 그림을 통해 만들어 낼 수 있다. 육각형 그림에서 대각선에 있는 것은 서로 역의 관계에 있다. $\csc\theta = \dfrac{1}{\sin\theta}$도 이 육각형 그림을 통해 알 수 있다. 그리고 육각형 그림에서 인접한 두 항목의 비율은 인접시켜 나가는 방향에 있는 바로 옆의 값과 같다.

예를 들면 cos와 sin을 왼쪽으로 인접시키면 즉 $\dfrac{\sin\theta}{\cos\theta}$는 $\tan\theta$이다.

• 삼각함수의 덧셈정리

$\sin(x \pm y) = \sin x \cos y \pm \cos x \sin y$

$\cos(x \pm y) = \cos x \cos y \mp \sin x \sin y$

$\tan(x \pm y) = \dfrac{\tan x \pm \tan y}{1 \mp \tan x \tan y}$ (복호동순)

• 사인 법칙은 임의의 삼각형 ABC에서 각 A, B, C의 대변 a, b, c에 대해 다음의 성립함을 나타낸다.

$$\frac{\sin A}{a}=\frac{\sin B}{b}=\frac{\sin C}{c}$$

마찬가지로 다음도 성립한다.

$$\frac{a}{\sin A}=\frac{b}{\sin B}=\frac{c}{\sin C}=2R$$

여기서 R은 삼각형의 외접원의 반지름 길이를 나타낸다.

- 코사인 제1법칙은

$$c=b\cos A+a\cos B$$

이는 양변의 길이와 알고자 하는 변 사이의 두 각의 크기를 알 경우, 다른 한 변의 길이를 알게 해 준다.

- 코사인 제2법칙은

$$c^2=a^2+b^2-2ab\cos C$$

이다. 이를 변형하면

$$\cos C=\frac{a^2+b^2-c^2}{2ab}$$

이다. 이는 모든 변의 길이를 알고 있을 때 각의 코사인값을 구할 때 이용된다.

- 탄젠트 법칙은 다음과 같다.

$$\frac{a+b}{a-b}=\frac{\tan\frac{1}{2}(A+B)}{\tan\frac{1}{2}(A-B)}$$

이는 임의의 삼각형 ABC에서 각 A, B의 대변 a, b에 대한 관련성을 보여준다.

연습문제

1. 복리의 개념을 설명하라.

2. 로지스틱스 모형에 대해 설명하라.

3. A는 미래에 사용할 자녀의 대학 등록금을 위해 현재 가지고 있는 3000만원을 월이율 15% 복리로 3년 후에 원금과 이자를 모두 주는 적금에 가입하였다. 3년 후 얼마를 받을 수 있는가?

4. 투자를 위한 두 안이 있는데 투자안 A는 매일 15%의 복리를 가진 투자안이고, 투자안 B는 매달 15.3%의 복리를 가진 투자안이다. 어떤 투자안을 택하는 것이 좋은가?

5. A는 연 12%의 이자율로 매분기 이자를 지급받는 조건으로 은행에 100만원을 입금했을때 1년 후 실질이자율은 얼마인가?

6. A 은행은 6%의 연속복리로 이자를 지급한다고 할 때 실질이자율은 얼마인가?

7. $2\log_{0.1}(x-1) < \log_{0.1}(7-x)$를 만족하는 x의 범위를 구하라.

8. 다음을 만족하는 x를 구하라.

$$2\ln x - \ln(x+1) = 0$$

9. 처음에는 20%의 사람이 기업의 신상품 개발 소식을 듣게 되었다. 2일이 지나서는 50%의 사람이 이를 알게 되었다. 이제 80%의 사람이 이 소식을 알게 되는 데는 얼마나 걸리는가?

10. $\sin x = a$일 때 $\cos x$를 표시하라.

5 CHAPTER

행렬과 역행렬

주요 학습목표

- 기본 행연산과 가우스-조단 소거법을 이해할 수 있다.
- 기본 행연산을 이용해 역행렬을 구할 수 있다.
- 행렬식을 구할 수 있다.
- 크레이머 법칙을 이해할 수 있다.
- 행렬식을 이용해 역행렬을 구할 수 있다.
- 투입산출분석을 이해할 수 있다.

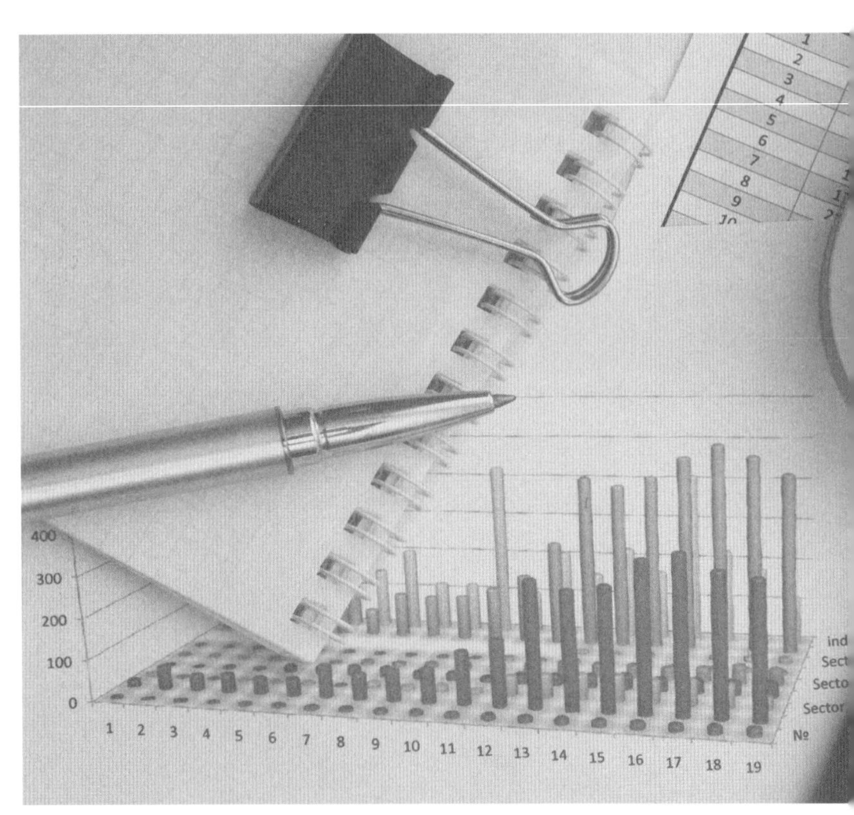

기사

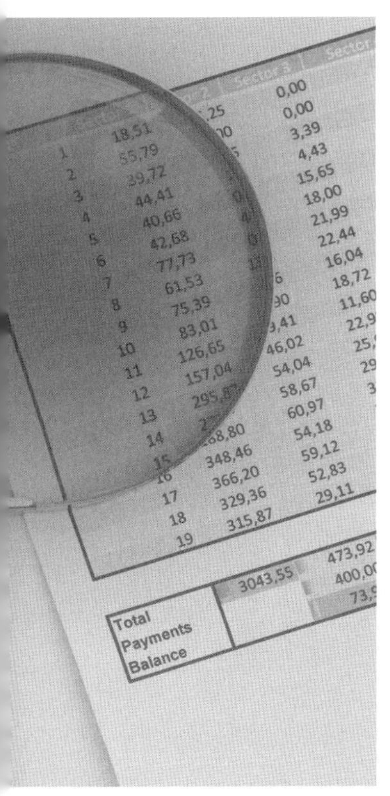

투입–산출분석

이 분석은 개별산업의 생산물을 최종소비재로 사용되는 상품과 다른 재화나 자기 자신의 생산에 사용되는 생산요소로 구별하여 경제 내 다양한 생산부문간의 상호의존성을 고찰하는 것이다.

분석의 단순화를 위해 최종생산물의 생산량에 상관없이 생산요소가 항상 동일한 비율로 생산에 투입된다는 가정이 도입된다. 따라서 일정량의 최종소비가 주어지면 이를 위해 생산되어야 하는 다양한 재화의 총량을 결정할 수 있다.

이 분석은 대개 하나의 표로 작성되는데, 이 표의 가로열은 한 산업의 총생산물이 다양한 생산과정과 최종소비로 어떻게 배분되는가를 나타낸다. 세로열은 한 산업 내에서 필요로 하는 생산요소의 결합을 나타낸다. 예를 들어 단순한 경제에서 표의 첫 번째 행이 트럭의 총생산량의 분배상태를 묘사한다면, 그것은 몇 대의 트럭은 더 많은 트럭 생산에 사용되고, 일부 트럭은 농산물 생산에, 일부는 주택건설에, 그리고 일부는 개별 가계에 사용되고 있다는 것을 나타낸다. 행을 따라 그 수를 모두 합하면 트럭의 총생산량을 구할 수 있다.

이 표는 개별산업이 다른 산업의 생산물들에 의존하는 정도를 잘 보여준다. 예를 들어 식료품의 생산이 증가하면 반드시 트럭 생산 또한 증가해야 한다는 것이다. 투입–산출표는 경제 전체에 대해서 뿐 아니라 경제의 어느 한 부분에 대해서도 작성이 가능하다. 이 표는 일정량의 소비를 만족시키기 위해 필요한 모든 산업부문의 생산수준을 계획하는 데 유용하며, 또 특정 생산부문의 변화가 경제 전체에 미치는 효과를 분석하는 데도 적합하다. 이 표는 계획경제나 개발도상국에서 가장 널리 사용된다.

출처: http://100.daum.net/encyclopedia/view/b22t3654a

본 장에서는 $Ax=b$ 형태로 주어지는 방정식의 해 x를 구하기 위해 유용한 행렬과 여러 관련사항을 설명하려고 한다. 먼저 행렬에 대해 살펴보자.

1. 행렬

행렬
행벡터

행렬(matrix)이란 다음과 같이 실수로 구성된 직사각형 모양의 배열(rectangular array of real numbers)을 말하며 행렬을 나타내기 위해 A처럼 대문자를 사용한다. 그리고 행렬 A의 원소(element)를 a_{ij}로 표시하는데, 여기서 i는 행(row)을, j는 열(column)을 나타낸다. 아래의 행렬 A는 m개의 행과 n개의 열을 갖고 있고 특정 행을 **행벡터**(row vector)라고 한다. 예를 들면 첫 번째 행을 나타내는 $A_{1\cdot}=\left[a_{11},\cdots,a_{1n}\right]$ 이 행벡터이다.

$$A=\begin{bmatrix} a_{11} & \cdots & a_{1n} \\ \vdots & \ddots & \vdots \\ a_{m1} & \cdots & a_{mn} \end{bmatrix} \text{행}$$

열

$$=[a_{ij}]_{m\times n}$$

행렬 A와 B의 크기가 같고(즉, 행과 열의 수가 같고) 해당되는 원소가 같다면 두 행렬 A와 B는 같다고 하고 $A=B$로 나타낸다.

정방행렬

그리고 다음과 같이 행과 열의 개수가 같은 행렬을 **정방행렬**(square matrix)이라고 한다.

$$A=\begin{bmatrix} a_{11} & \cdots & a_{1m} \\ \vdots & \ddots & \vdots \\ a_{m1} & \cdots & a_{mm} \end{bmatrix}$$

행렬에 대해 다음의 연산이 성립한다.

$$cA = [ca_{ij}]$$
$$A \pm B = [a_{ij} \pm b_{ij}]$$

즉, 행렬 A에 c배를 한 것은 행렬 A의 각 원소를 c배한 것과 같고 행렬 A와 행렬 B의 합과 차는 행렬 A와 행렬 B의 해당되는 각 원소를 더하거나 뺀 것과 같다.

이제 행렬의 곱셈에 대해 알아보자.

A가 $1\times n$ 행렬이고 B가 $n\times 1$ 행렬이라고 하면 A와 B의 곱은 다음과 같이 하나의 값으로 나타난다.

$$\underset{1\times n}{A}\ \underset{n\times 1}{B} = [a_1 \ \cdots \ a_n]\begin{bmatrix} b_1 \\ \vdots \\ b_n \end{bmatrix} = a_1 b_1 + \ \cdots \ + a_n b_n = \Sigma_{i=1}^{n} a_i b_i$$

이와는 달리 A가 $m\times n$이고 B가 $n\times p$이면 가운데 부분인 n이 같아 A와 B의 곱셈이 가능하고 결과는 A의 행 수인 m과 B의 열 수인 p를 갖는 $m\times p$인 행렬 C를 다음과 같이 얻을 수 있다. 여기서 C의 원소인 c_{ij}는 다음과 같이 A의 i행인 $[a_{i1},\ a_{i2}, \dots, a_{in}]$과 B의 j열인 $[b_{1j},\ b_{2j}, \dots,\ b_{nj}]$를 이용해 구할 수 있다.

$$\underset{m\times p}{C} = \underset{m\times n}{A}\ \underset{n\times p}{B}$$
$$c_{ij} = \Sigma_{k=1}^{n} a_{ik} b_{kj}$$

물론, 두 행렬의 곱셈이 정의된다고 하더라도 다음과 같이 행렬의 곱셈에 대해서는 일반적으로 교환법칙이 성립하지 않는다. 즉,

$$AB \neq BA$$

행렬의 곱셈에 대해 다음과 같이 곱셈이 정의되면 그 결과는 같다. 이 경우 행렬에 대한 결합법칙이 성립한다.

$$\underbrace{\underset{m \times n}{A} \quad \underset{n \times p}{B} \quad \underset{p \times q}{C}}_{m \times q} = (\underline{AB})C = A(\underline{BC})$$

대각행렬

아래와 같이 행렬의 대각선 값만 존재하고 나머지는 0인 행렬을 **대각행렬**(diagonal matrix)이라고 한다.

$$A = \begin{bmatrix} a_{11} & 0 & \cdots & 0 \\ 0 & a_{22} & \cdots & 0 \\ \vdots & \vdots & \ddots & \vdots \\ 0 & 0 & \cdots & a_{mm} \end{bmatrix}$$

항등행렬

특히 대각선 값이 모두 1인 대각행렬을 **항등행렬**(identity matrix)이라 하는데 다음과 같다.

$$A = \begin{bmatrix} 1 & & 0 \\ & \ddots & \\ 0 & & 1 \end{bmatrix}$$

행렬 A에 항등행렬 I를 곱해도 그 결과는 역시 A이다. 즉,

$$AI = IA = A$$

그리고 행렬 A와 행렬 B가 각각 0이 아니더라도 두 행렬의 곱은 0이 될 수 있음을 유의하기 바란다. 이는 다음의 예를 통해 알 수 있다.

예 $A = \begin{bmatrix} 1 & 0 \\ 0 & 0 \end{bmatrix}$, $B = \begin{bmatrix} 0 & 0 \\ 1 & 0 \end{bmatrix}$로 주어진 경우 AB를 계산해 보자.

풀이 A와 B를 곱하면 결과는 $AB = \begin{bmatrix} 0 & 0 \\ 0 & 0 \end{bmatrix}$로 0이 된다.

2. 연립 선형방정식

이제 $Ax=b$로 연립 선형방정식이 주어지는 경우 우리는 x를 구하는 데 관심이 있다. 여기서 A를 **계수행렬**(coefficient matrix)이라 하고 b를 **가치 벡터**(value vector)라 한다. 그리고 x는 **변수 벡터**(variable vector)라고 한다.

계수행렬
가치 벡터
변수 벡터

다음의 예를 보자.

예 $4x+y-5z=8$

$3y=12+2x-z$

$4z+3x-y-5=0$

을 $Ax=b$ 형태로 나타내 보자.

풀이 주어진 문제를 x, y, z 순서대로 정리하면 다음과 같다.

$$4x+y-5z=8$$
$$-2x+3y+z=12$$
$$3x-y+4z=5$$

이를 $Ax=b$ 형태로 나타내면 다음과 같다.

$$\begin{bmatrix} 4 & 1 & -5 \\ -2 & 3 & 1 \\ 3 & -1 & 4 \end{bmatrix}\begin{bmatrix} x \\ y \\ z \end{bmatrix}=\begin{bmatrix} 8 \\ 12 \\ 5 \end{bmatrix}$$

이제 다음과 같이 주어지는 연립 선형방정식의 해를 구하는 법을 알아보자.

$$2x+5y=4$$
$$x+3y=3$$

먼저 이를 다음과 같이 나타낼 수 있다.

$$Ax=b \rightarrow [A|b]$$

즉,

$$[A|b] \ = \begin{bmatrix} 2 & 5 & 4 \\ 1 & 3 & 3 \end{bmatrix}$$

확장행렬
기본 행연산

이를 주어진 연립 연립 선형방정식에 대한 **확장행렬**(augmented matrix)이라고 한다. 해를 구하기 위해 다음의 **기본 행연산**(elementary row operation)을 적용한다.

- 기본 행연산

1) 두 행을 서로 바꾼다.
2) 한 행에 0 아닌 수를 곱하거나 나눈다.
3) 한 행의 상수 배를 다른 행에 더하거나 뺀다. 이 때 주의할 점은 변화를 가하는 행에 상수 배를 해서는 안 된다는 점이다.

가우스 - 조단 소거법

위의 주어진 연립 선형방정식에 기본 행연산을 적용해 해를 얻을 수 있다. 이 연립 선형방정식의 경우 기본 행연산의 핵심은 제일 첫 행의 처음 나타나는 숫자를 1로 만들고 이어서 그 1 아래의 값을 0으로 만드는 것이다. 다음에는 두 번째 행의 처음 나타나는 숫자를 1로 만들고 이어서 그 1 위아래의 값을 0으로 만드는 것이다. 이렇게 하면 최종적으로 $\begin{bmatrix} 1 & 0 & -3 \\ 0 & 1 & 2 \end{bmatrix}$의 형태가 되어 해를 바로 읽을 수 있게 된다. 즉, x=-3이고 y=2이다. 이처럼 최종 형태가 항등행렬 형태로 주어지면 해를 바로 읽을 수 있는 것이다. 이렇게 해를 얻는 방법을 **가우스 - 조단 소거법**(Gauss-Jordan elimination method)이라고 한다. 이를 좀 더 자세히 살펴보자.

$$\begin{bmatrix} 2 & 5 & 4 \\ 1 & 3 & 3 \end{bmatrix} \begin{matrix} -① \\ -② \end{matrix}$$

먼저 첫 행의 첫 번째 나오는 값을 1로 만들기 위해 기본 행연산의 1)을 적용해 1행과 2행을 다음과 같이 바꾼다.

1) (① ↔ ②) $\Rightarrow \begin{bmatrix} 1 & 3 & 3 \\ 2 & 5 & 4 \end{bmatrix} \begin{matrix} -③ \\ -④ \end{matrix}$

이제 ④의 2가 ③의 1 아래에 있어 이를 0으로 만들어야 한다. 이를 위해서는 기본 행연산의 3)을 적용하여 ③을 -2배하여 ④에 더할 수도 있고 ④를 -1/2배하여

③에 더할 수도 있다. 앞의 경우는 $\left[\begin{array}{cc|c} 1 & 3 & 3 \\ 0 & -1 & -2 \end{array}\right]\begin{array}{l} -⑤ \\ -⑥ \end{array}$ 이 되어 다음 단계의 두 번째 행에 처음 나타나는 숫자가 1이 되도록 만들기 위해 -1을 곱하면 되지만 뒤의 경우는 $\left[\begin{array}{cc|c} 1 & 3 & 3 \\ 0 & \frac{1}{2} & 1 \end{array}\right]\begin{array}{l} -⑤ \\ -⑥ \end{array}$ 이 되어 2번째 행의 처음 나타나는 수를 1로 만들기 위해 2배를 해야 하는 계산상의 번거로움이 생긴다. 따라서 앞의 경우로 다음과 같이 진행하는 것이 좋다.

3) (④+③×(−2)) $\Rightarrow \left[\begin{array}{cc|c} 1 & 3 & 3 \\ 0 & -1 & -2 \end{array}\right]\begin{array}{l} -⑤ \\ -⑥ \end{array}$

이제 두 번째 행의 처음 나타나는 숫자를 1로 만들어야 한다. 이를 위해서는 기본 행연산의 2)를 적용하여 ⑥의 양변을 -1배 하여 다음을 얻는다.

2) (⑥×(−1)) $\Rightarrow \left[\begin{array}{cc|c} 1 & 3 & 3 \\ 0 & 1 & 2 \end{array}\right]\begin{array}{l} -⑦ \\ -⑧ \end{array}$

여기서도 ⑧의 1 위에 있는 ⑦의 3을 0으로 만들어야 한다. 이를 위해서는 ⑧을 -3배하여 ⑦에 더할 수도 있고 ⑦을 -1/3배하여 ⑧에 더할 수도 있다. 앞의 경우는 $\left[\begin{array}{cc|c} 1 & 0 & -3 \\ 0 & 1 & 2 \end{array}\right]$이 되어 답을 바로 얻을 수 있으나 뒤의 경우는 $\left[\begin{array}{cc|c} -1/3 & 0 & 1 \\ 0 & 1 & 2 \end{array}\right]$이 되어 1번째 행의 처음 나타나는 숫자를 1로 만들기 위해 다시 양변에 -3을 곱해야 한다. 이는 가우스 - 조던 소거법에 따라 첫 번째 행의 처음 나타나는 숫자를 이미 1로 만들어 두었음에도 다시 -1/3으로 바꾸게 되고 다시 -3을 곱하는 번거로움을 발생시키게 된다. 따라서 앞의 경우로 진행하는 것이 좋고 그 결과는 다음과 같다.

3) (⑦+⑧×(−3)) $\Rightarrow \left[\begin{array}{cc|c} 1 & 0 & -3 \\ 0 & 1 & 2 \end{array}\right]$

따라서 유일한 해는 $\begin{pmatrix} x \\ y \end{pmatrix} = \begin{pmatrix} -3 \\ 2 \end{pmatrix}$ 이다.

다시 한 번 강조하지만 기본 행연산의 적용에 있어 3)의 경우, 변화를 가하는 행에 상수 배를 해서는 안 된다는 점이다.

축소형태

$Ax=b$의 해를 구하기 위해 $[A|b]$와 같이 행렬 A에 b를 포함해 확장행렬을 만들고 기본 행연산을 통해 앞의 행렬 A를 항등행렬 I로 변환시키면 뒤쪽에 생기는 c가 바로 x의 해가 되는 것이다. 이렇게 하는 것을 **축소형태**(reduced form)를 만든다고 한다.

즉,

$$[A|b] \rightarrow [I|c]$$

와 같이 기본 행연산으로 변환하면 c가 바로 x의 해가 된다.

기본 행연산을 아래와 같이 기호로 표시하면 편리하기에 앞으로는 기호로 표시할 것이다.

$R_1 \leftrightarrow R_3$	첫째 행과 셋째 행을 바꾸는 경우
R_3+4R_2	두 번째 행을 4배해서 세 번째 행에 더하는 경우
$A \xrightarrow{R_1-2R_2} B$	행렬 A의 두 번째 행을 2배해서 첫 번째 행에서 뺀 것이 B 행렬인 경우

3. 특이시스템

특이시스템

이제 연립 선형방정식의 해가 하나 이상이든지 해가 없는 **특이시스템**(singular system)에 대해 알아보자. 다음의 예를 보자.

예 $[A|b]$가 다음과 같이 주어진 경우 해를 구해 보자.

$$\left[\begin{array}{ccc|c} 4 & 1 & -5 & 8 \\ -2 & 3 & 1 & 12 \\ 8 & 2 & -10 & 16 \end{array}\right]$$

풀이 주어진 예에 행연산을 진행한 결과 아래와 같이 최종적으로 마지막 행이 [0 0 0 |0]이 되어 즉, $0x$=0 형태가 되어 해가 무수히 많이 있음을 알 수 있다.

$$\left[\begin{array}{ccc|c} 4 & 1 & -5 & 8 \\ -2 & 3 & 1 & 12 \\ 8 & 2 & -10 & 16 \end{array}\right] \xrightarrow[R_3-8R_1]{\substack{\frac{1}{4}R_1 \\ R_2+2R_1}} \left[\begin{array}{ccc|c} 1 & \frac{1}{4} & -\frac{5}{4} & 2 \\ 0 & \frac{7}{2} & -\frac{3}{2} & 16 \\ 0 & 0 & 0 & 0 \end{array}\right]$$

$$\xrightarrow{\substack{R_1-\frac{1}{4}R_2 \\ \frac{2}{7}R_2}} \left[\begin{array}{ccc|c} 1 & 0 & -\frac{8}{7} & \frac{6}{7} \\ 0 & 1 & -\frac{3}{7} & \frac{32}{7} \\ 0 & 0 & 0 & 0 \end{array}\right]$$

여기서,

$$x-\frac{8}{7}z=\frac{6}{7}$$
$$y-\frac{3}{7}z=\frac{32}{7}$$

를 얻게 된다. 따라서 z로 x와 y를 나타내면 다음과 같다.

$$x=\frac{6}{7}+\frac{8}{7}z$$
$$y=\frac{32}{7}+\frac{3}{7}z$$

이는 x와 y는 z의 값에 따라 무수히 많은 값을 가짐을 의미한다. 이를 해에 대한 일반 형태로 나타내면 다음과 같다. 이 경우 t의 값에 따라 무수히 많은 해가 존재하는 것이다.

$$\begin{bmatrix} x \\ y \\ z \end{bmatrix}=\begin{bmatrix} \frac{6}{7} \\ \frac{32}{7} \\ 0 \end{bmatrix}+t\begin{bmatrix} \frac{8}{7} \\ \frac{3}{7} \\ 1 \end{bmatrix}$$

다음의 예를 보자.

예 $[A|b]$가 다음과 같이 주어진 경우 해를 구해 보자.

$$\left[\begin{array}{ccc|c} 4 & 1 & -5 & 8 \\ -2 & 3 & 1 & 12 \\ 8 & 2 & -10 & 14 \end{array}\right]$$

풀이 앞의 예에서처럼 기본 행연산을 진행하면 아래와 같이 최종적으로 마지막 행이 [0 0 0 | -2]가 되어 즉 $0x$=-2 형태가 되어 이를 만족하는 해는 없음을 알 수 있다.

$$\left[\begin{array}{ccc|c} 4 & 1 & -5 & 8 \\ -2 & 3 & 1 & 12 \\ 8 & 2 & -10 & 16 \end{array}\right] \xrightarrow[R_3-8R_1]{\frac{1}{4}R_1 \quad R_2+2R_1} \left[\begin{array}{ccc|c} 1 & \frac{1}{4} & -\frac{5}{4} & 2 \\ 0 & \frac{7}{2} & -\frac{3}{2} & 16 \\ 0 & 0 & 0 & -2 \end{array}\right]$$

$$\xrightarrow{R_1-\frac{1}{4}R_2 \quad \frac{2}{7}R_2} \left[\begin{array}{ccc|c} 1 & 0 & -\frac{8}{7} & \frac{6}{7} \\ 0 & 1 & -\frac{3}{7} & \frac{32}{7} \\ 0 & 0 & 0 & -2 \end{array}\right]$$

모순이 없는 방정식
모순이 있는 방정식
행 랭크

연립 선형방정식이 최소한 하나 이상의 해를 가지는 경우 이 연립 선형방정식을 **모순이 없는**(consistent) **방정식**이라 하고 해가 없는 경우 이 연립 선형방정식은 **모순이 있는**(inconsistent) **방정식**이라고 한다. 모순이 없는 연립 선형방정식에 대해 좀 더 알아보자. 기본 행연산을 통해 최종적으로 얻은 계수행렬 A의 **행 랭크**(row rank)를 k라고 할 때(행 랭크는 0이 아닌 값을 갖는 행의 수를 말한다. 참고로 해가 무한한 경우인 앞의 예에서 행 랭크는 2이다)

$k=n$(변수의 수)이면 이 연립 선형방정식은 오직 하나의 유일한 해를 가지고 $k<n$이면 이 연립 선형방정식은 무한한 해를 갖는다.

다음의 예를 보자.

예 $[A|b]$ 가 다음과 같이 주어진 경우 y와 v를 다른 변수에 대해 나타내보자.

$$\begin{array}{cccc} x & y & u & v \end{array}$$
$$\left[\begin{array}{cccc|c} 2 & -1 & 3 & 1 & -1 \\ 1 & 1 & 2 & -2 & 3 \end{array}\right]$$

풀이 이를 풀기 위해서는 기본 행연산을 통해 y와 v 밑의 값이 항등행렬이 되도록 만들어야 한다.

기본 행연산을 적용해 다음을 얻을 수 있다.

$$\xrightarrow{R_1 \leftrightarrow R_2} \left[\begin{array}{cccc|c} 1 & 1 & 2 & -2 & 3 \\ 2 & -1 & 3 & 1 & -1 \end{array}\right]$$

$$\xrightarrow{R_2 + R_1} \left[\begin{array}{cccc|c} 1 & 1 & 2 & -2 & 3 \\ 3 & 0 & 5 & -1 & 2 \end{array}\right]$$

$$\xrightarrow{-R_2} \left[\begin{array}{cccc|c} 1 & 1 & 2 & -2 & 3 \\ -3 & 0 & -5 & 1 & -2 \end{array}\right]$$

$$\xrightarrow{R_1 + 2R_2} \left[\begin{array}{cccc|c} -5 & 1 & -8 & 0 & 1 \\ -1 & 0 & -5 & 1 & -2 \end{array}\right]$$

이를 x와 u를 이용해 y와 v를 나타내면 다음과 같다.

$$y = 1 + 5x + 8u$$
$$v = -2 + x + 5u$$

이 경우 변수는 4개이고 계수행렬의 행 랭크가 2이므로 무수히 많은 해가 존재한다. 즉, x와 u의 값에 따라 무수히 많은 y와 v가 존재하는 것이다.

4. 역행렬

역행렬
비특이행렬
특이행렬

A가 $n \times n$ 행렬이고 $n \times n$ 행렬인 B가 $AB=I$와 $BA=I$를 만족하면 이 B를 A의 **역행렬**(inverse of matrix)이라 하고 A^{-1}로 표시한다. I는 물론 $n \times n$ 항등행렬이다. A가 역행렬을 가지면 A는 역행렬을 갖는(invertible) 또는 **비특이**(nonsingular)**행렬**이라고 한다. A가 역행렬을 가지지 않으면 A는 **특이**(singular)**행렬**이라 한다.

다음의 예를 보자. 이 예에서 A의 역행렬을 B라고 하면 $AB=I$가 되어야 한다. 그런데 이를 만족하는 값을 찾을 수가 없다. 왜냐하면 첫 번째 식 $a+3c=1$과 세 번째 식 $2a+6c=0$ 을 동시에 만족하는 a와 c가 없기 때문이다. 따라서 이 연립 선형방정식은 모순(inconsistent)이다.

예 $A=\begin{bmatrix} 1 & 3 \\ 2 & 6 \end{bmatrix}$ 일 때 A^{-1}은?

풀이 $A^{-1}=B=\begin{bmatrix} a & b \\ c & d \end{bmatrix}$

$$AB=\begin{bmatrix} 1 & 3 \\ 2 & 6 \end{bmatrix}\begin{bmatrix} a & b \\ c & d \end{bmatrix}=\begin{bmatrix} 1 & 0 \\ 0 & 1 \end{bmatrix}$$

$a+3c=1 \quad b+3d=0$

$2a+6c=0 \quad 2b+6d=1$

이를 만족하는 a, b, c, d를 구할 수가 없어 역행렬 A^{-1}을 구할 수가 없다.

뒤에서 다루겠지만 이 예의 경우는 행렬식 $|A|=1\times 6-2\times 3=0$이다. 즉, 행렬식이 0이 되는 경우 역행렬을 구할 수 없다.

비특이 행렬의 역행렬은 다음의 예에서 보듯이 유일하게 정해진다.

예 $A=\begin{bmatrix}1 & 2\\2 & 3\end{bmatrix}$일 때 A^{-1}은?

풀이 축소형태(reduced form)를 이용해 역행렬을 구할 수 있다. 즉, $[A|I]$ $\rightarrow$ $[I|B]$로 기본 행연산을 이용해 변환시키면 B가 바로 역행렬이다. 즉, 다음과 같이 역행렬 $\begin{bmatrix}-3 & 2\\2 & -1\end{bmatrix}$을 구할 수 있다.

$$\left[\begin{array}{cc|cc}1 & 2 & 1 & 0\\2 & 3 & 0 & 1\end{array}\right] \xrightarrow{R_2-2R_1} \left[\begin{array}{cc|cc}1 & 2 & 1 & 0\\0 & -1 & -2 & 1\end{array}\right]$$
$$\xrightarrow{-R_2} \left[\begin{array}{cc|cc}1 & 2 & 1 & 0\\0 & 1 & 2 & -1\end{array}\right] \xrightarrow{R_1-2R_2} \left[\begin{array}{cc|cc}1 & 0 & -3 & 2\\0 & 1 & 2 & -1\end{array}\right]$$

$[A|I]$의 축소형태(reduced form)는 $[I|A^{-1}]$이다. 다음의 예를 보자. 이 예에서 보면 기본 행연산을 진행 중 제일 마지막 행의 왼편이 모두 0으로 항등행렬을 만들 수가 없다. 따라서 축소 형태를 만들 수가 없고 이는 A의 역행렬이 존재하지 않음을 의미한다.

예 $A=\begin{bmatrix}1 & 3\\2 & 6\end{bmatrix}$일 때 A^{-1}은?

풀이 $[A|I]$ $\rightarrow$ $[I|B]$로 기본 행연산을 이용해 변환시켜 보자.

$$\left[\begin{array}{cc|cc}1 & 3 & 1 & 0\\2 & 6 & 0 & 1\end{array}\right] \xrightarrow{R_2-2R_1} \left[\begin{array}{cc|cc}1 & 3 & 1 & 0\\0 & 0 & -2 & 1\end{array}\right]$$

위에서 보듯이 제일 마지막 행의 왼편이 모두 0으로 항등행렬을 만들 수가 없다. 따라서 역행렬을 구할 수가 없다.

n개의 변수와 n개의 방정식으로 이루어진 $Ax=b$라는 연립 선형방정식이 있다면 이 연립 선형방정식의 해를 A의 역행렬 A^{-1}이 있는 경우 A^{-1}을 이용해 구할 수 있다. 즉, 다음과 같이 $Ax=b$의 양변에 A^{-1}을 곱해 x를 $x=A^{-1}b$와 같이 구할 수 있다.

$$\begin{aligned}
&Ax=b\\
&A^{-1}(Ax)=A^{-1}b\\
&Ix=A^{-1}b\\
&x=A^{-1}b
\end{aligned}$$

다음의 예를 통해 이를 확인할 수 있다.

예 $A=\begin{bmatrix} 4 & 1 & -5 \\ -2 & 3 & 1 \\ 3 & -1 & 4 \end{bmatrix}$, $x=\begin{bmatrix} x \\ y \\ z \end{bmatrix}$, $b=\begin{bmatrix} 8 \\ 12 \\ 5 \end{bmatrix}$ 일 때 $Ax=b$의 해 x를 구하라.

풀이 $\left[\begin{array}{ccc|ccc} 4 & 1 & -5 & 1 & 0 & 0 \\ -2 & 3 & 1 & 0 & 1 & 0 \\ 3 & -1 & 4 & 0 & 0 & 1 \end{array}\right]$

여기에 기본 행연산을 아래와 같이 진행하여 A의 역행렬을 구할 수 있다.

$$\left[\begin{array}{ccc|ccc} 4 & 1 & -5 & 1 & 0 & 0 \\ -2 & 3 & 1 & 0 & 1 & 0 \\ 3 & -1 & 4 & 0 & 0 & 1 \end{array}\right] \xrightarrow[\substack{R_2+2R_1\\R_3-3R_1}]{\frac{1}{4}R_1} \left[\begin{array}{ccc|ccc} 1 & \frac{1}{4} & -\frac{5}{4} & \frac{1}{4} & 0 & 0 \\ 0 & \frac{7}{2} & -\frac{3}{2} & \frac{1}{2} & 1 & 0 \\ 0 & -\frac{7}{4} & \frac{31}{4} & -\frac{3}{4} & 0 & 1 \end{array}\right]$$

$$\xrightarrow[\substack{R_1 - \frac{1}{4}R_2 \\ \frac{2}{7}R_2 \\ R_3 + \frac{7}{4}R_2}]{} \left[\begin{array}{ccc|ccc} 1 & 0 & -\frac{8}{7} & \frac{3}{14} & -\frac{1}{14} & 0 \\ 0 & 1 & -\frac{3}{7} & \frac{1}{7} & \frac{2}{7} & 0 \\ 0 & 0 & 7 & -\frac{1}{2} & \frac{1}{2} & 1 \end{array}\right]$$

$$\xrightarrow[\substack{R_1 + \frac{8}{7}R_3 \\ R_2 + \frac{3}{7}R_3 \\ \frac{1}{7}R_3}]{} \left[\begin{array}{ccc|ccc} 1 & 0 & 0 & \frac{13}{98} & \frac{1}{98} & \frac{8}{49} \\ 0 & 1 & 0 & \frac{11}{98} & \frac{31}{98} & \frac{3}{49} \\ 0 & 0 & 1 & -\frac{1}{14} & \frac{1}{14} & \frac{1}{7} \end{array}\right]$$

따라서 A의 역행렬은

$$A^{-1} = \begin{bmatrix} \frac{13}{98} & \frac{1}{98} & \frac{8}{49} \\ \frac{11}{98} & \frac{31}{98} & \frac{3}{49} \\ -\frac{1}{14} & \frac{1}{14} & \frac{1}{7} \end{bmatrix}$$

이다. 따라서

$$x = A^{-1}b = \begin{bmatrix} \frac{13}{98} & \frac{1}{98} & \frac{8}{49} \\ \frac{11}{98} & \frac{31}{98} & \frac{3}{49} \\ -\frac{1}{14} & \frac{1}{14} & \frac{1}{7} \end{bmatrix} \begin{bmatrix} 8 \\ 12 \\ 5 \end{bmatrix} = \begin{bmatrix} 2 \\ 5 \\ 1 \end{bmatrix}$$

이다.

5. 행렬식

행렬식

역행렬을 구하는 다른 방법으로 **행렬식**(determinant)이 사용되는데 여기서는 행렬식 D를 구하는 법을 설명하고자 한다. 2×2 행렬에 대한 행렬식은 다음과 같이 구할 수 있다. 왜 이렇게 되는지는 곧 다루게 될 일반적인 행렬식 구하는 법을 공부한 후 알게 될 것이다.

$$D=\begin{vmatrix} a_{11} & a_{12} \\ a_{21} & a_{22} \end{vmatrix} = a_{11}a_{22} - a_{21}a_{12}$$

(−)

(+)

소행렬식
여인수

이제 2×2 행렬이 아니라 일반적인 $n \times n$ 의 행렬식을 구하기 위해 다음의 소행렬식(minor) 개념을 알 필요가 있다. 한 원소에 대한 **소행렬식**은 행렬식에서 그 해당 원소를 포함하는 행과 열을 제외하고 얻은 행렬식을 말한다. 즉, 소행렬식 M_{ij}는 원 행렬식에서 i행과 j열을 제외하고 얻은 행렬식을 말한다. 행렬식의 계산에 필요한 **여인수**(cofactor) A_{ij}는 다음의 식으로 얻는다.

$$A_{ij} = (-1)^{i+j} \times M_{ij}$$

이제 소행렬식과 여인수를 이용해 행렬식을 다음과 같이 구할 수 있다.

$$D = \begin{vmatrix} a_{11} & a_{12} & a_{13} \\ a_{21} & a_{22} & a_{23} \\ a_{31} & a_{32} & a_{33} \end{vmatrix} = a_{11}A_{11} + a_{12}A_{12} + a_{13}A_{13}$$

$$= a_{11}(-1)^{1+1}\begin{vmatrix} a_{22} & a_{23} \\ a_{32} & a_{33} \end{vmatrix} + a_{12}(-1)^{1+2}\begin{vmatrix} a_{21} & a_{23} \\ a_{31} & a_{33} \end{vmatrix}$$

$$+ a_{13}(-1)^{1+3}\begin{vmatrix} a_{21} & a_{22} \\ a_{31} & a_{32} \end{vmatrix}$$

$$= a_{11}(a_{22}a_{33} - a_{32}a_{23}) - a_{12}(a_{21}a_{33} - a_{31}a_{23}) + a_{13}(a_{21}a_{32} - a_{31}a_{22})$$

이처럼 한 행 또는 한 열에 대해 전개해 행렬식을 구하는 것을 **라플라스 전개** (LaPlace Expansion)라 한다. 라플라스 전개 시 가능하면 0이 많은 행 또는 열을 선택하면 행렬식을 보다 쉽게 구할 수 있다.

라플라스 전개

다음의 예를 통해 행렬식을 구해 보자.

예 $A=\begin{bmatrix} 4 & 1 & -5 \\ -2 & 3 & 1 \\ 3 & -1 & 4 \end{bmatrix}$의 행렬식을 구하라.

풀이 1행에 대해 라플라스 전개를 하여 다음과 같이 행렬식 D를 얻을 수 있다.

$$D=\begin{vmatrix} 4 & 1 & -5 \\ -2 & 3 & 1 \\ 3 & -1 & 4 \end{vmatrix}$$

$$=4(-1)^{1+1}\begin{vmatrix} 3 & 1 \\ -1 & 4 \end{vmatrix}+(-1)^{1+2}\begin{vmatrix} -2 & 1 \\ 3 & 4 \end{vmatrix}-5(-1)^{1+3}\begin{vmatrix} -2 & 3 \\ 3 & -1 \end{vmatrix}$$

$$=4\times 13-(-11)-5\times(-7)$$

$$=98$$

이제 크레이머 법칙(Cramer's rule)에 대해 설명하려고 한다. **크레이머 법칙**은 행렬식만을 사용하여 $Ax=b$의 해 x를 쉽게 구할 수 있는 이점이 있다. 다음과 같이 연립 선형방정식이 주어져 있다고 하자.

크레이머 법칙

$$a_{11}x+a_{12}y+a_{13}z=k_1$$

$$a_{21}x+a_{22}y+a_{23}z=k_2$$

$$a_{31}x+a_{32}y+a_{33}z=k_3$$

이 선형방정식에 대한 행렬식을

$$D=\begin{vmatrix} a_{11} & a_{12} & a_{13} \\ a_{21} & a_{22} & a_{23} \\ a_{31} & a_{32} & a_{33} \end{vmatrix}$$

라 하고 우변의 상수로 1열을 대체한 행렬식을 D_1, 2열을 대체한 행렬식을 D_2, 3열을 대체한 행렬식을 D_3라 하자. 즉

$$D_1 = \begin{vmatrix} k_1 & a_{12} & a_{13} \\ k_2 & a_{22} & a_{23} \\ k_3 & a_{32} & a_{33} \end{vmatrix} \quad D_2 = \begin{vmatrix} a_{11} & k_1 & a_{13} \\ a_{21} & k_2 & a_{23} \\ a_{31} & k_3 & a_{33} \end{vmatrix} \quad D_3 = \begin{vmatrix} a_{11} & a_{12} & k_1 \\ a_{21} & a_{22} & k_2 \\ a_{31} & a_{32} & k_3 \end{vmatrix}$$

라 하자.

이제 x를 구하기 위해서는 우변의 상수항을 x에 대응되는 첫 번째 열에 위치시킨 후 구한 행렬식 D_1을 전체 행렬식 D로 나누면 되고, y를 구하기 위해서는 우변의 상수항을 y에 대응되는 두 번째 열에 위치시킨 후 구한 행렬식 D_2을 전체 행렬식 D로 나누면 되고, z를 구하기 위해서는 우변의 상수항을 z에 대응되는 세 번째 열에 위치시킨 후 구한 행렬식 D_3을 전체 행렬식 D로 나누면 된다.

전체 행렬식 D가 0이 아닌 경우에는 x, y, z에 대한 유일한 해를 얻을 수 있고 전체 행렬식 D가 0인 경우에는 무한히 많은 해가 있거나 해가 없을 수 있는데 이는 다음과 같이 정리할 수 있다.

$D \neq 0$이면 $x = \dfrac{D_1}{D}$, $y = \dfrac{D_2}{D}$, $z = \dfrac{D_3}{D}$: 유일한 해가 존재

$D = 0$이고 $D_1 = D_2 = D_3 = 0$: 무한히 많은 해가 존재

$D = 0$이고 $D_1 \neq 0$ 또는 $D_2 \neq 0$ 또는 $D_3 \neq 0$: 해가 없음

6. 행렬식으로 역행렬 구하기

전치행렬

행렬식으로 역행렬을 구하기 위해서는 수반행렬(adjoint matrix)을 이용할 필요가 있다. 수반행렬을 설명하기 전에 **전치행렬**(transpose matrix)을 알 필요가 있다. 행렬 A의 전치행렬 A^T는 행렬 A의 행과 열을 바꾸어 즉 전치시켜 얻은 행렬이다. 행렬 A가 $A = [a_{ij}]$로 표시되면 전치행렬 A^T는 $A^T = [a_{ji}]$로 표시된다.

행렬 A가 정방행렬(square matrix)이고 A_{ij}가 행렬 A의 원소 a_{ij}에 대한 여인

수이면 행렬 $[A_{ij}]$는 A의 여인수 행렬(cofactor matrix)이다. 이때 **수반행렬**은 $adj\ A$로 쓰고 $adj\ A=[A_{ij}]^T$로 정의한다. 이를 이용해 행렬 A의 역행렬을 다음과 같이 정의할 수 있다.

수반행렬

$$A^{-1}=\frac{1}{|A|}adjA$$

여기서 $|A|$은 A의 행렬식이다. 참고로 역행렬이 존재한다는 것은 A의 행렬식이 0이 아닌 경우이다. 즉,

$$A^{-1}\text{이 존재} \quad \Leftrightarrow |A|\neq 0$$

다음의 예를 통해 역행렬을 구하는 법을 알아보자.

예 $A=\begin{bmatrix} 4 & 1 & -5 \\ -2 & 3 & 1 \\ 3 & -1 & 4 \end{bmatrix}$에 대해 수반행렬을 구하고 이를 이용해 역행렬 A^{-1}을 구하라.

풀이 먼저 수반행렬을 구하기 위해 각 원소에 대응하는 여인수 A_{ij}를 구해보자.

$$A_{11}=(-1)^{1+1}M_{11}=(-1)^{1+1}\begin{vmatrix} 3 & 1 \\ -1 & 4 \end{vmatrix}=12-(-1)=13$$

$$A_{12}=(-1)^{1+2}M_{12}=(-1)^{1+2}\begin{vmatrix} -2 & 1 \\ 3 & 4 \end{vmatrix}=-(-8-3)=11$$

$$A_{13}=(-1)^{1+3}M_{13}=(-1)^{1+3}\begin{vmatrix} -2 & 3 \\ 3 & -1 \end{vmatrix}=2-9=-7$$

이와 같이 계속하면 다음의 여인수 행렬을 얻을 수 있다.

$$[A_{ij}]=\begin{bmatrix} A_{11} & A_{12} & A_{13} \\ A_{21} & A_{22} & A_{23} \\ A_{31} & A_{32} & A_{33} \end{bmatrix}=\begin{bmatrix} 13 & 11 & -7 \\ 1 & 31 & 7 \\ 16 & 6 & 14 \end{bmatrix}$$

따라서 수반행렬은

$$adj\ A = [A_{ij}]^T = \begin{bmatrix} 13 & 1 & 16 \\ 11 & 31 & 6 \\ -7 & 7 & 14 \end{bmatrix}$$

이다.

행렬식 $|A|$은 행렬식 설명 부분의 예에서 98로 이미 구해 놓았으므로 A의 역행렬 A^{-1}은

$$\begin{aligned} A^{-1} &= \frac{adj\ A}{|A|} \\ &= \frac{1}{98}\begin{bmatrix} 13 & 1 & 16 \\ 11 & 31 & 6 \\ -7 & 7 & 14 \end{bmatrix} \\ &= \begin{bmatrix} \frac{13}{98} & \frac{1}{98} & \frac{8}{49} \\ \frac{11}{98} & \frac{31}{98} & \frac{3}{49} \\ -\frac{1}{14} & \frac{1}{14} & \frac{1}{7} \end{bmatrix} \end{aligned}$$

이다.

7. 투입산출분석

투입산출분석
산업연관표

이제 1973년에 노벨 경제학상을 받은 레온티에프(Leontief)가 제시한 투입산출분석(input–output analysis)을 설명하고자 한다. **투입산출분석**은 국민경제를 여러 부문(sector)으로 나누고, 일정기간동안 각 부문 사이에 어떤 거래와 활동이 있었는가를 조사하여 이것을 **산업연관표**의 형태로 종합한 것이다. 이 표의 가로에는 특정산업의 산출이 각 부문에 어떻게 배분되었는가를 표시한다. 따라서 가로의 매출액 합계는 그 산업의 생산액과 같아야 한다. 또 세로에는 각 산업이 다른 산업부문으로부터 얼마나 구입하였는가를 나타낸다. 세로의 수치를 그 산업의 산출액으

로 나누면 그 산업의 제품 1단위에 필요한 타 산업 제품의 단위수를 나타내는 계수(투입계수)를 얻게 된다. 그리하여 어느 산업의 생산량은, 각 산업의 당해 산업제품에 관한 투입계수에 그들 산업의 생산량을 곱한 것의 합계와 같게 된다. 이 설명은 뒤의 예를 통해 보다 쉽게 이해될 것이다.

이렇게 만들어진 관계식의 집합인 연립방정식의 해로써 각 산업의 산출액이 상호 의존적으로 결정된다. 특히 부문 속에 소비자에 의한 최종 수요, 정부 지출 등을 포함시킬 경우, 이 수치에 대응하여 각 산업의 산출량이 어떠한 수준에서 결정되는가를 파악할 수 있다. 이같이 각 산업에 대한 최종수요가 변화하였을 때에 각 산업의 생산액이 어떠한 수준으로 될 것인가를 측정하는 것이 곧 **산업연관분석**이다. 물론 이 분석은 산업에 있어서의 모든 생산 활동을 하나의 단순한 투입함수로 표시할 수 있는 여러 부문으로 분할이 가능하도록 다음의 두 가정을 전제로 한다. 산업연관분석

① 산업간의 모든 거래는 투입물과 산출물 사이의 기술적 관계를 반영하는 것이므로 적어도 단기간에 있어서는 대체로 안정적이라는 투입(기술)계수 불변의 가정

② 어떤 특정산업은 특정생산물만을 산출한다는 비결합생산의 가정

그러나 현실은 비례하지 않는 투입물, 기술진보, 제품믹스의 변화, 투입물 대체 등이 흔히 나타나, 두 가정은 산업연관분석의 약점으로 인식되고 있다.

다음의 예를 보자.

예 편의상 두 개의 산업 P와 Q만이 한 경제에 있다고 하자. 각 산업의 산출물은 자신의 산업을 위한 투입은 물론이고 다른 산업을 위한 투입으로도 사용되고 그리고도 남은 것은 최종수요로 사용될 것이다. 아래의 표가 이러한 관계를 보여주고 있다.

	산업 P의 투입물	산업 Q의 투입물	최종 수요	총 산출물
산업 P의 산출물	40	50	50	140
산업 Q의 산출물	60	30	20	110
주요 투입물	40	30		
총 투입물	140	110		

이 표에서 주요 투입물(primary)은 노동, 토지 그리고 원재료를 말하고 최종 수요는 가계소비와 정부소비 그리고 수출을 말한다. 이제 5년 이내에 산업 P에 대한 최종수요를 50에서 30으로, 산업 Q에 대한 최종수요를 20에서 40으로 변화시키려면 각 산업이 자신의 생산수준을 얼마나 변화시켜야 하는가?

풀이 5년 이내에 원하는 최종수요를 만족시키기 위해 산업 P는 x_1단위를 생산하고 산업 Q는 x_2단위를 생산해야만 한다고 하자. 그러면 다음과 같이 관련 식을 만들 수 있다.

산업 P의 총 생산물 = 산업 P가 소비한 양 + 산업 Q가 소비한 양 + 최종 수요

$$x_1 = \frac{40}{140}x_1 + \frac{50}{110}x_2 + 30$$

산업 Q의 총 생산물 = 산업 P가 소비한 양 + 산업 Q가 소비한 양 + 최종 수요

$$x_2 = \frac{60}{140}x_1 + \frac{30}{110}x_2 + 40$$

이를 행렬을 이용해 나타내면 다음과 같다.

$$\begin{bmatrix} x_1 \\ x_2 \end{bmatrix} = \begin{bmatrix} \frac{40}{140} & \frac{50}{110} \\ \frac{60}{140} & \frac{30}{110} \end{bmatrix} \begin{bmatrix} x_1 \\ x_2 \end{bmatrix} + \begin{bmatrix} 30 \\ 40 \end{bmatrix}$$

즉, $X = AX + D$의 형태이다. 여기서 X는 산출물을, A는 투입산출 행렬을, D는 수요를 나타낸다. 투입산출 행렬 A의 원소 a_{ij}는 산업 j의 투입물 중 산업 i의 산출물로 사용되는 비율을 말한다.

$X = AX + D$를 투입산출 방정식이라 하고 이를 푸는 과정은 다음과 같다.

$$X - AX = D$$
$$(I - A)X = D$$

만일 $(I-A)^{-1}$가 존재한다면 $X=(I-A)^{-1}D$이다.

따라서 이 예는 다음과 같이 풀어 최종 답을 얻을 수 있다.

$$X=\left(\begin{bmatrix}1 & 0\\0 & 1\end{bmatrix}-\begin{bmatrix}\frac{40}{140} & \frac{50}{110}\\ \frac{60}{140} & \frac{30}{110}\end{bmatrix}\right)^{-1}\begin{pmatrix}30\\40\end{pmatrix}$$

$$=\begin{bmatrix}\frac{100}{140} & -\frac{50}{110}\\ -\frac{60}{140} & \frac{80}{110}\end{bmatrix}^{-1}\begin{bmatrix}30\\40\end{bmatrix}$$

$$=\frac{1}{\frac{50}{154}}\begin{bmatrix}\frac{80}{110} & \frac{50}{110}\\ \frac{60}{140} & \frac{100}{140}\end{bmatrix}\begin{bmatrix}30\\40\end{bmatrix}=\begin{bmatrix}123.2\\127.6\end{bmatrix}$$

따라서 5년 이내에 원하는 최종수요를 만족하기 위해 산업 P는 123.2단위를 생산해야 하고 산업 Q는 136.4단위를 생산해야 한다.

요약

1) 행렬

- 두 행렬의 곱셈이 정의된다고 하더라도 행렬의 곱셈에 대해서는 일반적으로 교환법칙이 성립하지 않는다. 즉 $AB \neq BA$ 이다.
- 행렬 A와 행렬 B가 각각 0이 아니더라도 두 행렬의 곱 AB는 0이 될 수 있다.

2) 연립 선형방정식

$$Ax = b \rightarrow [A|b]$$

이를 주어진 연립 선형방정식에 대한 확장행렬이라고 한다. 해를 구하기 위해 다음의 기본 행연산을 적용한다.

기본 행연산
① 두 행을 서로 바꾼다.
② 한 행에 0 아닌 수를 곱하거나 나눈다.
③ 한 행의 상수 배를 다른 행에 더하거나 뺀다. 이 때 주의할 점은 변화를 가하는 행에 상수 배를 해서는 안 된다는 점이다.

3) 특이시스템

- 특이시스템은 연립 선형방정식의 해가 하나 이상이든지 해가 없는 경우이다.
- 연립 선형방정식이 최소한 하나 이상의 해를 가지는 경우 이 연립 선형방정식을 모순이 없는 방정식이라 하고 해가 없는 경우 이 연립 선형방정식은 모순이 있는 방정식이라고 한다. 기본 행연산을 통해 최종적으로 얻은 계수행렬 A의 행 랭크를 k라고 할 때(행 랭크는 0이 아닌 값을 갖는 행의 수를 말한다.)

  $k = n$(변수의 수)이면 이 연립 선형방정식은 오직 하나의 유일한 해를 가지고 $k < n$이면 이 연립 선형방정식은 무한한 해를 갖는다.

4) 역행렬

n개의 변수와 n개의 방정식으로 이루어진 $Ax=b$라는 연립 선형방정식이 있다면 이 연립 선형방정식의 해를 A의 역행렬 A^{-1}이 있는 경우 A^{-1}을 이용해 구할 수 있다. 즉, $Ax=b$의 양변에 A^{-1}을 곱해 x를 $x=A^{-1}b$와 같이 구할 수 있다.

5) 행렬식

- 일반적인 $n \times n$ 의 행렬식을 구하기 위해 소행렬식 개념을 알 필요가 있다. 소행렬식 M_{ij}는 원 행렬식에서 i행과 j열을 제외하고 얻은 행렬식을 말한다. 행렬식의 계산에 필요한 여인수 A_{ij}는 다음의 식으로 얻는다.

$$A_{ij} = (-1)^{i+j} \times M_{ij}$$

이제 소행렬식과 여인수를 이용해 행렬식을 다음과 같이 구할 수 있다.

$$D = \begin{vmatrix} a_{11} & a_{12} & a_{13} \\ a_{21} & a_{22} & a_{23} \\ a_{31} & a_{32} & a_{33} \end{vmatrix} = a_{11}A_{11} + a_{12}A_{12} + a_{13}A_{13}$$

$$= a_{11}(a_{22}a_{33} - a_{32}a_{23}) - a_{12}(a_{21}a_{33} - a_{31}a_{23}) + a_{13}(a_{21}a_{32} - a_{31}a_{22})$$

이처럼 한 행 또는 한 열에 대해 전개해 행렬식을 구하는 것을 라플라스 전개라 한다.

- 크레이머 법칙은 행렬식만을 사용하여 $Ax=b$ 의 해 x를 쉽게 구할 수 있다. 다음과 같이 연립 선형방정식이 주어져 있다고 하자.

$$a_{11}x + a_{12}y + a_{13}z = k_1$$
$$a_{21}x + a_{22}y + a_{23}z = k_2$$
$$a_{31}x + a_{32}y + a_{33}z = k_3$$

이 선형방정식에 대한 행렬식을

$$D = \begin{vmatrix} a_{11} & a_{12} & a_{13} \\ a_{21} & a_{22} & a_{23} \\ a_{31} & a_{32} & a_{33} \end{vmatrix}$$

라 하고 우변의 상수로 1열을 대체한 행렬식을 D_1, 2열을 대체한 행렬식을 D_2, 3열을 대체한 행렬식을 D_3라 하자. 즉

$$D_1 = \begin{vmatrix} k_1 & a_{12} & a_{13} \\ k_2 & a_{22} & a_{23} \\ k_3 & a_{32} & a_{33} \end{vmatrix} \quad D_2 = \begin{vmatrix} a_{11} & k_1 & a_{13} \\ a_{21} & k_2 & a_{23} \\ a_{31} & k_3 & a_{33} \end{vmatrix} \quad D_3 = \begin{vmatrix} a_{11} & a_{12} & k_1 \\ a_{21} & a_{22} & k_2 \\ a_{31} & a_{32} & k_3 \end{vmatrix}$$

라 하자. 그러면

$D \neq 0$이면 $x = \dfrac{D_1}{D}, \quad y = \dfrac{D_2}{D}, \quad z = \dfrac{D_3}{D}$: 유일한 해가 존재

$D = 0$이고 $D_1 = D_2 = D_3 = 0$: 무한히 많은 해가 존재

$D = 0$이고 $D_1 \neq 0$ 또는 $D_2 \neq 0$ 또는 $D_3 \neq 0$: 해가 없음

6) 행렬식으로 역행렬 구하기

행렬식으로 역행렬을 구하기 위한 또 다른 방법으로 수반행렬을 이용한다. A_{ij}가 행렬 A의 원소 a_{ij}에 대한 여인수이면 행렬 $[A_{ij}]$는 A의 여인수 행렬이다. 이때 수반행렬은 $adj\ A$로 쓰고 $adj\ A = [A_{ij}]^T$로 정의한다. 이를 이용해 행렬 A의 역행렬을 다음과 같이 정의할 수 있다.

$$A^{-1} = \frac{1}{|A|} adj A$$

여기서 $|A|$은 A의 행렬식이다.

7) 투입산출분석

투입산출분석은 국민경제를 여러 부문으로 나누고, 일정기간동안 각 부문 사이에 어떤 거래와 활동이 있었는가를 조사하여 이것을 산업연관표의 형태로 종합한

것이다.

$X=AX+D$를 투입산출 방정식이라 한다.

여기서 X는 산출물을, A는 투입산출 행렬을, D는 수요를 나타낸다. 투입산출 행렬 A의 원소 a_{ij}는 산업 j의 투입물 중 산업 i의 산출물로 사용되는 비율을 말한다.

이 경우 $X=(I-A)^{-1}D$이다.

연습문제

1. 기본 행연산에 대해 설명하라.

2. 행 랭크를 이용해 해를 판별하는 방법을 설명하라.

3. $[A|b]$가 다음과 같이 주어진 경우 해를 구하라.

$$\left[\begin{array}{ccc|c} 3 & 2 & -1 & -2 \\ 1 & -1 & 2 & 3 \\ 4 & 1 & 1 & 0 \end{array}\right]$$

4. $[A|b]$가 다음과 같이 주어진 경우 x와 y를 다른 변수에 대해 나타내라.

$$\begin{array}{cccc} x & y & z & w \end{array}$$
$$\left[\begin{array}{cccc|c} 1 & 2 & 3 & 1 & 4 \\ 1 & 1 & 4 & -2 & 3 \end{array}\right]$$

5. $A = \begin{bmatrix} 1 & -5 & -2 \\ -1 & 3 & 1 \\ 3 & -4 & -1 \end{bmatrix}$일 때 A^{-1}은?

6. $A = \begin{bmatrix} 2 & 2 & 1 \\ 2 & -1 & 2 \\ 1 & -1 & 2 \end{bmatrix}$, $u = \begin{bmatrix} x \\ y \\ z \end{bmatrix}$, $b = \begin{bmatrix} 9 \\ 6 \\ 5 \end{bmatrix}$일 때 $Au = b$의 해 u를 구하라.

7. $A = \begin{bmatrix} 1 & 2 & 3 \\ 4 & 5 & 6 \\ 7 & 8 & 9 \end{bmatrix}$의 행렬식을 구하라.

8. $A = \begin{bmatrix} 2 & 2 & 1 \\ 2 & -1 & 2 \\ 1 & -1 & 2 \end{bmatrix}$, $u = \begin{bmatrix} x \\ y \\ z \end{bmatrix}$, $b = \begin{bmatrix} 9 \\ 6 \\ 5 \end{bmatrix}$일 때 $Au = b$의 해 u를 크레이머 공식을 이용해 구하라.

9. $A = \begin{bmatrix} 2 & 2 & 1 \\ 2 & -1 & 2 \\ 1 & -1 & 2 \end{bmatrix}$에 대한 수반행렬을 구하고, 이를 이용해 역행렬을 구하라.

10. 산업 A와 산업 B로 이루어진 경제가 있다고 하자. 각 산업의 산출물은 자신의 산업을 위한 투입은 물론이고 다른 산업을 위한 투입으로도 사용되고 그리고도 남은 것은 최종수요로 사용될 것이다. 아래의 표가 이러한 관계를 보여주고 있다.

	산업 A의 투입물	산업 B의 투입물	최종수요	총수요
산업 A의 산출물	1200	1000	200	2400
산업 B의 산출물	700	1500	800	3000
주요 투입물	500	500		
총 투입물	2400	3000		

이제 5년 이내에 산업 A에 대한 최종수요를 200에서 400으로, 산업 B에 대한 최종수요를 800에서 720으로 변화시키려면 각 산업의 생산수준을 얼마로 변화시켜야 하는가?

CHAPTER 6

벡터

주요 학습목표

- 벡터의 내적과 길이를 구할 수 있다.
- 주어진 벡터에 대해 단위벡터를 구할 수 있다.
- 벡터 A의 벡터 B 방향으로의 정사영을 구할 수 있다.
- 직선과 평면의 벡터방정식을 구할 수 있다.
- 벡터의 선형독립과 선형종속을 이해할 수 있다.
- 고유치와 고유벡터를 구할 수 있고 이를 이용해 행렬의 대각화를 할 수 있다.

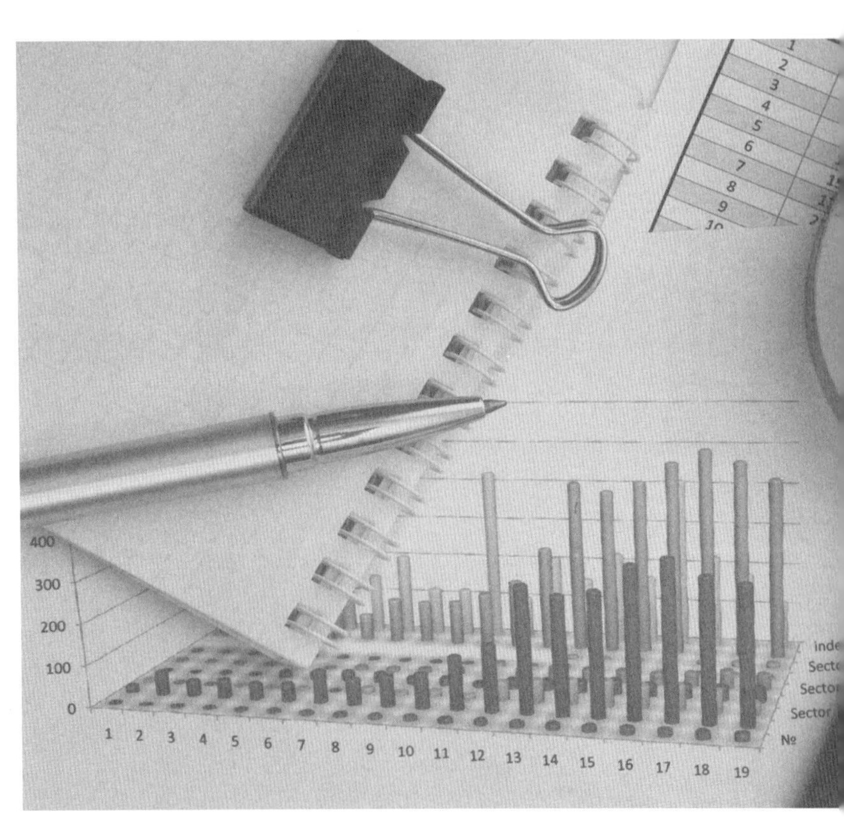

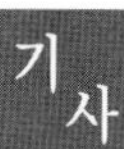

BOA "주요 무역전쟁 땐 리세션 가능성 크다"

미국과 중국 간의 무역갈등이 현재로써는 경제에 큰 충격을 줄 것으로 보이지 않으나 무역전쟁의 규모가 커질 경우 상황은 달라질 수 있다는 경고가 나왔다.

22일(현지시간) 마켓워치에 따르면 뱅크오브아메리카(BOA)의 요제프 송과 스티븐 주노 이코노미스트는 보고서를 통해 전면적 무역전쟁은 리세션(경기침체) 위험을 키운다고 경고했다.

이들은 전면적 무역전쟁은 모든 상품과 서비스에 10%의 관세를 부과하는 것을 가정한 것이다. 앞서 트럼프 대통령은 2천억 달러 규모의 중국산 상품에 10%의 관세를 물리겠다고 위협한 바 있다.

미국 연방준비제도(연준·Fed)가 사용하는 경제 모형(FRB/US Model)으로 무역전쟁 위험을 분석하면 무역전쟁이 일어날 경우 국내총생산(GDP) 성장률은 첫해에 최대 0.4%포인트 축소되고, 두 번째 해에는 0.6%포인트가 줄어드는 것으로 분석됐다. 수입 물가 상승으로 근원 인플레이션도 소폭 오를 것으로 예상했다.

그러나 BOA 이코노미스트들은 FRB/US 모델이 무역전쟁의 영향을 과소평가할 수 있다며 "공급망의 차질과 병목 현상 등이 기업에 미치는 영향, 소비 심리적 충격 등 미시적 경제 요인들은 결과에 반영되지 않았다"고 말했다.

이들은 경제정책과 여타 변수들의 일시적인 변화가 경제에 미치는 영향을 분석하는 '벡터 자기회귀 모형(VAR)'을 사용할 경우 무역전쟁의 여파는 훨씬 더 부정적으로 나타난다고 지적했다.

여기에는 산업생산, 소비자물가 등 경제 변수뿐만 아니라 S&P500 지수, VIX지수 등도 포함된다.

BOA 이코노미스트들은 VAR 모형 분석 결과 불확실성이 지속하면 산업생산이 급격히 둔화할 수 있다며 이것이 "관세 충격과 결합하면 주요 무역전쟁은 경제를 전면적 리세션으로 몰아갈 가능성이 매우 크다"고 말했다.

출처: http://news.einfomax.co.kr/news/articleView.html?idxno=3454951

참고로 벡터자기회귀모형은 2011년 노벨 경제학상을 수상한 크리스토퍼 심스 교수의 대표 작품으로, 거시경제를 실증적으로 분석하는 방법론 중에 하나이다. 전통적 경제이론들이 기존 경제모형 안에서만 현상을 분석하려 했다면 벡터자기회귀모형은 경제학자들이 기존 경제모형 틀에서 벗어나 현실을 직시해야 한다는 것을 지적하고 있다. 벡터자기회귀모형은, 각 경제변수들간의 시계열을 서로 연관시키기 위해 모형내의 모든 과거치(autoregressive)를 이용한다는 데서 그 이름이 유래되었다. 특히, 벡터자기회귀모형은 환율이 오르거나 금리가 인상되는 등 경제에 충격이 가해졌을 때, 물가와 경제성장률 등의 경제지수에 어떠한 영향을 미치는지 분석하기에 효과적인 모델로 평가받고 있다. 벡터자기회귀모형은 심스 교수의 1980년 논문 '현실 속의 거시경제(Macro Economics in Reality)'에서 제시되었다.

출처: https://terms.naver.com/entry.nhn?docId=730559&cid=43659&categoryId=43659

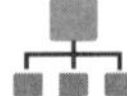

본 장에서는 벡터(vector)에 대해 살펴보고 직선과 평면에 대한 벡터방정식을 설명하고자 한다. 그러고 나서 벡터의 선형독립과 선형종속 그리고 행렬의 대각화에 대해 살펴볼 것이다. 먼저 n차원 공간에 대해 알아보자.

1. n차원 공간

이미 함수에서 공부한대로 각각의 실수는 xy 좌표평면 위의 한 점과 대응이 된다. 즉, 두 개의 실수 x_1과 x_2로 이루어진 순서쌍 $(x_1,\ x_2)$는 평면(2차원 공간) 위의 한 점을 나타낸다. 이를 일반화하면 다음과 같다.

n차원 공간의 점

n개의 실수들로 이루어진 순서를 갖는 $(x_1,\ x_2,\ \cdots,\ x_n)$를 **$n$차원 공간(n-dimensional space)의 점**이라 하고 $x_1, x_2, \cdots, x_n$을 이 점의 좌표(coordinate) 또는 성분(component)이라 한다. 물론 $n > 3$인 경우는 이를 기하학적으로 나타낼 수는 없으나 대수적으로는 다룰 수 있다. 본 장에서는 $n = 2$인 경우와 $n = 3$인 경우를 주로 다룰 것이다.

n차원 공간 위에서 다음이 성립한다.

임의의 $A=(a_1, a_2, \cdots, a_n)$ 과 $B=(b_1, b_2, \cdots, b_n)$ 에 대하여

$$A+B=(a_1+b_1, a_2+b_2, \cdots, a_n+b_n)$$

$$-A=(-a_1, -a_2, \cdots, -a_n)$$

물론 $O=(0, 0, \cdots, 0)$ 이다.

다음의 예를 보자.

예 2차원 공간에서 $A=(2, 1)$, $B=(-1, -2)$ 일 때 $A+B$와 $-A$를 구하라.

풀이 $A+B=(2-1, 1-2)=(1, -1)=C$

$-A=-(2, 1)=(-2, -1)=D$

이를 그림으로 나타내면 다음과 같다.

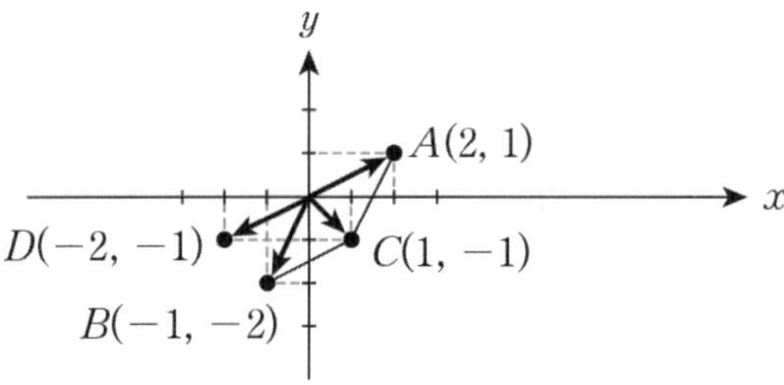

참고로 원점 O에서 주어진 점 A까지의 방향을 갖는 OA를 벡터 $\overrightarrow{OA}$라 하는데 여기에 대해서는 뒤에서 설명한다.

임의의 실수 k에 대해 $kA=(ka_1, ka_2, \cdots, ka_n)$이다. kA를 A의 **스칼라 배**(scalar multiple)라 한다. 스칼라 배 kA는 직선 OA 위에 있는데 특히 $k>0$인 경우는 kA는 원점 O로부터 A와 동일한 방향에 있으며 $k<0$인 경우는 kA는 원점 O로부터 A와 반대 방향에 있다. $k=0$인 경우는 kA는 원점 O와 일치한다. 다음의 예를 보자. 스칼라 배

예 2차원 공간에서 $A=(2, 3)$ 일 때 $3A$, $-2A$, $0A$를 구하라.

풀이 $3A=(6, 9)=B$, $-2A=(-4, -6)=C$, $0A=(0, 0)=O$
이를 그림으로 나타내면 다음과 같다.

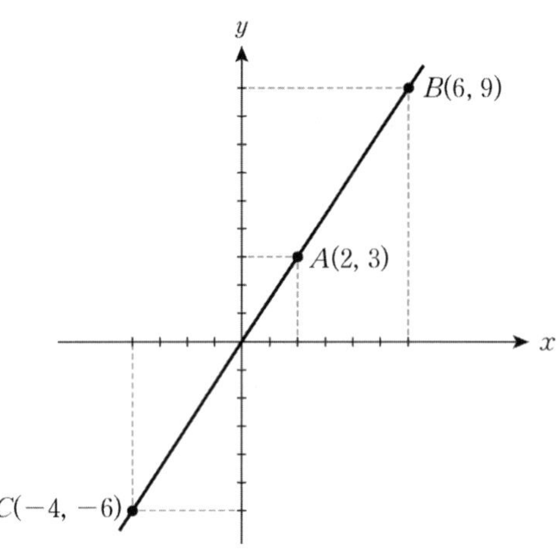

뺄셈 $A-B$는 다음과 같이 정의된다.

$$\begin{aligned} A-B=A+(-B) &= (a_1, a_2, \cdots, a_n)+(-b_1, -b_2, \cdots, -b_n) \\ &= (a_1-b_1, a_2-b_2, \cdots, a_n-b_n) \end{aligned}$$

벡터공간
벡터
스칼라

일반적으로 집합 V 위에 덧셈이 정의되어 있고(즉, v, $w \in V$이면 $v+w \in V$) 스칼라 곱셈이 정의되어 있는 경우(즉, $k \in R$(실수), $v \in V$이면 $kv \in V$) 이 두 연산에 대해 다음의 성질이 성립할 때 V를 실수 R 위의 **벡터공간**(vector space over R)이라 한다. 이 때 V의 각 원소를 **벡터**라 하고 R의 원소를 **스칼라**라고 한다.

A1 $(v+w)+u=v+(w+u)$ $v, w, u \in V$
A2 $v+w=w+v$
A3 특정한 원소 $0 \in V$이 존재하며 모든 $v \in V$에 대하여
$0+v=v+0=v$가 성립한다.

A4 각 $v \in V$에 대하여 $v+(-v)=(-v)+v=0$ 을 만족시키는 $-v \in V$ 가 존재한다.

S1 $k(v+w)=kv+kw \quad k, l \in R, v, w \in V$
S2 $(k+l)v=kv+lv$
S3 $(kl)v=k(lv)$
S4 $1v=v$

이를 고려해 n차원 공간을 실수 위의 **n차원 벡터공간**이라 하고 각 점 $A=(a_1, a_2, \cdots, a_n)$ 을 벡터라 한다. n차원 벡터공간

2. 위치벡터

한 점 A를 출발점으로 하고 다른 점 B를 종점으로 갖는 방향을 갖는 선분(directed line segment)을 기호 $\overrightarrow{AB}$로 나타내고 이를 A를 출발점으로 하는 **위치벡터**(position vector)라 한다. 이를 그림으로 나타내면 다음과 같다. 위치벡터

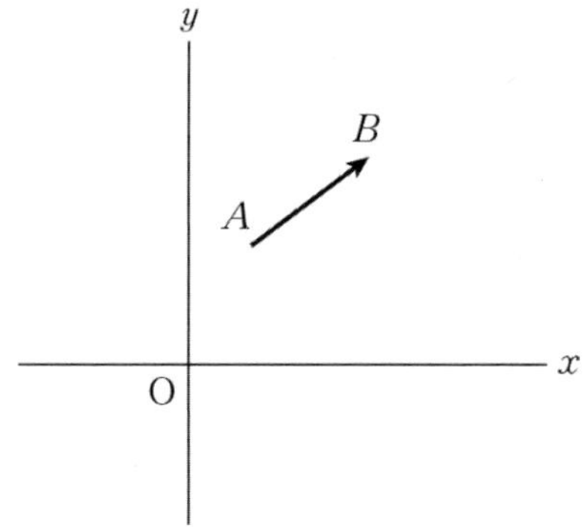

두 위치벡터 $\overrightarrow{AB}$와 $\overrightarrow{CD}$에 대해 $B-A=D-C$가 성립할 때 이 두 위치벡터는 같은 벡터라 한다. 이를 기하학적으로 설명하면 두 위치벡터 $\overrightarrow{AB}$와 $\overrightarrow{CD}$는 길이가 서로 같고 그 방향이 동일함을 의미한다. 이는 다음의 그림을 보면 알 수 있다.

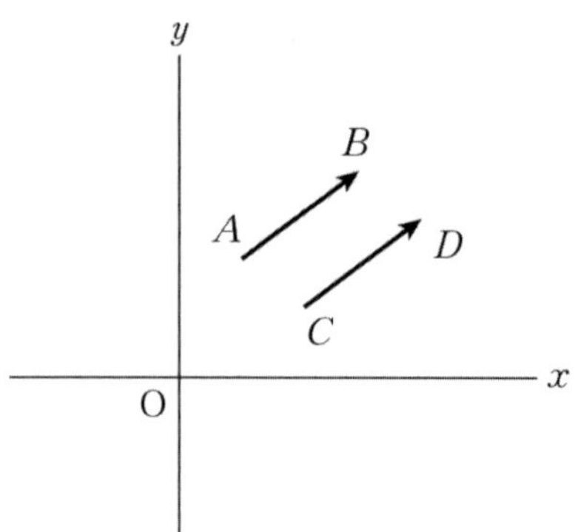

모든 위치벡터는 원점을 출발점으로 하는 위치벡터와 같음을 알 수 있다. 이는 다음 그림에서 보듯이 위치벡터 $\overrightarrow{AB}$와 $\overrightarrow{OC}$가 같음을 의미한다.

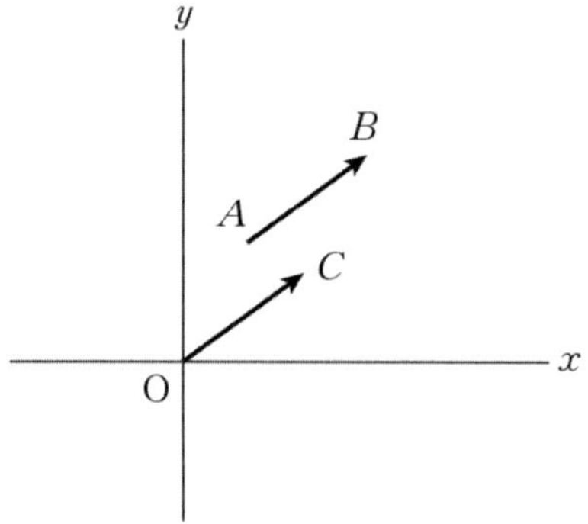

원점을 출발점으로 하는 위치벡터 $\overrightarrow{OX}$는 종점 X에 의하여 결정되므로 임의의 X를 점이라 부를 수 있고 또한 벡터로 부를 수 있다. $X=(x_1, x_2, \cdots, x_n)$일 때 위치벡터 $\overrightarrow{OX}$의 성분을 $(x_1, x_2, \cdots, x_n)$이라 하고 $\overrightarrow{OX}=(x_1, x_2, \cdots, x_n)$으로 나타내기도 한다.

$A=(a_1, a_2, \cdots, a_n)$, $B=(b_1, b_2, \cdots, b_n)$에 대하여 위치벡터 $\overrightarrow{AB}$의 성분을 $\overrightarrow{AB}=(b_1-a_1, b_2-a_2, \cdots, b_n-a_n)=B-A$ 로 정의한다. 두 위치벡터 $\overrightarrow{AB}$와 $\overrightarrow{CD}$에 대하여 $\overrightarrow{AB}=k\overrightarrow{CD}$ 인 0아닌 실수 k가 존재하면 이 두 위치벡터는 서로 평행하다고 한다. 참고로 $k>0$인 경우는 같은 방향으로 평행이고 $k<0$인 경우는 반대 방향으로 평행이다.

다음의 예를 보자.

예 $A=(1, -1, 2)$, $B=(3, 1, -2)$일 때 $\overrightarrow{AB}$는?

풀이 $\overrightarrow{AB}=B-A=(2, 2, -4)$ 이다.

예 $A=(4, 1)$, $B=(-2, -3)$, $C=(2, 5)$, $D=(-1, 3)$일 때 $\overrightarrow{AB}$와 $\overrightarrow{CD}$의 관계는?

풀이 $\overrightarrow{AB}=B-A=(-6, -4)$ 이고 $\overrightarrow{CD}=(-3, -2)$ 로 $\overrightarrow{AB}=2\overrightarrow{CD}$로 $\overrightarrow{AB}$와 $\overrightarrow{CD}$는 같은 방향으로 평행이다.

3. 벡터의 내적과 길이

n차원 공간에서 두 벡터 $A=(a_1, a_2, \cdots, a_n)$, $B=(b_1, b_2, \cdots, b_n)$에 대하여 $A \cdot B=a_1b_1+a_2b_2+\cdots+a_nb_n$를 A와 B의 **내적**(inner product)이라 한다. 내적에 대해서는 다음이 성립한다. 내적

n차원 공간의 임의의 벡터 A, B, C와 실수 k에 대하여

1) $A \cdot B=B \cdot A$
2) $A \cdot (B+C)=A \cdot B+A \cdot C$, $(A+B) \cdot C=A \cdot C+B \cdot C$
3) $(kA) \cdot B=k(A \cdot B)=A \cdot (kB)$
4) $A \cdot A \geq 0$
5) $A \cdot A=0 \Leftrightarrow A=0$

다음의 예를 보자.

예 $A=(1, 3, 2)$, $B=(-1, -2, 3)$ 에 대해 내적 $A \cdot B$을 구하라.

풀이 $A \cdot B=1\times(-1)+3\times(-2)+2\times3=-1$

길이

벡터 $A=(a_1, a_2, \cdots, a_n)$ 의 **길이**(norm)는 $\| A \| = \sqrt{A \cdot A} = \sqrt{a_1^2 + a_2^2 + \cdots a_n^2}$ 로 정의된다.

2차원 공간의 경우에 $A=(a,\ b)$ 에 대해 $\| A \| = \sqrt{a^2+b^2}$ 로 아래 그림에서 보듯이 원점에서 $A=(a,\ b)$ 까지의 거리(피타고라스 정리 이용)를 의미한다.

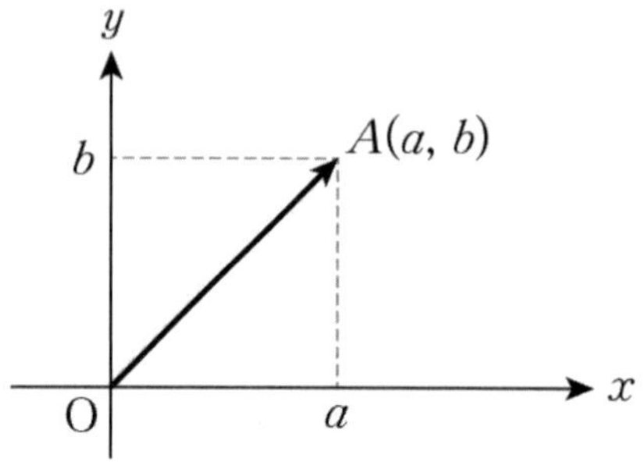

그리고 3차원공간의 경우 $A=(a,\ b,\ c)$ 에 대해 $\| A \| = \sqrt{a^2+b^2+c^2}$ 로 그림의 선분 OA의 길이와 같다.

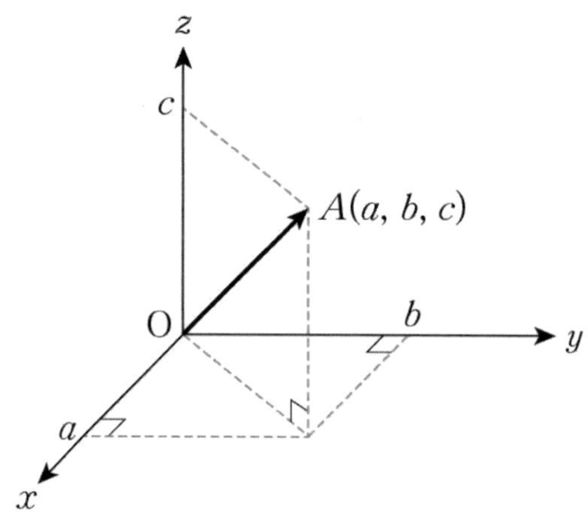

벡터의 길이에 대해 다음이 성립한다.

n차원 공간의 임의의 벡터 A와 실수 k에 대해

1) $\| A \| \geq 0$

2) $\| A \| = 0 \Leftrightarrow A = 0$

3) $\| -A \| = \| A \|$

4) $\| kA \| = |k| \ \| A \|$, $|k|$는 k의 절댓값

길이가 1인 벡터를 **단위벡터**(unit vector)라 한다. 0이 아닌 벡터 A에 대하여 $E=\frac{1}{\parallel A \parallel}A$는 A와 같은 방향의 단위벡터이다. 이는 아래 그림을 통해 알 수 있다. 이 경우 $A=\parallel A \parallel E$이다. 단위벡터

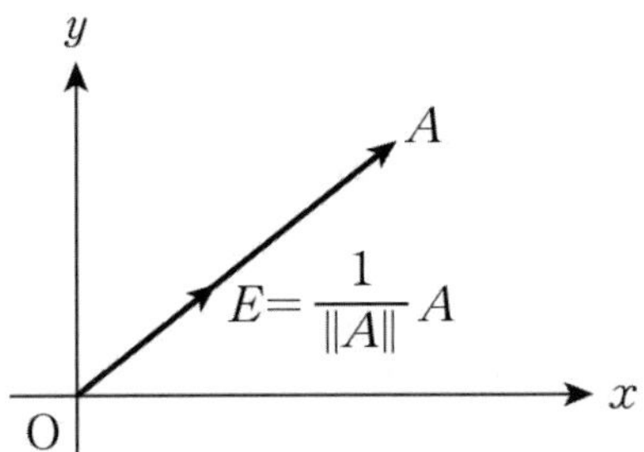

그리고 3차원 공간의 경우 $E_1=(1, 0, 0), E_2=(0, 1, 0), E_3=(0, 0, 1)$ 를 각각 기본 단위벡터라 한다. 물론 $\parallel E_1 \parallel = \parallel E_2 \parallel = \parallel E_3 \parallel =1$ 이다.

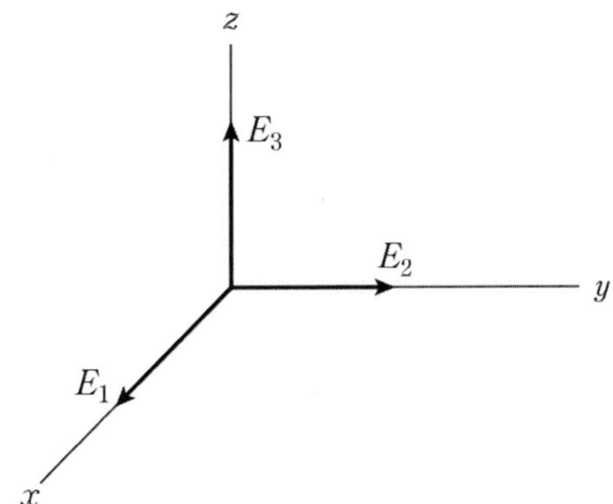

다음의 예를 보자.

예 $A=(1, 3, -2)$ 일 때 A와 같은 방향의 단위벡터를 구하라.

풀이 먼저 A의 길이(norm)을 구하면 $\parallel A \parallel = \sqrt{1^2+3^2+(-2)^2}=14$ 이다. 따라서 A와 같은 방향의 단위벡터 E는

$$E=\frac{1}{\parallel A \parallel}A=\frac{1}{\sqrt{14}}(1, 3, -2)=(\frac{1}{\sqrt{14}}, \frac{3}{\sqrt{14}}, \frac{-2}{\sqrt{14}})$$

이다.

> **예** $A=(1,\ -2)$, $B=(-3,\ 4)$ 일 때 위치벡터 $\overrightarrow{AB}$의 길이(norm)를 구하라.
>
> **풀이** $\overrightarrow{AB}=B-A=(-4,\ 6)$ 이고 따라서
> $\| \overrightarrow{AB} \| = \sqrt{(-4)^2+6^2}=\sqrt{52}$ 이다.

4. 벡터의 직교

직교

아래 그림에서 보듯이 평면 위의 두 벡터 A, B가 **직교**(orthogonal)하기 위해서는 $A \cdot B=0$ 이어야 한다.

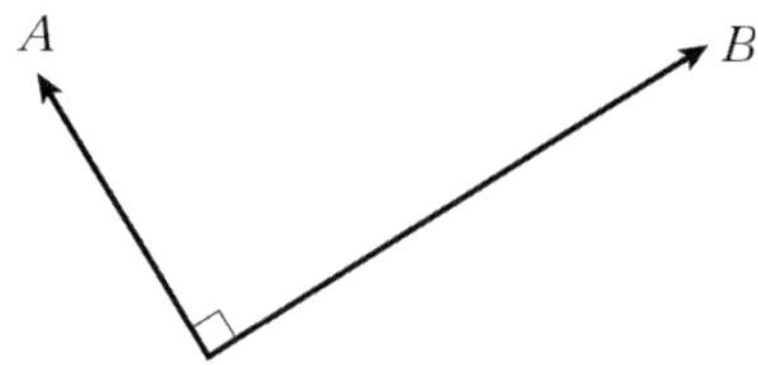

3차원공간의 경우 $E_1=(1,0,0)$, $E_2=(0,1,0)$, $E_3=(0,0,1)$ 에 대해 $E_1 \cdot E_2=0$, $E_1 \cdot E_3=0$, $E_2 \cdot E_3=0$이므로 이 세 벡터는 서로 직교한다.

O 아닌 두 벡터 A와 B가 주어졌을 때 아래 그림과 같이 다음의 두 조건을 만족시키는 벡터 P를 생각해 보자.

1) 적절한 실수 k에 대해 $P=kB$
2) $A-P$는 B와 직교한다.

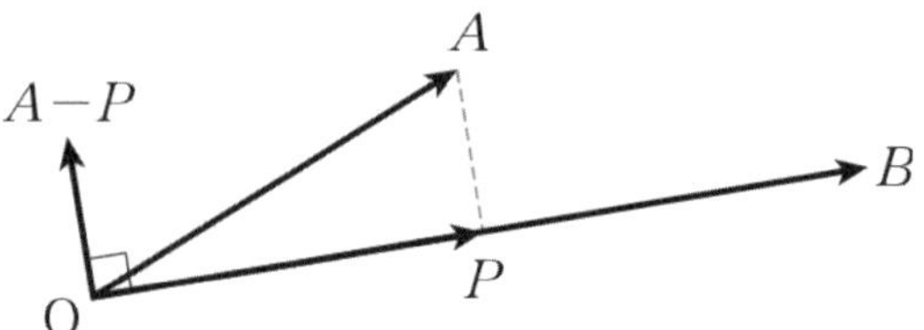

$A-P$와 B는 수직이므로 $(A-P)\cdot B=0$ 이고 여기서 $P=kB$이므로 이를 이용하면 $(A-kB)\cdot B=0$

따라서 $A\cdot B-kB\cdot B=0$ 즉 $k=\dfrac{A\cdot B}{B\cdot B}$이다.

이 벡터 P를 A의 B 방향으로의 **정사영**(projection)이라 하고 $k=\dfrac{A\cdot B}{B\cdot B}$를 A의 B 방향으로의 **성분**(component)이라 한다. $P=\dfrac{A\cdot B}{B\cdot B}B$ 이다.

정사영
성분

다음의 예를 보자.

> **예** $A=(1, 2, 3)$, $B=(1, -1, 2)$ 일 때 A의 B 방향으로의 정사영 P를 구하라.
>
> **풀이** 먼저 $k=\dfrac{A\cdot B}{B\cdot B}=\dfrac{1\times1+2\times(-1)+3\times2}{1^2+(-1)^2+2^2}=\dfrac{5}{6}$ 이고 따라서
>
> $P=kB=\dfrac{5}{6}(1, -1, 2)=(\dfrac{5}{6}, -\dfrac{5}{6}, \dfrac{5}{3})$ 이다.

5. 직선의 벡터방정식

직선은 한 점과 방향에 의하여 결정이 된다. 즉, 주어진 한 점을 지나고 특정한 방향을 갖는 직선은 다음 그림에서 보듯이 유일하다.

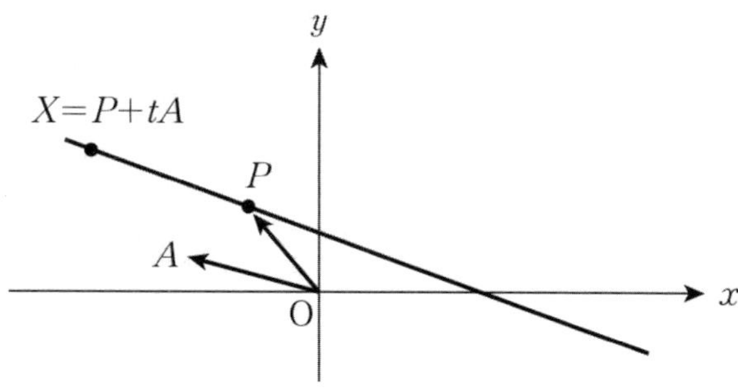

이제 평면 위의 한 점 P를 지나고 영이 아닌 벡터 A에 평행한 **직선의 방정식**을 구해보자. 이 직선 위의 임의의 한 점을 X라고 하면 벡터 X는 벡터 P에 벡터 A의 스칼라 배를 더한 것과 같다. 즉,

직선의 방정식

$$X = P + tA,\ t는 실수 \cdots\cdots\cdots\ ①$$

2차원공간의 경우 $P=(p, q)$, $A=(a, b)$, $X=(x, y)$ 라고 하면 위의 식은 다 다음과 같이 표현이 된다.

$$(x, y) = (p, q) + t(a, b) \ \cdots\cdots\cdots\ ②$$

즉,

$$x = p + ta$$
$$y = q + tb$$

이를 행렬로 나타내면

$$\begin{bmatrix} x \\ y \end{bmatrix} = \begin{bmatrix} p \\ q \end{bmatrix} + t\begin{bmatrix} a \\ b \end{bmatrix} \cdots\cdots\cdots\cdots\cdots\cdots\cdots\ ③$$

이다.

매개방정식
매개변수

①, ②, ③의 세 방정식을 직선의 **매개방정식**(parametric equation)이라 하고 t를 **매개변수**(parameter)라 한다. 다음의 예를 보자.

예 평면 위에서 한 점 $P(1, 2)$를 지나 벡터 $A=(2, 3)$에 평행한 직선의 방정식을 구하라.

풀이 이를 나타내는 직선의 방정식은 다음과 같다.

$$(x, y) = (1, 2) + t(2, 3)$$

즉, $x = 1 + 2t$, $y = 2 + 3t$

이제 위 식을 t에 대해 나타내어 매개변수 t를 소거하면 직선의 방정식은 다음과 같다.

$$\frac{x-1}{2} = \frac{y-2}{3}$$

즉, $y = \dfrac{3(x-1)}{2} + 2 = \dfrac{3}{2}x + \dfrac{1}{2}$ 이다.

두 점 P와 Q를 지나는 직선을 생각해 보자. 이 직선은 벡터 $Q-P$에 평행하므로 이 직선의 방정식은 다음 그림에서 보듯이

$$X=P+t(Q-P)$$

이다. 이는

$$X=(1-t)P+tQ$$

로도 쓸 수 있다. 따라서 $0 \le t \le 1$인 t에 대해서는 X가 선분 PQ 위의 점을 나타낸다.

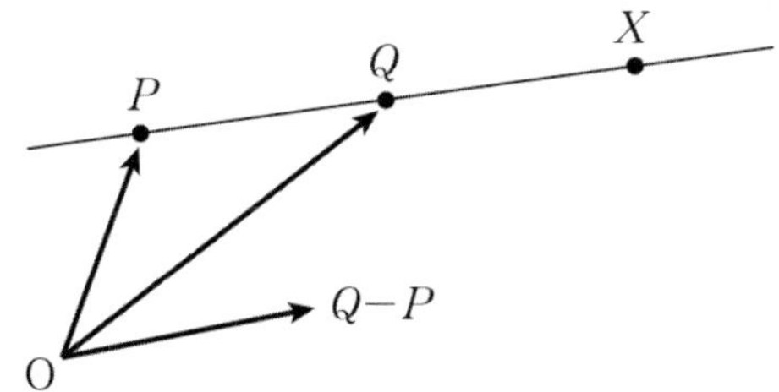

다음의 예를 보자.

예 3차원공간에서 두 점 $P(2,\ -1,\ 3)$, $Q(3,\ 2,\ -1)$ 을 지나는 직선의 방정식을 구하라.

풀이 $Q-P=(1,\ 3,\ -4)$ 이므로 직선의 방정식은

$$X=P+t(Q-P)$$

$$\begin{bmatrix} x \\ y \\ z \end{bmatrix} = \begin{bmatrix} 2 \\ -1 \\ 3 \end{bmatrix} + t\begin{bmatrix} 1 \\ 3 \\ -4 \end{bmatrix}$$

이다. 즉,

$$x=2+t,\ y=-1+3t,\ z=3-4t$$

또는 t에 대해 풀어

$$x-2=\frac{y+1}{3}=\frac{z-3}{-4}$$

이다.

6. 평면의 벡터방정식

평면은 동일 직선에 있지 않는 세 점에 의하여 결정이 된다. 이제 P, Q, R을 동일직선 위에 있지 않는 세 점이라 할 때 다음 그림과 같이(편의상 3차원공간을 이용) 이 세 점에 의해 결정되는 평면 위의 임의의 점을 X라 하자.

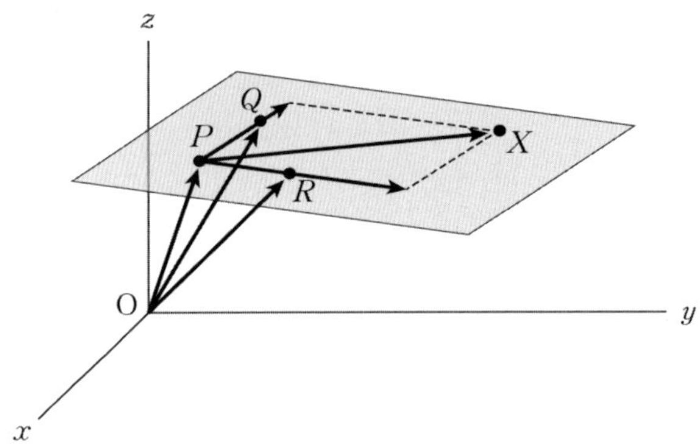

그러면 위의 그림에서 보는 것처럼 벡터 $X-P$는 두 벡터 $Q-P$, $R-P$의 적절한 스칼라 배의 합으로 나타낼 수 있다. 즉, 적절한 실수 t_1, t_2에 대해

$X-P=t_1(Q-P)+t_2(R-P)$ 가 되고 이는

$X=P+t_1(Q-P)+t_2(R-P)$

평면의 매개방정식

으로 표시된다. 이를 **평면의 매개방정식**이라고 한다. 다음의 예를 보자.

예 3차원공간에서 세 점 $P(1, 1, 1)$, $Q(-1, -1, -1)$, $R(1, 0, -1)$에 의해 결정되는 평면의 방정식을 구하라.

풀이 $Q-P=(-2, -2, -2)$, $R-P=(0, -1, -2)$이므로
$X=P+t_1(Q-P)+t_2(R-P)$에 의해

$$\begin{aligned}(x, y, z) &= (1, 1, 1)+t_1(-2, -2, -2)+t_2(0, -1, -2)\\ &= (1-2t_1, 1-2t_1-t_2, 1-2t_1-2t_2)\end{aligned}$$

이다. 즉,

$$x = 1 - 2t_1 \quad \cdots\cdots \text{①}$$
$$y = 1 - 2t_1 - t_2 \quad \cdots\cdots \text{②}$$
$$z = 1 - 2t_1 - 2t_2 \quad \cdots\cdots \text{③}$$

이다. ①에서 $t_1 = \dfrac{1-x}{2}$ 이고 이를 ②에 대입하면

$$y = 1 - (1-x) - t_2$$

가 되어

$$t_2 = x - y$$

가 된다. 이 t_1과 t_2를 ③에 대입하면

$$z = 1 - (1-x) - 2(x-y)$$

가 되고 이를 정리하면

$$-x + 2y - z = 0$$

이라는 평면의 방정식을 얻게 된다.

다음 그림에서 보듯이(편의상 3차원공간을 이용) 한 점 P를 포함하고 주어진 직선 l에 수직인 평면은 유일하게 결정된다. 이제 0아닌 N을 l에 평행한 벡터라고 하면 이 수직인 평면 위의 임의의 점 X에 대하여 위치벡터 $\overrightarrow{PX}$ 는 벡터 N과 수직이다. 따라서 이 **수직인 평면의 방정식**은

수직인 평면의 방정식

$$(X-P) \cdot N = 0$$

이다. 이 때 벡터 N을 이 수직인 평면의 **법선 벡터**(normal vector)라 한다.

법선 벡터

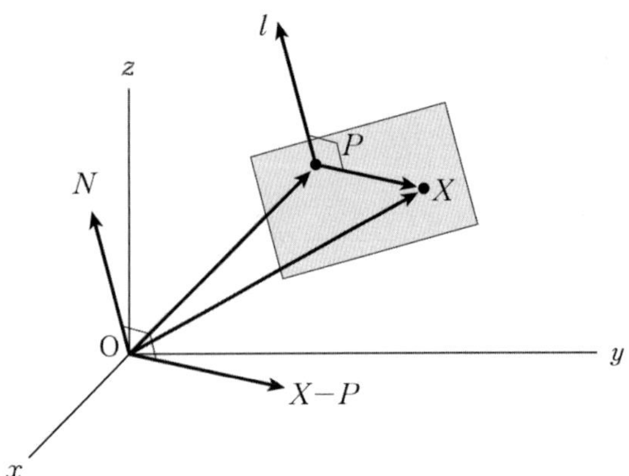

다음의 예를 보자.

예 3차원공간에서 점 $P(1, 2, -1)$를 포함하고 벡터 $N=(-1, 2, 1)$에 수직인 평면의 방정식을 구하라.

풀이 구하고자 하는 평면 위의 임의의 점을 $X(x, y, z)$라 하면

$$(X-P)\cdot N=0$$

이 성립한다. 즉,

$$\begin{aligned}
&(x-1, y-2, z+1)\cdot(-1, 2, 1)\\
&= -(x-1)+2(y-2)+(z+1)\\
&= -x+2y+z-2\\
&= 0
\end{aligned}$$

이 된다.
이는 $-x+2y+z=2$와 같다.

> **예** 2차원공간에서 점 $P(2, 4)$을 지나고 벡터 $N=(-3, 1)$에 수직인 직선의 방정식을 구하라.
>
> **풀이** 구하고자 하는 직선 위의 임의의 점을 $X(x, y)$라고 하면
>
> $$(X-P)\cdot N=0$$
>
> 이 성립한다. 즉,
>
> $$(x-2, y-4)\cdot(-3, 1)=-3(x-2)+(y-4)=0$$
>
> 이 된다.
> 이는 $-3x+y=-2$와 같다.

7. 선형독립과 선형종속

벡터의 선형독립을 설명하기 위해 먼저 벡터의 선형결합(linear combination)을 살펴보자.

선형결합

벡터 공간 V의 원소인 벡터 $V_1, V_2, \cdots, V_n$에 대해 $\alpha_1 V_1+\alpha_2 V_2+\cdots+\alpha_n V_n$과 같은 연산을 **선형결합**이라고 한다. 물론 여기서 α_i는 스칼라(scalar)이다.

선형독립
선형종속

만일 $\alpha_1 V_1+\alpha_2 V_2+\cdots+\alpha_n V_n=0$이라고 할 때

1) $\alpha_1=\alpha_2=\cdots=\alpha_n=0$이면 $\{V_1, V_2, \cdots, V_n\}$은 **선형독립**(linearly independent)이라 하고
2) 적어도 하나의 α_i가 0이 아니면 $\{V_1, V_2, \cdots, V_n\}$는 **선형종속**(linearly dependent)이라고 한다.

이제 $x_1=\begin{bmatrix}1\\-2\end{bmatrix}$과 $x_2=\begin{bmatrix}2\\1\end{bmatrix}$가 선형독립인지를 살펴보자.

이를 위해 $\alpha_1\begin{bmatrix}1\\-2\end{bmatrix}+\alpha_2\begin{bmatrix}2\\1\end{bmatrix}=0$ 을 만족하는 α_1과 α_2를 구해본다.

이는 다음의 두 식으로 표시된다.

$$\alpha_1+2\alpha_2=0$$
$$-2\alpha_1+\alpha_2=0$$

이를 만족하는 $\alpha_1=\alpha_2=0$ 이다. 따라서 두 벡터는 선형독립이다.

이와는 달리 $x_1=\begin{bmatrix}4\\2\end{bmatrix}$과 $x_2=\begin{bmatrix}2\\1\end{bmatrix}$로 주어진 경우를 보자.

앞과 마찬가지로 $\alpha_1\begin{bmatrix}4\\2\end{bmatrix}+\alpha_2\begin{bmatrix}2\\1\end{bmatrix}=0$ 을 만족하는 α_1과 α_2를 구해본다.

이는 다음의 두 식으로 표시된다.

$$4\alpha_1+2\alpha_2=0$$
$$2\alpha_1+\alpha_2=0$$

위의 두 식은 사실 동일한 식이므로 $\alpha_2=-2\alpha_1$ 의 관계가 성립한다. 따라서 $\alpha_1=t$로 두면 $\alpha_2=-2t$가 되어 $(\alpha_1, \alpha_2)=(t, -2t)$ 형태는 모두 위 식을 만족하게 된다. 물론 $t=0$인 경우는 α_1과 α_2 계수의 값이 모두 0이지만 t는 다른 값도 가질 수 있으므로 각각을 구성하는 스칼라가 적어도 0이 아닌 것이 있으므로 이 경우는 두 벡터가 선형종속이다. 예를 들어 $t=1$이라면 $\alpha_1=1, \alpha_2=-2$로 $\begin{bmatrix}4\\2\end{bmatrix}-2\begin{bmatrix}2\\1\end{bmatrix}=0$ 이 되어 선형종속의 조건을 충족함을 알 수 있다.

8. 행렬의 대각화

가역행렬

행렬을 대각화(diagonalization)하면 많은 경우에 유용하게 활용될 수 있다. 정방행렬(square matrix) A의 대각화란 **가역행렬**(invertible matrix) P를 구하여 A의 앞에 P의 역행렬을 그리고 A의 뒤에 P를 곱하여 대각행렬 B로 바꾸는 것을 말한다. 즉, $B=P^{-1}AP$로 만드는 것을 말한다. 물론 모든 정방행렬이 대각화되는 것은 아니다. 참고로 $B = P^{-1}AP$를 만족하는 가역행렬 P가 있을 때 A와 B는 **닮음**(similar) **행렬**이라고 한다.

닮음 행렬

이제 대각화하는 방법을 알아보기로 하자. 이를 위해 먼저 고유치(eigen value)와 고유벡터(eigen vector)를 알 필요가 있다.

정방행렬 A와 특정한 실수 λ가 있고, 영벡터 아닌 x에 대해 $Ax = \lambda x$가 성립하면 λ를 A의 **고유치**라 하고 x를 A의 **고유벡터**라 한다. 참고로 고유치를 특성치(characteristic value), 고유벡터를 특성벡터(characteristic vector)라고도 한다. 여기서 고유치는 $|A - \lambda I| = 0$을 만족하는 값이다. 고유치를 얻은 후 고유벡터는 주어진 특성치 λ에 대해 $Ax = \lambda x$, 즉 $(A - \lambda I)x = 0$를 만족하는 x를 찾으면 된다. 참고로 어떤 벡터 x가 고유치 λ에 대한 고유벡터이면 0이 아닌 상수 k를 곱한 벡터 kx도 역시 λ에 대한 고유벡터이다.

고유치
고유벡터

고유치와 고유벡터에 대한 의미는 어떤 정방행렬 A가 있을 때, A에 A의 고유벡터인 x를 곱해준 것은 고유벡터 x에 고유치 λ를 곱해준 것과 같다는 것이다. 원래 어떤 벡터에 행렬을 곱해주면 크기와 방향이 모두 바뀌는데, 만약 그 벡터가 행렬의 고유벡터라면 방향이 바뀌지 않는다. 다시 말해서 벡터 x에 행렬 A를 곱해줄 때 대부분의 경우에는 방향과 크기가 모두 바뀌지만 x가 고유벡터인 경우에는 곱해준 결과인 Ax가 x의 상수배이고 이 상수배가 바로 고유치라는 것이다.

행렬의 대각화를 위해 $B = P^{-1}AP$를 만족하는 가역행렬 P는 고유벡터를 이용해 다음과 같이 구한다. n개의 고유치가 실수로 주어지고 이에 대응하는 n개의 고유벡터 $x_1, x_2, \cdots, x_n$이 주어지면

$$P = [x_1, x_2, \cdots, x_n]$$

으로 얻을 수 있다. 참고로 각 고유치에 대응하는 고유벡터는 선형독립인 관계에 있다. 여기서 P는 선형독립인 고유벡터들을 이용해 만든 행렬이므로 행렬식 값이 0이 될 수 없고 따라서 역행렬 P^{-1}이 존재한다.

이제 P가 구해지면 대각행렬

$$B = \begin{bmatrix} \lambda_1 & 0 & 0 \\ 0 & \lambda_2 & 0 \\ & & \ddots \\ 0 & 0 & \lambda_n \end{bmatrix}$$

로 주어지는데 이것이 바로 A를 대각화한 것이다. 참고로 행렬을 곱한 것의 행렬식 값은 각 행렬식 값의 곱이므로 $B=P^{-1}AP$의 행렬식은 A의 행렬식과 같고 이는 $\lambda_1\lambda_2\cdots\lambda_n$ 이다.

정방행렬 A를 대각화하는 과정을 다시 한 번 정리하면 다음과 같다.

단계 1) A에 대해 선형독립인 고유벡터들을 구한다.

단계 2) 이 고유벡터들을 열벡터로 하는 행렬 P를 만든다.

단계 3) 그러면 $B=P^{-1}AP$는 A의 고유벡터들에 대응하는 고유치들을 대각선 원소로 갖는 대각행렬이 된다.

다음의 예를 통해 위의 설명을 이해할 수 있을 것이다.

예 행렬 $A=\begin{bmatrix}6 & 6\\ 6 & -3\end{bmatrix}$에 대해 고유치와 고유벡터를 구하고 $B=P^{-1}AP$인 대각행렬 B를 구하라.

풀이 고유치를 구하기 위해 $|A-\lambda I|=0$ 을 만족하는 λ를 다음과 같이 구할 수 있다.

$$\begin{vmatrix}6-\lambda & 6\\ 6 & -3-\lambda\end{vmatrix}=0$$

이는 $(6-\lambda)(-3-\lambda)-36=0$ 이고 정리하면

$$\lambda^2-3\lambda-18-36=0$$
$$\lambda^2-3\lambda-54=0$$
$$(\lambda+6)(\lambda-9)=0$$

이다.

따라서 $\lambda=-6$ 또는 $\lambda=9$ 이고 이것이 A의 고유치이다.

이제 $\lambda=-6$ 에 대응하는 고유벡터는 다음의 $(A-\lambda I)x_1=0$ 을 만족하는 $x_1=\begin{bmatrix}a_1\\ b_1\end{bmatrix}$ 를 찾으면 된다.

$$\begin{bmatrix} 6-(-6) & 6 \\ 6 & -3-(-6) \end{bmatrix}\begin{bmatrix} a_1 \\ b_1 \end{bmatrix}=0$$

이는 $\begin{bmatrix} 12 & 6 \\ 6 & 3 \end{bmatrix}\begin{bmatrix} a_1 \\ b_1 \end{bmatrix}=0$ 이다. 정리하면

$$12a_1 + 6b_1 = 0$$
$$6a_1 + 3b_1 = 0$$

이고 이는 $b_1 = -2a_1$ 로 나타낼 수 있다. $b_1 = -2a_1$ 을 만족하는 어떤 값이라도 해가 되지만 간단히 $a_1 = 1$과 $b_1 = -2$ 를 해로 선택한다. 즉, $x_1 = \begin{bmatrix} a_1 \\ b_1 \end{bmatrix} = \begin{bmatrix} 1 \\ -2 \end{bmatrix}$ 이 $\lambda = -6$ 에 대응하는 고유벡터이다.

$\lambda = 9$ 에 대해서도 다음과 같이 고유벡터를 구할 수 있다.

$$\begin{bmatrix} 6-9 & 6 \\ 6 & -3-9 \end{bmatrix}\begin{bmatrix} a_2 \\ b_2 \end{bmatrix}=0$$

이는 $\begin{bmatrix} -3 & 6 \\ 6 & -12 \end{bmatrix}\begin{bmatrix} a_2 \\ b_2 \end{bmatrix}=0$ 이다. 정리하면

$$-3a_2 + 6b_2 = 0$$
$$6a_2 - 12b_2 = 0$$

이고 이는 $a_2 = 2b_2$ 로 나타낼 수 있다. $a_2 = 2b_2$ 을 만족하는 어떤 값이라도 해가 되지만 간단히 $b_2 = 1$과 $a_2 = 2$ 를 해로 선택한다. 즉, $x_2 = \begin{bmatrix} a_2 \\ b_2 \end{bmatrix} = \begin{bmatrix} 2 \\ 1 \end{bmatrix}$ 이 $\lambda = 9$ 에 대응하는 고유벡터이다.

이제 가역행렬 P는 위에서 구한 고유벡터를 이용해 다음과 같이 구할 수 있다.

$$P=[x_1, x_2]=\begin{bmatrix} 1 & 2 \\ -2 & 1 \end{bmatrix}$$

끝으로 대각행렬 $B=P^{-1}AP$를 구해보자. 먼저

$$P^{-1}=\frac{1}{5}\begin{bmatrix} 1 & -2 \\ 2 & 1 \end{bmatrix}$$

이므로

$$\begin{aligned} B &= \frac{1}{5}\begin{bmatrix} 1 & -2 \\ 2 & 1 \end{bmatrix}\begin{bmatrix} 6 & 6 \\ 6 & -3 \end{bmatrix}\begin{bmatrix} 1 & 2 \\ -2 & 1 \end{bmatrix} \\ &= \frac{1}{5}\begin{bmatrix} -6 & 12 \\ 18 & 9 \end{bmatrix}\begin{bmatrix} 1 & 2 \\ -2 & 1 \end{bmatrix} \\ &= \frac{1}{5}\begin{bmatrix} -30 & 0 \\ 0 & 45 \end{bmatrix} \\ &= \begin{bmatrix} -6 & 0 \\ 0 & 9 \end{bmatrix} \end{aligned}$$

이다. 여기서 B의 대각선 원소가 바로 고유치임을 알 수 있다.

고유치들을 모두 합하면 행렬의 대각위치에 있는 값들의 합과 같고, 고유치들을 모두 곱하면 행렬식의 값과 같음을 유의하자. 더욱 중요한 것은 행렬 A의 고유치들과 고유벡터들을 안다면, 행렬 A에 대한 역행렬의 고유치들은 행렬 A의 고유치들의 역수와 같고 행렬 A에 대한 역행렬의 고유벡터들은 행렬 A의 고유벡터들과 같다는 것이다(위의 풀이를 가지고 각자 확인해 보기 바란다).

끝으로 대각화되지 않는 예로 $A=\begin{bmatrix} 0 & 1 \\ 0 & 0 \end{bmatrix}$를 들 수 있다. 이 행렬에 대해 고유치를 구하기 위해 $|A-\lambda I|=0$을 만족하는 λ를 다음과 같이 구할 수 있다.

$$\begin{vmatrix} 0-\lambda & 1 \\ 0 & 0-\lambda \end{vmatrix}=0$$

이는 $\lambda^2 = 0$ 이고 따라서 A의 고유치는 $\lambda_1 = \lambda_2 = 0$ 이다.

A가 대각화가 되려면 $B = P^{-1}AP = \begin{bmatrix} \lambda_1 & 0 \\ 0 & \lambda_2 \end{bmatrix} = \begin{bmatrix} 0 & 0 \\ 0 & 0 \end{bmatrix}$ 을 만족하는 가역행렬 P가 있어야 하는데 이는 불가능하다. 따라서 A는 대각화될 수 없다.

요약

1) n차원 공간

- n개의 실수들로 이루어진 순서를 갖는 $(x_1, x_2, \cdots, x_n)$을 n차원 공간의 점이라 한다.
- n차원 공간에서 다음이 성립한다.
  임의의 $A=(a_1, a_2, \cdots, a_n)$ 과 $B=(b_1, b_2, \cdots, b_n)$ 에 대해
  $A+B=(a_1+b_1,\ a_2+b_2,\ \cdots,\ a_n+b_n)$
  $-A=(-a_1,\ -a_2,\ \cdots,\ -a_n)$

2) 위치벡터

한 점 A를 출발점으로 하고 다른 점 B를 종점으로 갖는 방향을 갖는 선분을 기호 $\overrightarrow{AB}$로 나타내고 이를 A를 출발점으로 하는 위치벡터라 한다. $\overrightarrow{AB}=B-A$로 정의된다.

3) 벡터의 내적과 길이

- n차원 공간에서 두 벡터 $A=(a_1, a_2, \cdots, a_n)$, $B=(b_1, b_2, \cdots, b_n)$ 에 대하여 $A \cdot B=a_1b_1+a_2b_2+\ \cdots\ +a_nb_n$ 를 A와 B의 내적이라 한다.
- 벡터 $A=(a_1, a_2, \cdots, a_n)$의 길이는 $\| A \| = \sqrt{A \cdot A} = \sqrt{a_1^2+a_2^2+\cdots a_n^2}$ 로 정의된다.
- 길이가 1인 벡터를 단위벡터라 한다. 0이 아닌 벡터 A에 대하여 $E=\dfrac{1}{\| A \|}A$는 A와 같은 방향의 단위벡터이다.

4) 벡터의 직교

- 평면 위의 두 벡터 A, B가 직교하기 위해서는 $A \cdot B=0$이어야 한다.
- 0 아닌 두 벡터 A와 B가 주어졌을 때 아래 그림과 같이 다음의 두 조건을 만족시키는 벡터 P를 생각해 보자.

① 적절한 실수 k에 대해 $P=kB$

② $A-P$는 B와 직교한다.

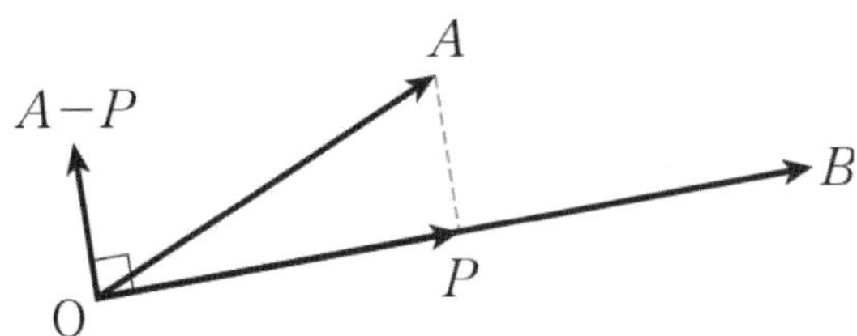

이 벡터 P를 A의 B 방향으로의 정사영이라 하고 $k=\dfrac{A \cdot B}{B \cdot B}$를 A의 B 방향으로의 성분이라 한다. $P=\dfrac{A \cdot B}{B \cdot B}B$ 이다.

5) 직선의 벡터방정식

- 평면 위의 한 점 P를 지나고 영이 아닌 벡터 A에 평행한 직선의 방정식은

  $$X=P+tA,\ t\text{는 실수}$$

  이다.

  이를 직선의 매개방정식이라 하고 t를 매개변수라 한다.
- 두 점 P와 Q를 지나는 직선은 벡터 $Q-P$에 평행하므로 이 직선의 방정식은

  $$X=P+t(Q-P)$$

  이다.

6) 평면의 벡터방정식

- P, Q, R을 동일직선 위에 있지 않는 세 점이라 할 때 다음 그림과 같이(편의상 3차원공간을 이용) 이 세 점에 의해 결정되는 평면 위의 임의의 점을 X라 하자.

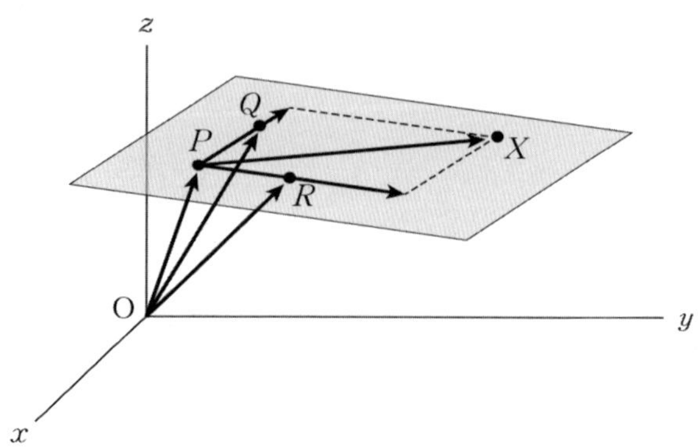

그러면 위의 그림에서 보는 것처럼 벡터 $X-P$는 두 벡터 $Q-P$, $R-P$의 적절한 스칼라 배의 합으로 나타낼 수 있다. 즉, 적절한 실수 t_1, t_2에 대해

$$X-P=t_1(Q-P)+t_2(R-P) \text{ 가 되고 이는}$$
$$X=P+t_1(Q-P)+t_2(R-P)$$

으로 표시된다. 이를 평면의 매개방정식이라고 한다.

- 한 점 P를 포함하고 주어진 직선 l에 수직인 평면은 유일하게 결정된다. 이제 0아닌 N을 l에 평행한 벡터라고 하면 이 수직인 평면 위의 임의의 점 X에 대하여 위치벡터 $\overrightarrow{PX}$ 는 벡터 N과 수직이다. 따라서 이 수직인 평면의 방정식은

$$(X-P)\cdot N=0$$

이다. 이 때 벡터 N을 이 수직인 평면의 법선 벡터라 한다.

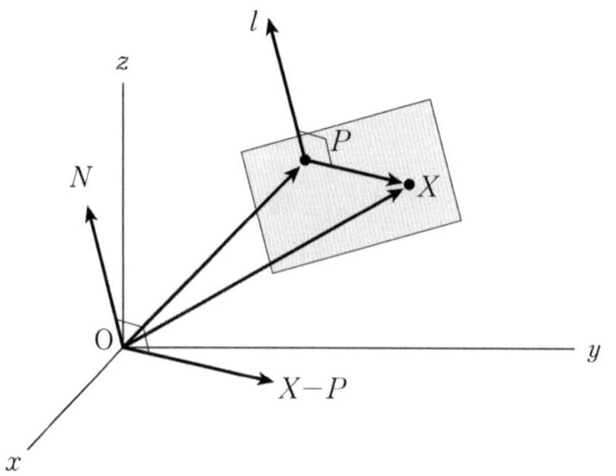

7) 선형독립과 선형종속

벡터 공간 V의 원소인 벡터 $V_{1,} V_{2,} \cdots, V_n$에 대해 $\alpha_1 V_1 + \alpha_2 V_2 + \cdots$ $\alpha_1 V_1 + \alpha_2 V_2 + \cdots + \alpha_n V_n$과 같은 연산을 선형결합이라고 한다.

만일 $\alpha_1 V_1 + \alpha_2 V_2 + \cdots + \alpha_n V_n = 0$ 이라고 할 때

① $\alpha_1 = \alpha_2 = \cdots = \alpha_n = 0$ 이면 $\{V_1, V_{2,} \cdots, V_n\}$은 선형독립이라 하고

② 적어도 하나의 α_i가 0이 아니면 $\{V_1, V_{2,} \cdots, V_n\}$는 선형종속이라고 한다.

8) 행렬의 대각화

- 정방행렬 A의 대각화란 가역행렬 P를 구하여 A의 앞에 P의 역행렬을 그리고 A의 뒤에 P를 곱하여 대각행렬 B로 바꾸는 것을 말한다. 즉, $B = P^{-1}AP$로 만드는 것을 말한다.
- 정방행렬 A와 특정한 실수 λ가 있고, 영벡터 아닌 x에 대해 $Ax = \lambda x$가 성립하면 λ를 A의 고유치라 하고 x를 A의 고유벡터라 한다. 여기서 고유치는 $|A - \lambda I| = 0$을 만족하는 값이다. 고유치를 얻은 후 고유벡터는 주어진 특성치 λ에 대해 $Ax = \lambda x$, 즉 $(A - \lambda I)x = 0$를 만족하는 x를 찾으면 된다.

행렬의 대각화를 위해 $B = P^{-1}AP$를 만족하는 가역행렬 P는 고유벡터를 이용해 다음과 같이 구한다. n개의 고유치가 실수로 주어지고 이에 대응하는 n개의 고유벡터 $x_1, x_2, \cdots, x_n$이 주어지면

$$P = [x_1, x_2, \cdots, x_n]$$

으로 얻을 수 있다. 참고로 각 고유치에 대응하는 고유벡터는 선형독립인 관계에 있다. 여기서 P는 선형독립인 고유벡터들을 이용해 만든 행렬이므로 행렬식 값이 0이 될 수 없고 따라서 역행렬 P^{-1}이 존재한다.

이제 P가 구해지면 대각행렬

$$B=\begin{bmatrix}\lambda_1 & 0 & 0\\ 0 & \lambda_2 & \ddots & 0\\ 0 & 0 & \lambda_n\end{bmatrix}$$

로 주어지는데 이것이 바로 A를 대각화한 것이다. 참고로 행렬을 곱한 것의 행렬식 값은 각 행렬식 값의 곱이므로 $B=P^{-1}AP$의 행렬식은 A의 행렬식과 같고 이는 $\lambda_1\lambda_2\cdots\lambda_n$ 이다.

연습문제

1. 벡터의 내적에 대해 설명하라.

2. 고유치와 고유벡터의 의미에 대해 설명하라.

3. $A=(2,\ -3,2)$일 때 A와 같은 방향의 단위벡터를 구하라.

4. $A=(2,\ -3,2)$, $B=(2,5,3)$일 때 A의 B 방향으로의 정사영 P를 구하라.

5. 평면 위에서 한 점 $P(1,3)$를 지나 벡터 $A=(2,5)$에 평행한 직선의 방정식을 구하라.

6. 3차원 공간에서 두 점 $P(1,\ -1,3)$, $Q(-3,1,\ -1)$을 지나는 직선의 방정식을 구하라.

7. 3차원 공간에서 세 점 $P(1,0,1)$, $Q(0,\ -1,\ -1)$, $R(1,\ -1,0)$에 의해 결정되는 평면의 방정식을 구하라.

8. 2차원 공간에서 점 $P(1,2)$을 지나고 벡터 $N=(-3,2)$에 수직인 직선의 방정식을 구하라.

9. 다음의 두 벡터가 선형독립인지 또는 선형종속인지를 보여라.

$$\begin{bmatrix} 1 \\ 3 \end{bmatrix},\ \begin{bmatrix} 4 \\ 1 \end{bmatrix}$$

10. 행렬 $A=\begin{bmatrix} 2 & 2 \\ -1 & 5 \end{bmatrix}$에 대해 고유치와 고유벡터를 구하고 $B=P^{-1}AP$인 대각행렬 B를 구하라.

7 CHAPTER

미분과 편미분

주요 학습목표

- 한계분석의 개념을 이해할 수 있다.
- 지수함수, 로그함수 그리고 삼각함수에 대한 미분을 구할 수 있다.
- 테일러 급수를 이해할 수 있다.
- 편미분을 구할 수 있다.
- 2차 도함수와 함수의 오목성을 이해할 수 있다.
- 함수의 극대와 극소를 구할 수 있다.
- 편미분을 이용한 회귀분석의 개념을 이해할 수 있다.

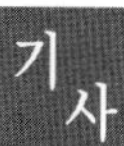

무한리필 식당에서 이윤이 남는 이유, 한계효용 법칙

- **A: 마음껏 먹어도 줄지 않는 쿠키**
- **B: 10개가 있고 다 먹으면 없어지는 쿠키**

A, B 중 어떤 쿠키를 먹었을 때 더 만족감이 높을까? 당연히 무한대로 생겨나는 쿠키일까? 설문조사 결과 A를 선택한 사람은 불과 20.4%였다. 쿠키가 한정적일 때 만족감이 더 커진다는 것이다.

이러한 단순한 원리가 똑같은 물건의 가치를 다르게 만들고, 무한리필 식당에서 이윤이 남도록 한다면 믿어지는가?

- **똑같은 물건의 가치가 달라지는 한계효용**

이 의외의 결과는 경제학 용어인 '한계효용'으로 설명할 수 있다. 한계효용이란, 재화나 소비가 증가함에 따라 그 가치와 효용이 줄어든다는 법칙이다.

쉬운 예로 갈증이 나서 물을 마실 때를 가정해 보자. 처음 1컵은 꿀맛처럼 느껴질 정도로 그 가치가 크지만 2컵, 3컵을 마시면서 갈증이 해소됨에 따라 그 가치는 점차 줄어들게 된다. 물을 더 마실수록 총 만족도는 늘어나지만, 각 1컵이 가지는 가치는 매우 달라지게 된다. 물의 소비가 늘어날수록 그 가치는 줄어드는 것이다.

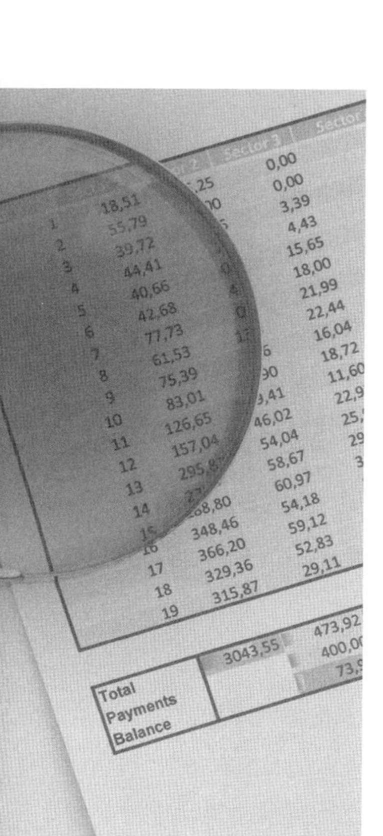

- **물과 다이아몬드 가격의 역설**

한계효용의 또 다른 대표적인 예는 '물'과 '다이아몬드'의 가격이다. 경제학의 아버지로 불리는 애덤 스미스는 한계효용의 개념이 없었던 18세기에 생명과 직결되지만 거의 공짜인 물과, 딱히 쓸모가 없지만 어마어마하게 비싼 다이아몬드 가격의 관계를 정확히 설명하지 못했다. 그래서 이에 '물과 다이아몬드의 역설'이라는 이름을 붙였다.

1870년대 등장한 한계효용학파가 5분 전에 마신 물은 효용이 크지 않지만 평생 한 번도 소유하기 힘든 다이아몬드의 한계효용은 엄청나게 크다고 설명하며 이 가격의 차이를 밝혀냈다.

• 무한리필 식당에서 이윤이 남는 이유

일상에서는 무한리필 가게에서 쉽게 한계효용을 체감할 수 있다. 음식을 먹기 전에는 가격 대비 엄청난 양을 먹을 수 있을 것 같지만 몇 접시 먹지 못하고 식당을 나선 경험이 있을 것이다. 똑같거나 비슷한 음식을 지속적으로 맛보면 그 가치는 급격히 떨어지게 된다.

이 때문에 손님들은 식욕이 금세 떨어지고 식당 주인이 이윤을 만드는 데 결정적인 공헌을 하게 되는 것이다. 또 무한고기, 무한게장처럼 특정한 메뉴에 대한 한계효용이 점차 떨어져 추가 메뉴를 주문하게 되는 것도 이윤을 남기는데 도움을 주게 된다.

• 처음 얻은 100만원의 수익이 가장 기쁜 이유

한계효용은 금융산업에서도 찾아볼 수 있다. 대부분의 사람들은 처음 100만원이 생겼을 때 두 번째 100만원보다 더 큰 기쁨을 느낀다.

예를 들어, 어떤 사람이 50만원을 가졌을 때 100의 효용을, 100만원을 가졌을 때 180의 효용을, 150만원을 가졌을 때 210의 효용을 얻는다고 하면 50만원이 증가할 때마다 총 효용은 증가하지만, 각 50만원이 증가할 때마다 얻는 효용은 100, 80, 60으로 줄어든다.

같은 50만원이라도 이미 얻은 50만원이 앞으로 얻을 50만원보다 더 큰 가치를 가지게 된다. 이런 이유로 상대적으로 적은 수익을 얻더라도 손실 가능성이 적은 상품을 선호하는 사람들이 많기 때문에 금융회사들은 안정적인 금융상품으로 이윤을 만들 수 있다.

또, 기업들이 같은 상품을 디자인이나 용량을 조금씩 바꿔 주기적으로 리뉴얼하는 것도 한계효용을 높이기 위한 예다. 소비자들이 똑같은 상품을 사용하며 한계효용이 줄어드는 것을 막는 것이다.

한계효용은 매우 주관적인 가치이지만 누구나 피할 수 없는 법칙이기도 하다. 절대적 효용뿐 아니라 최고의 만족감을 주는 한계효용을 고려해 최적의 소비점을 찾아보자!

출처: http://blog.naver.com/PostView.nhn?blogId=daishin_blog&logNo=221246635409

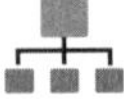

본 장에서는 먼저 하나의 변수에 대해 주어진 함수의 최댓값 및 최솟값을 구하기 위해 유용하게 사용되는 미분(differentiation)에 대해 살펴보고자 한다. 이후 변수의 수가 둘 이상으로 확장된 편미분(partial differentiation) 에 대해 설명할 것이다.

1. 증분과 비율

미분의 개념을 이해하기에 앞서 **증분**(increment)의 개념을 알 필요가 있다. 다음 그림에서 보듯이 x에서의 값의 변화를 x에서의 증분이라고 한다. 그림에서 x는 x_1에서 x_2로 변화하면 이 차이인 x_2-x_1을 x에서의 증분이라고 하고 Δx로 나타낸다. 마찬가지로 y에서의 값의 차이인 y_2-y_1, 즉 $f(x_2)-f(x_1)$을 y에서의 증분이라 하고 Δy로 나타낸다. 다음 그림을 보면 이해가 될 것이다. 증분

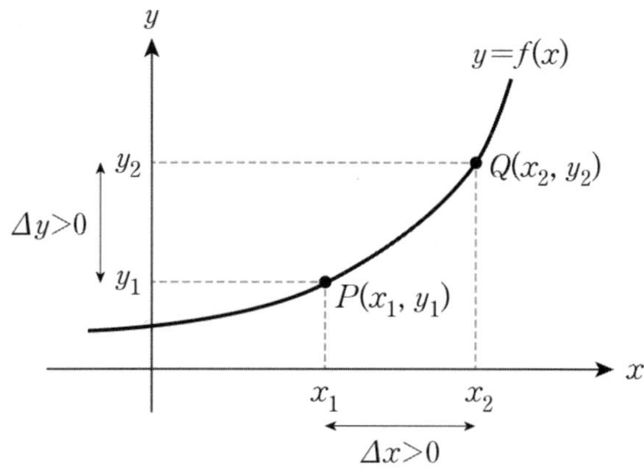

Δy와 Δx는 다음과 같이 관련되어 있다.

$$\Delta y = f(x+\Delta x) - f(x)$$

다음의 예를 통해 이에 대한 의미를 알 수 있다.

예 함수 $y=x^2+1$에 대해 x와 Δx로 Δy를 나타내라.

풀이 $\Delta y = f(x+\Delta x) - f(x) = (x+\Delta x)^2 + 1 - (x^2+1)$
$= 2x\Delta x + \Delta x^2$

이제 비율(rate)에 대해 살펴보자. x에 대한 y의 **평균변화율**(average rate of change of y with respect to x)은 다음과 같이 나타낼 수 있다. 즉, x의 증분인 평균변화율

수평거리(run) 대비 y의 증분인 수직거리(rise)의 비율이다.

$$\frac{\Delta y}{\Delta x}=\frac{f(x+\Delta x)-f(x)}{\Delta x}$$

이를 그림으로 나타내면 다음과 같다.

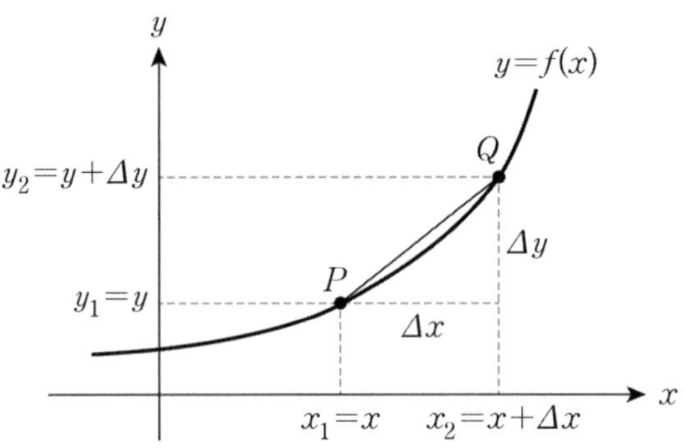

2. 극한

극한

이제 **극한**(limit)에 대해 설명하려고 한다. 극한은 위의 x의 증분 대비 y의 증분이 만일 x의 증분이 거의 0에 가깝다면 어떤 결과가 나타날 것인지에 대한 것이다. 즉 아래의 식의 값을 말하는 것이다.

$$\lim_{\Delta x \to 0}\frac{\Delta y}{\Delta x}$$

다음과 같이 x가 c로 접근해 갈 때 $f(x)$가 L로 접근해가면, 즉 x가 c로 접근하는 경우 $f(x)$와 L의 차이를 원하는 만큼 작게 할 수 있다면 $\lim_{x \to c} f(x)=L$ 또는 $x \to c$이면 $f(x)=L$로 나타낸다.

이 때 L을 x가 c에 접근하는 경우 $f(x)$의 극한이라고 한다.

연속

이제 **연속**(continuity)의 정의에 대해 알아보자.

1) 함수 $f(c)$가 정의되고

2) $\lim_{x \to c} f(x)$가 존재하고

3) $f(c) = \lim_{x \to c} f(x)$ 이면

함수 $f(x)$는 $x=c$에서 연속이라고 한다.

다음의 예를 보자.

예 아래의 함수에 대해 $\lim_{x \to 1} f(x)$을 구하라.

$$f(x) = \begin{cases} \dfrac{x^2-3x+2}{x^2-1} & (x \neq 1) \\ 0 & (x=1) \end{cases}$$

풀이 $\lim_{x \to 1} \dfrac{x^2-3x+2}{x^2-1} = \lim_{x \to 1} \dfrac{(x-1)(x-2)}{(x-1)(x+1)} = \lim_{x \to 1} \dfrac{(x-2)}{(x+1)} = -\dfrac{1}{2}$

이 값은 $x=1$에서의 값 0과 다르므로 이 함수는 $x=1$에서 연속이 아니다.

위의 예에서 $f(x)$는 1로 접근해 갈 때 $\frac{0}{0}$의 형태이므로 **로피탈**(l'Hospital)**의 정리**를 이용해 다음과 같이 분자와 분모를 각각 미분한 다음에 $x=1$을 대입하여 극한을 쉽게 구할 수 있다.

로피탈의 정리

$$\lim_{x \to 1} \frac{2x-3}{2x} = -\frac{1}{2}$$

로피탈 정리를 정리하면 다음과 같다.

로피탈 정리는 극한값의 계산에서 사용되는 정리로서 분자와 분모의 극한값이 모두 0으로 가까이 가거나 무한대로 가까이 갈 때 또는 이러한 꼴의 변형된 수식으로 표현될 수 있는 경우에 분모와 분자의 각각의 도함수(곧 설명됨)의 극한과 원래의 극한값이 같다는 것이다. 즉, 다음과 같이 정리할 수 있다.

f와 g가 미분 가능하고 $x=c$ 근처에서 $g'(x) \neq 0$이라고 할 때,

$$\lim_{x \to c} f(x) = \lim_{x \to c} g(x) = 0$$

이고

$$\lim_{x \to c} \frac{f'(x)}{g'(x)} \text{ 가 존재하면}$$

$$\lim_{x \to c} \frac{f(x)}{g(x)} = \lim_{x \to c} \frac{f'(x)}{g'(x)}$$

가 성립된다.

연속에 관한 몇 가지 정리를 소개하면 다음과 같다.

정리 1

$$\lim_{x \to c}(mx+b) = mc+b$$

정리 2

a) $\lim_{x \to c} bf(x) = b\lim_{x \to c} f(x)$

b) 만일 $[f(x)]^n$이 $x=c$에 가까운 x에 대해 정의가 된다면

$\lim_{x \to c}[f(x)]^n = \left[\lim_{x \to c} f(x)\right]^n$

정리 3

a) $\lim_{x \to c}[f(x) \pm g(x)] = \lim_{x \to c} f(x) \pm \lim_{x \to c} g(x)$

b) $\lim_{x \to c}[f(x)g(x)] = \left[\lim_{x \to c} f(x)\right]\left[\lim_{x \to c} g(x)\right]$

c) $\lim_{x \to c}\left[\frac{f(x)}{g(x)}\right] = \frac{\left[\lim_{x \to c} f(x)\right]}{\left[\lim_{x \to c} g(x)\right]}$ $\left(\frac{0}{0} \text{ 또는 } \frac{c}{0}\text{인 경우는 제외}\right)$

3. 도함수

$y=f(x)$ 에 대해 x에 대한 y의 **도함수**(derivative)는 다음과 같이 정의된다. 도함수

$$\frac{dy}{dx}=\lim_{\Delta x\to 0}\frac{\Delta y}{\Delta x}=\lim_{\Delta x\to 0}\frac{f(x+\Delta x)-f(x)}{\Delta x}$$

$\frac{dy}{dx}$ 대신 $\frac{df}{dx}$, y', $f'(x)$, $D_x f$ 를 사용하기도 한다.

다음 그림을 보면 도함수를 좀 더 이해하기 쉬울 것이다. 앞에서 배운 바에 따르면 평균변화율은 선분 PQ의 기울기이다. 그런데 x의 증분 Δx를 아주 작게, 즉 0에 가깝게 하면 어떤 현상이 발생할까? 결론적으로 말하면 이 경우는 점 P에서의 순간 기울기가 될 것이다. 즉 도함수 $\frac{dy}{dx}$의 의미는 주어진 값에서의 **순간기울기**(instantaneous slope)를 말한다. 순간기울기

주어진 점에서의 순간기울기가 왜 중요한가? 주어진 점에서의 순간기울기를 통해서 그 점이 최솟값 또는 최댓값인지의 여부를 알 수 있기 때문이다.

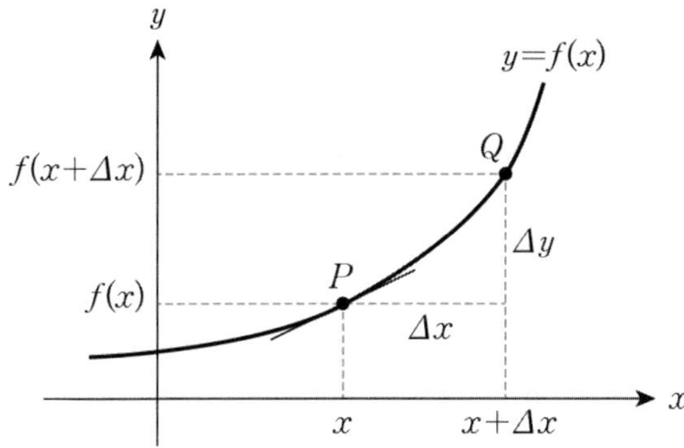

선분 PQ의 기울기 : $\frac{\Delta y}{\Delta x}=\frac{f(x+\Delta x)-f(x)}{\Delta x}$

점 P에서의 순간기울기, 즉 점 P에서의 접선의 기울기 : $\lim_{\Delta x\to 0}\frac{\Delta y}{\Delta x}=\frac{dy}{dx}$

예를 들어 $y=x^2$을 고려해 보자. 이 경우 도함수 $\frac{dy}{dx}$=$2x$이다. 우리는 이미 $y=x^2$이 0에서 최솟값을 갖는 것을 알고 있는데 이를 도함수를 통해서도 알 수

있다. 도함수인 $2x$는 $x<0$인 값에 대해서는 음수이고 $x=0$일 때는 0이고 $x>0$일 때는 양수이다. 즉, 도함수가 음에서 양으로 변하는 $x=0$에서 바로 최솟값을 가짐을 알 수 있다. $x=0$에서의 순간기울기가 0일 때 $x=0$ 좌우의 순간기울기의 부호변화를 통해 최솟값 또는 최댓값을 알 수 있는 것이다. 만일 $y=-x^2$이라면 도함수는 $y=-2x$이고 이는 $x<0$일 때는 양수이고 $x=0$일 때는 0이며 $x>0$일 때는 음수이다. 이때는 도함수가 양에서 음으로 변하는 $x=0$에서 최댓값을 가짐을 알 수 있다.

물론 $x=0$에서의 최솟값 또는 최댓값 판정 여부는 뒤에서 배우는 2차 도함수 $\frac{d^2y}{dx^2}$ 즉, y를 x에 대해 두 번 미분한 값을 가지고 바로 알 수 있다. $y=x^2$의 경우는 x에 대해 두 번 미분한 값은 $\frac{d^2y}{dx^2}=2$로 2가 양수이므로 순간기울기가 0이 되는 $x=0$에서 최솟값을 갖는 것이다. 마찬가지로 $y=-x^2$의 경우는 x에 대해 두 번 미분한 값은 $\frac{d^2y}{dx^2}=-2$로 -2가 음수이므로 순간기울기가 0이 되는 $x=0$에서 최댓값을 갖는 것이다.

4. 멱함수의 도함수

멱함수

멱함수(power function)의 도함수 관련 다음의 몇 가지 정리를 살펴보자.

정리 1

상수항의 도함수는 0

$y=x$의 도함수는 $\frac{dy}{dx}=1$이다.

$y=x^2$의 도함수는 $\frac{dy}{dx}=2x$이다.

따라서 멱함수의 도함수에 대한 일반공식은 다음과 같다.

$$y=x^n \rightarrow \frac{dy}{dx}=nx^{n-1}$$

앞의 공식은 미분에서 가장 많이 사용되는 기본 공식이다.

정리 2

만일 $u(x)$가 미분가능하다면 $\dfrac{d(cu(x))}{dx}=c\dfrac{du(x)}{dx}$

정리 3

만일 $u(x)$와 $v(x)$가 미분가능하다면 $\dfrac{d(u(x)+v(x))}{dx}=\dfrac{du(x)}{dx}+\dfrac{dv(x)}{dx}$

다음의 예를 보자.

예 $f(x)=3x^2+\dfrac{2}{\sqrt{x}}$ 에 대해 $f'(x)$를 구하라.

풀이
$$f'(x)=(3x^2+2x^{-\frac{1}{2}})'=6x-x^{-\frac{3}{2}}$$
$$=6x-\frac{1}{\sqrt{x^3}}$$

5. 한계분석

미분을 활용한 유용한 분석으로 **한계분석**(marginal analysis)이 있다. 한계분석은 제품의 추가 생산 한 단위당 비용 및 수입을 조사함으로써 최적의 생산량을 찾는데 도움이 된다. 한계분석을 통해 한계비용(marginal cost)과 한계수입(marginal revenue)이 같아지는 점이 바로 최적 생산량이 된다. 이 외에도 한계분석은 가격 설정이나 영업 직원에 대한 인센티브 평가 등 유용하게 사용된다. 먼저 한계비용은 다음과 같이 정의된다.

한계분석

$$C'(x)=\lim_{\Delta x\to 0}\frac{\Delta C}{\Delta x}=\frac{dC}{dx}$$

한계비용

한계비용은 x를 아주 조금 증가시킬 때 비용이 얼마만큼 변하는 지를 보여준다. 한계수입도 다음과 같이 정의할 수 있다.

$$R'(x) = \lim_{\Delta x \to 0} \frac{\Delta R}{\Delta x} = \frac{dR}{dx}$$

한계이익

한계이익(marginal profit)이란 아래의 식처럼 한계수입에서 한계비용을 뺀 값이다. 왜냐하면 이익이 바로 수입에서 비용을 뺀 값이기 때문이다.

$$P'(x) = R'(x) - C'(x)$$

한계이익이 0이라는 것은 한계수입과 한계비용이 같아지는 점, 즉 x의 조그만 증가에 대해 늘어나는 수입과 비용이 같다는 것을 의미하므로 바로 이 지점에서 최대의 이익을 얻을 수 있다.

한계평균비용

참고로 **한계평균비용**(marginal average cost)은 다음과 같이 정의할 수 있다. 즉, 한계평균비용은 평균비용인 $\frac{C(x)}{x}$를 x에 대해 미분한 값이다.

$$\begin{aligned} \frac{d}{dx}\left(\frac{C(x)}{x}\right) &= \frac{xC'(x) - 1 \cdot C(x)}{x^2} \\ &= \frac{1}{x}\left[C'(x) - \frac{C(x)}{x}\right] \end{aligned}$$

이렇게 정리를 하고 보면 대괄호 속의 앞부분은 한계비용이고 뒷부분은 평균비용임을 알 수 있다.

다음의 예를 보자.

예 어떤 제품에 대한 수요방정식은 $p + 2x = 50$이고 비용함수는 $C(x) = 100 + 4x$이다. 60개를 생산해 판매하는 경우 한계이익을 구해보자.

풀이 $P(x) = R(x) - C(x) = px - (100 + 4x)$

$$= (50 - 2x)x - (100 + 4x) = -2x^2 + 46x - 100$$

$P'(x) = -4x + 46 +$

$P'(60) = -194 < 0 \rightarrow$ 이는 60에서 추가로 한 단위를 더 생산하면 이익이 감소함을 의미한다.

6. 곱과 몫의 도함수

두 함수의 곱과 몫에 대한 도함수(derivative of products and quotients)의 정리는 다음과 같다.

정리 1

$$\frac{d}{dx}(u \cdot v) = u \cdot \frac{dv}{dx} + v \cdot \frac{du}{dx} \quad \Leftrightarrow \quad (uv)' = uv' + vu'$$

정리 2

$$\frac{d}{dx}\left(\frac{u}{v}\right) = \frac{v \cdot \frac{du}{dx} - u \cdot \frac{dv}{dx}}{v^2} \quad \Leftrightarrow \quad \left(\frac{u}{v}\right)' = \frac{vu' - uv'}{v^2}$$

이것은 $\frac{u}{v} = uv^{-1}$으로 두고 앞의 정리 1을 적용하면 쉽게 알 수 있다.

즉, $\frac{d}{dx}\left(uv^{-1}\right) = u\frac{dv^{-1}}{dx} + v^{-1}\frac{du}{dx} = -uv^{-2}\frac{dv}{dx} + v^{-1}\frac{du}{dx}$

$= \frac{-u\frac{dv}{dx} + v\frac{du}{dx}}{v^2}$ 가 됨을 알 수 있다.

7. 연쇄법칙

연쇄법칙

연쇄법칙(chain rule)이란 아래 식처럼 y는 u의 함수이고 u가 다시 x의 함수일 때 y를 x에 대해 미분하기 위해 먼저 y를 u에 대해서 미분하고 다시 u를 x에 대해 미분하는 것을 말한다. 즉 y에서 x로 가기 위해 u를 거쳐 가는 것을 의미한다.

$$y = f(u) \quad u = g(x)$$

$(f \circ g)(x) = f[g(x)] = y$, 즉 y는 f와 g의 합성함수(composite function)이다. 이 경우 y의 x에 대한 미분은 다음과 같이 이루어진다.

$$\frac{dy}{dx} = \frac{dy}{du} \cdot \frac{du}{dx}$$

$y = (u(x))^n$ 에 대해 y'는 다음과 같다.

$$y' = nu^{n-1}\frac{du}{dx}$$

다음의 예를 보자.

예 제조업체의 비용함수가 $C(x) = 3 + 2e^{\frac{1}{5}x}$ 라고 하자. 여기서 x는 생산수준이다. 생산수준이 현재 10이고 연간 0.2의 비율로 증가한다면 생산비용이 연간 증가하는 비율을 구하라.

풀이 $\frac{dx}{dt} = 0.2,\ \frac{dC}{dx} = \frac{2}{5}e^{\frac{1}{5}x}$

$$\frac{dC}{dt} = \frac{dC}{dx} \times \frac{dx}{dt} = \frac{2}{5} \times e^{\frac{1}{5}x} \times 0.2$$

$x = 10$일 때 $\frac{dC}{dt} = \frac{2}{5} \times e^2 \times 0.2 = \frac{2}{25}e^2$

8. 지수함수와 로그함수에 대한 미분

지수함수와 로그함수에 대한 미분의 정의는 다음과 같다.

$$y = e^x \quad \rightarrow \quad \frac{dy}{dx} = e^x$$

$$y = e^{u(x)} \quad \rightarrow \quad y' = u'(x)e^{u(x)}$$

$$y = \ln x \quad \rightarrow \quad \frac{dy}{dx} = \frac{1}{x}$$

$$y = \ln u(x) \quad \rightarrow \quad y' = \frac{u'(x)}{u(x)}$$

이중 $y = e^x$의 미분이 $y' = e^x$인 것은 다음과 같이 증명할 수 있다.

$$\begin{aligned}
y' = f'(x) &= \lim_{h\to0}\frac{f(x+h)-f(x)}{h} \\
&= \lim_{h\to0}\frac{e^{x+h}-e^x}{h} \\
&= \lim_{h\to0}\frac{1}{h}e^x(e^h-1) \\
&= \lim_{h\to0}\frac{1}{h}e^x([(1+h)^{\frac{1}{h}}]^h-1) \quad (e=\lim_{h\to0}(1+h)^{\frac{1}{h}}\text{를 이용}) \\
&= \lim_{h\to0}\frac{1}{h}e^x([(1+h)-1] \\
&= \lim_{h\to0}\frac{1}{h}e^x h \\
&= \lim_{h\to0}e^x \\
&= e^x
\end{aligned}$$

이제 밑이 e가 아닌 경우의 지수함수와 로그함수 미분에 대해 알아보자. 밑이 e가 아닌 경우의 미분은 앞에서 배운 것처럼 밑을 먼저 e로 변환하고 나서 미분을 하면 된다. 왜냐하면 우리는 밑이 e인 경우의 미분만 배웠기 때문이다. 밑이 a인

지수함수의 경우 $a^x = e^{\ln a^x} = e^{x \ln a}$이므로 a^x의 미분은 $e^{x \ln a}$의 미분과 같다.

$$(a^x)' = (e^{x \ln a})' = e^{x \ln a} \cdot \ln a = a^x \ln a$$

로그의 경우도 밑이 a인 로그의 미분은 $\log_a x = \dfrac{\ln x}{\ln a}$ 이므로 $\log_a x$의 미분은 $\dfrac{\ln x}{\ln a}$의 미분과 같다.

$$(\log_a x)' = (\frac{\ln x}{\ln a})' = \frac{1}{\ln a} \cdot \frac{1}{x} = \frac{1}{x \ln a}$$

다음의 예를 보자.

예 $f(x) = (3e^{2x} + x^2)(3\ln x + x)$ 에 대해 $f'(x)$를 구하라.

풀이 $f'(x) = (6e^{2x} + 2x)(3\ln x + x) + (3e^{2x} + x^2)(\frac{3}{x} + 1)$

9. 삼각함수에 대한 미분

삼각함수 미분

이제 **삼각함수 미분**에 대해 알아보기로 하자. 먼저 기본 삼각함수에 대한 미분을 다음과 같이 나타낼 수 있다.

$f(x)$	$f'(x)$
$\sin x$	$\cos x$
$\cos x$	$-\sin x$
$\tan x$	$\sec^2 x$
$\cot x$	$-\csc^2 x$
$\sec x$	$\sec x \tan x$
$\csc x$	$-\csc x \cot x$

이는 앞의 삼각함수에서 배운 그림을 응용한 다음의 육각형 그림으로 이해할 수 있다.

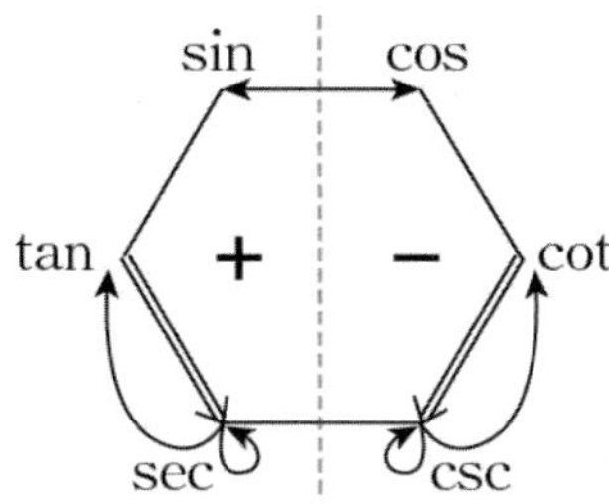

이 그림을 이용하려면 먼저 미분하려는 함수가 속해 있는 곳의 +, − 부호를 확인한다. 그리고 미분하려는 함수에서 시작하는 화살표 관련 함수를 모두 곱한다(이때 이중선은 제곱하라는 뜻으로 제곱하면 된다). 이 과정을 위의 그림으로 예를 들어 보이면 다음과 같다.

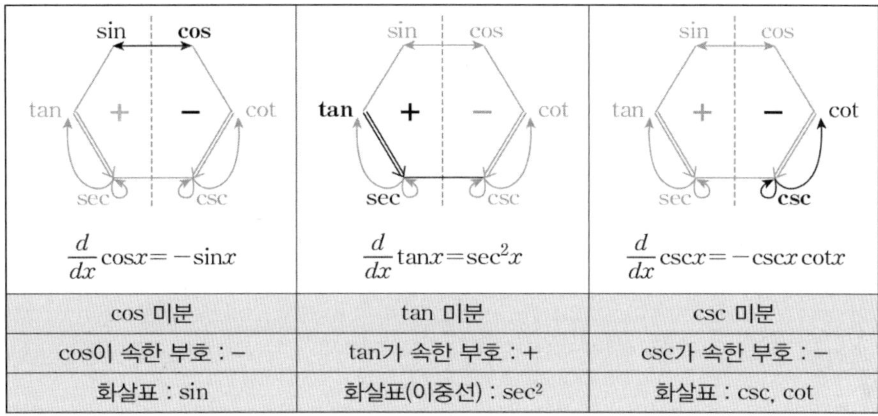

$\frac{d}{dx}\cos x = -\sin x$	$\frac{d}{dx}\tan x = \sec^2 x$	$\frac{d}{dx}\csc x = -\csc x \cot x$
cos 미분	tan 미분	csc 미분
cos이 속한 부호 : −	tan가 속한 부호 : +	csc가 속한 부호 : −
화살표 : sin	화살표(이중선) : $\sec^2$	화살표 : csc, cot

이를 이용해 위의 삼각함수에 대한 미분공식을 쉽게 기억할 수 있을 것이다.

예 $x = a(t - \sin t), y = a(1 - \cos t)$ 일 때 $\frac{dy}{dx}$를 구해보라.

풀이 $\frac{dy}{dx} = \frac{dy}{dt}\frac{dt}{dx} = \frac{\frac{dy}{dt}}{\frac{dx}{dt}}$ 인데

$\frac{dy}{dt} = a\sin t$ 이고 $\frac{dx}{dt} = a(1 - \cos t)$ 이므로 구하고자 하는 답은

$\frac{dy}{dx} = \frac{a\sin t}{a(1 - \cos t)} = \frac{\sin t}{1 - \cos t}$ 이다.

10. 테일러 급수

함수 $y=f(x)$가 $x=a$에서 한없이 미분가능한 경우, 다음과 같은 무한급수

$$f(x)=f(a)+f'(a)(x-a)+\frac{1}{2!}f''(a)(x-a)^2+\cdots$$
$$+\frac{f^{(n)}(a)}{n!}(x-a)^n+\cdots$$

테일러 급수

매클로린 급수

를 얻는데, 이를 $x=a$에서 함수 $y=f(x)$의 **테일러 급수**라고 한다.

테일러 급수는 다항식이 아닌 로그함수와 지수함수 그리고 삼각함수를 다항식으로 바꾸어주므로 아주 유용하다. 그리고 $a=0$일 때의 테일러 급수를 **매클로린 급수**(Maclaurin series)라고 한다.

이제 테일러 급수를 이용해 e의 값을 구해보자. 지수함수 e^x는 다음과 같이 나타낼 수 있다($a=0$으로 두고 각자 테일러 급수를 이용해 확인해보라).

$$e^x=1+x+\frac{1}{2!}x^2+\frac{1}{3!}x^3+\cdots$$

여기서 $x=1$을 대입하면

$$e^1=1+1+\frac{1}{2!}+\frac{1}{3!}+\cdots$$
$$=2+\frac{1}{2}+\frac{1}{6}+\cdots$$
$$=2.71828\cdots$$

이다. 즉 $e=2.71828\cdots$이 된다.

이제 삼각함수인 $y=\sin x$에 대해 테일러 급수를 적용해 보면 다음과 같다(이것도 $a=0$으로 두고 각자 테일러 급수를 이용해 확인해 보라).

$$\sin x=x-\frac{x^3}{3!}+\frac{x^5}{5!}-\frac{x^7}{7!}+\cdots$$

테일러 급수를 이용하면 다음의 극한도 쉽게 알 수 있다.

$$\lim_{x\to0}\frac{\sin x}{x}=1$$

이는 $\sin x$에 대한 테일러 급수를 이용하면 아래와 같이 확인할 수 있다.

$$\lim_{x\to0}\frac{\sin x}{x}=\lim_{x\to0}\frac{x-\frac{x^3}{3!}+\frac{x^5}{5!}-\cdots}{x}=1$$

예 $\lim_{x\to0}\frac{\tan x}{x}$ 를 구하라.

풀이 테일러 급수를 이용해 $\tan x$ 를 먼저 구한다. $a=0$ 으로 두고 테일러 급수를 다음과 같이 적을 수 있다.

$$f(0)+f'(0)x+\frac{f''(0)}{2!}x^2+\frac{f^{(3)}(0)}{3!}x^3+$$

여기서 $f(0)=\tan0=0$, $f'(0)=\sec^2(0)=\frac{1}{\cos^2(0)}=1$,

$f''(0)=2\cos^{-3}(0)\sin(0)=0,$

$f^{(3)}(0)=-6\cos^{-4}(0)\sin(0)+2\cos^{-2}(0)=2$

따라서 $\tan x=x+\frac{1}{3}x^3+\cdots$ 로 표시되고 우리가 구하고자 하는 값은

$\lim_{x\to0}\frac{\tan x}{x}=\lim_{x\to0}(1+\frac{1}{3}x^2+\cdots)=1$ 이 된다.

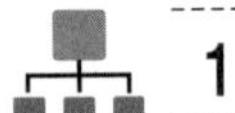

11. 고차도함수

고차도함수

$y=f(x)$ 에 대해 **고차도함수**(higher derivative)를 다음과 같이 나타낸다.

x에 대한 y의 1차 도함수는

$$\frac{dy}{dx}=f'(x)$$

로, x에 대한 y의 2차 도함수는

$$\frac{d^2y}{dx^2}=\frac{d}{dx}\left(\frac{dy}{dx}\right)=f''(x)$$

로, 계속해 x에 대한 y의 n차 도함수는

$$\frac{d^ny}{dx^n}=f^{(n)}(x)$$

로 나타낸다.

다음의 예를 보자.

예 $2x^4-3x^3+5x-7$ 에 대해 가능한 고차도함수를 구하라.

풀이
$$\frac{dy}{dx}=8x^3-9x^2+5$$

$$\frac{d^2y}{dx^2}=24x^2-18x$$

$$\frac{d^3y}{dx^3}=48x-18$$

$$\frac{d^4y}{dx^4}=48$$

$$\frac{d^5y}{dx^5}=0$$

12. 편미분

편미분(partial differentiation)이란 변수가 여러 개 있을 때 미분하려는 변수 이외에는 상수로 간주하여 미분하는 것을 말하며 미분기호로는 예를 들어 $z=f(x, y)$를 x에 대해 편미분하는 경우 $\frac{\partial z}{\partial x}$로 y에 대해 편미분하는 경우는 $\frac{\partial z}{\partial y}$로 적는다. 다음의 예를 보면 이를 알 수 있다.

편미분

예 $z=(x^2+3y^3)e^{2x}$에 대해 편미분 $\frac{\partial z}{\partial x}$와 $\frac{\partial z}{\partial y}$를 구하라.

풀이 $\frac{\partial z}{\partial x}=(2x)e^{2x}+(x^2+3y^3)(2e^{2x})=2e^{2x}(x+x^2+3y^3)$

$\frac{\partial z}{\partial y}=9y^2e^{2x}$

13. 2차 도함수와 함수의 오목성

앞에서 간단히 설명하였듯이 **2차 도함수**는 함수가 특정 값에서 최대 또는 최솟값을 갖는지를 파악하는데 도움이 된다. 앞에서 살펴본 $y=x^2$의 경우 2차 도함수는 2로 양수 값을 가져 위로 오목한(concave upward) 형태를 띠고 $y=-x^2$의 경우는 2차 도함수가 -2로 음수 값을 가져 아래로 오목한(concave downward) 형태를 띤다. 이를 이용해 주어진 함수의 그래프를 그릴 수가 있다. 다음 예를 통해 이를 살펴보자. 참고로 위로 오목한 경우를 convex 그리고 아래로 오목한 경우를 concave로 표기한 책들도 있다.

2차 도함수

예 $y=x^4-\frac{7}{3}x^3+2x^2$의 함수를 그려보라.

풀이 $y'=4x^3-7x^2+4x=x(4x^2-7x+4)=0$

따라서 $x=0$이다. 왜냐하면 뒷부분인

$4x^2-7x+4=4(x-\frac{7}{8})^2+\frac{15}{16}$ 은 항상 양수이기 때문이다.

$$y''=12x^2-14x+4=2(6x^2-7x+2)$$
$$=2(2x-1)(3x-2)=0,\ \text{즉}\ x=\frac{1}{2}\ \text{또는}\ x=\frac{2}{3}$$

$x<\frac{1}{2}$ 또는 $x>\frac{2}{3}$ 의 경우 $y''>0$, 즉 위로 오목이고

$\frac{1}{2}<x<\frac{2}{3}$의 경우는 $y''<0$, 즉 아래로 오목이다.

이는 아래의 그림을 이용하면 쉽게 이해가 된다. y''의 경우 최고차항이 양수인 2차식으로 위로 오목 형태이고 $x=\frac{1}{2}$와 $x=\frac{2}{3}$에서는 0이므로 다음의 그림을 생각할 수 있고 따라서 해당 범위에 대해 y''의 부호를 알 수 있다.

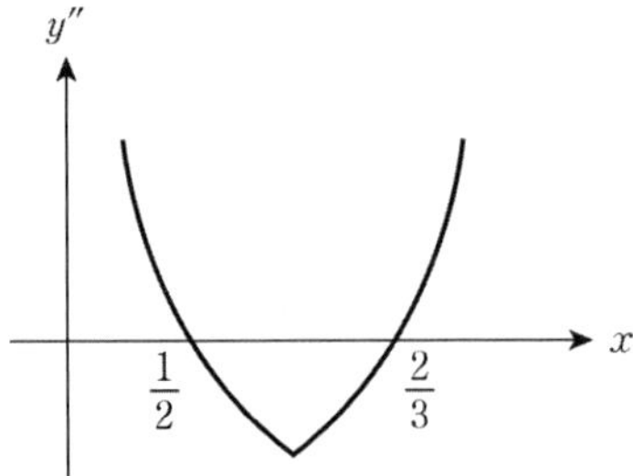

이상 설명한 y, y', y''에 대해 아래와 같이 표로 나타낼 수 있다.

구간	$(-\infty,0)$	$(0,\frac{1}{2})$	$(\frac{1}{2},\frac{2}{3})$	$(\frac{2}{3},+\infty)$
y'	−	+	+	+
y''	+	+	−	+
오목성	∪	∪	∩	∪

이 표와 $y\Big|_{x=\frac{1}{2}}=\dfrac{13}{48}$과 $y\Big|_{x=\frac{2}{3}}=\dfrac{32}{81}$을 이용해 y의 그래프를 그리면 다음과 같다.

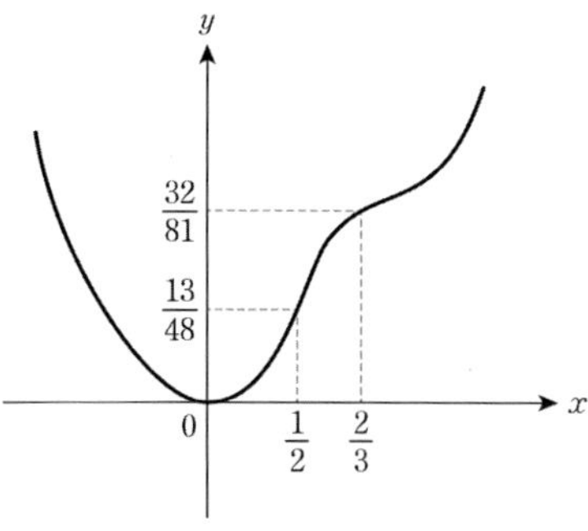

14. 함수의 극대와 극소

이제 함수의 극대와 극소에 대해 살펴보자. 먼저 다음의 함수를 고려해 보자.

$$y=\frac{x}{2x^2+1}=x(2x^2+1)^{-1}$$

$$y'=(2x^2+1)^{-1}-4x(2x^2+1)^{-2}\cdot x$$

$$=\frac{(2x^2+1)-4x^2}{(2x^2+1)^2}$$

$$=\frac{-2x^2+1}{(2x^2+1)^2}$$

$$=0 \quad\rightarrow\quad x=\pm\frac{\sqrt{2}}{2}$$

$y'=(-2x^2+1)(2x^2+1)^{-2}$로 쓸 수 있으므로

$$y''=-4x(2x^2+1)^{-2}-8x(2x^2+1)^{-3}(-2x^2+1)$$

$$=\frac{-4x(2x^2+1)-8x(-2x^2+1)}{(2x^2+1)^3}$$

$$= \frac{8x^3 - 12x}{(2x^2+1)^3}$$

$$= \frac{4x(2x^2-3)}{(2x^2+1)^3}$$

$$= 0 \quad \rightarrow \quad x = 0, \quad x = \pm \frac{\sqrt{6}}{2}$$

앞에서와 같이 y', y''를 0으로 하는 값을 중심으로 다음과 같이 표를 만들 수 있다.

구간	$(-\infty, -\frac{\sqrt{6}}{2})$	$(-\frac{\sqrt{6}}{2}, -\frac{\sqrt{2}}{2})$	$(-\frac{\sqrt{2}}{2}, 0)$	$(0, \frac{\sqrt{2}}{2})$	$(\frac{\sqrt{2}}{2}, \frac{\sqrt{6}}{2})$	$(\frac{\sqrt{6}}{2}, \infty)$
y'	−	−	+	+	−	−
y''	−	+	+	−	−	+
오목성	∩	∪	∪	∩	∩	∪

$$y\Big|_{x=-\frac{\sqrt{6}}{2}} = -\frac{\sqrt{6}}{8}$$

$$y\Big|_{x=-\frac{\sqrt{2}}{2}} = -\frac{\sqrt{2}}{4}$$

$$y\Big|_{x=0} = 0$$

$$y\Big|_{x=\frac{\sqrt{2}}{2}} = \frac{\sqrt{2}}{4}$$

$$y\Big|_{x=\frac{\sqrt{6}}{2}} = \frac{\sqrt{6}}{8}$$

지금까지의 내용을 종합해 그래프를 그리면 다음과 같다.

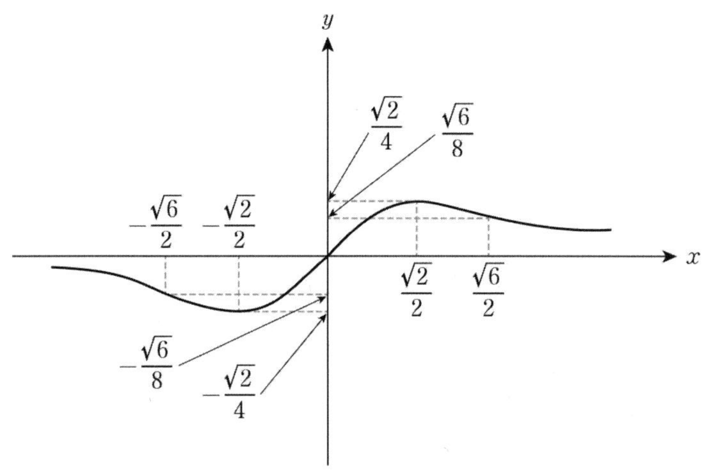

15. 전체의 최소, 최대

이 경우는 앞의 예와는 달리 x의 구간이 정해져 있어 x의 구간을 고려하지 않았을 때 얻었던 최소 또는 최댓값이 정해진 x 구간 안에 있을 수도 있고 없을 수도 있다. 따라서 x의 구간 내에서 최솟값과 최댓값을 구하기 위해서는 x에 주어진 구간의 끝 점에 대응되는 값들도 고려해야 한다. 앞의 예를 다시 고려해 보자. 참고로 앞의 예와의 차이는 x의 범위가 주어져 있다는 것이다.

예 $y=\dfrac{x}{2x^2+1}$, $-\dfrac{1}{2}<x<\dfrac{3}{2}$에 대해 y의 최댓값과 최솟값을 구하라.

풀이 이 경우 앞의 예에서 극대값은 $x=\dfrac{\sqrt{2}}{2}$에서의 $\dfrac{\sqrt{2}}{4}$이고 극소값은 $x=-\dfrac{\sqrt{2}}{2}$에서의 $-\dfrac{\sqrt{2}}{4}$이다. 이제 전체의 최댓값과 최솟값을 구하기 위해서 x의 구간의 양 끝인 $x=-\dfrac{1}{2}$과 $x=\dfrac{3}{2}$에 대응되는 y의 값도 고려해야 한다. 이 값은 계산하면 다음과 같다.

$$y\Big|_{x=-\frac{1}{2}}=-\frac{1}{3}$$

$$y\Big|_{x=\frac{3}{2}}=\frac{3}{11}$$

이제 구한 모든 값을 고려해 그래프를 그리면 다음과 같다.

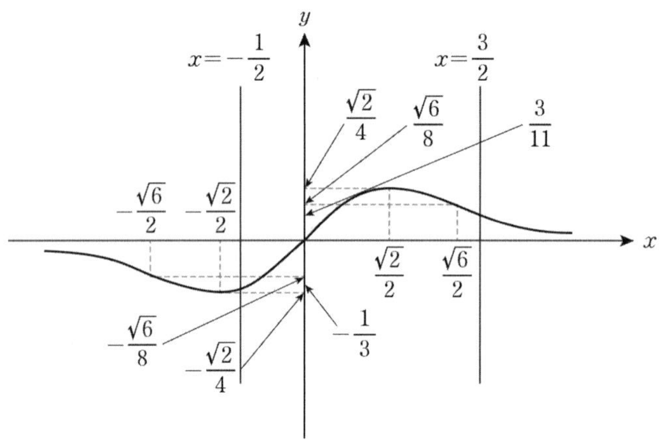

그림에서 보듯이 x가 취하는 구간을 고려하면 최댓값은 앞의 예의 극대값인 $\frac{\sqrt{2}}{4}$로 같지만 최솟값은 앞의 예의 극소값인 $-\frac{\sqrt{2}}{4}$가 아니라 $x=-\frac{1}{2}$에서의 y값인 $-\frac{1}{3}$이 된다. 즉, x의 구간을 고려한 전체의 최댓값(absolute maximum)은 $\frac{\sqrt{2}}{4}$이고 전체의 최솟값(absolute minimum)은 $-\frac{1}{3}$이다.

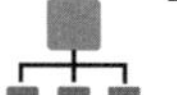

16. 회귀분석

이제 미분을 응용한 회귀분석에 대해 설명하고자 한다. **회귀분석**은 아래 그림에서 보듯이 독립변수인 x(여기서는 독립변수가 하나인 단순선형회귀에 대해 설명하고자 함)의 값의 변화에 따라 y의 값을 예측하는 것이다. 회귀분석의 예로 독립변수는 광고비, 종속변수는 매출액을 생각할 수 있다. 회귀분석에서는 독립변수와 종속변수에 대해 주어진 관찰치들을 가지고 직선(독립변수가 1개인 경우는 직선으로 표시됨) $\hat{y}=a+bx$ 을 추정하는 것이다. 회귀분석

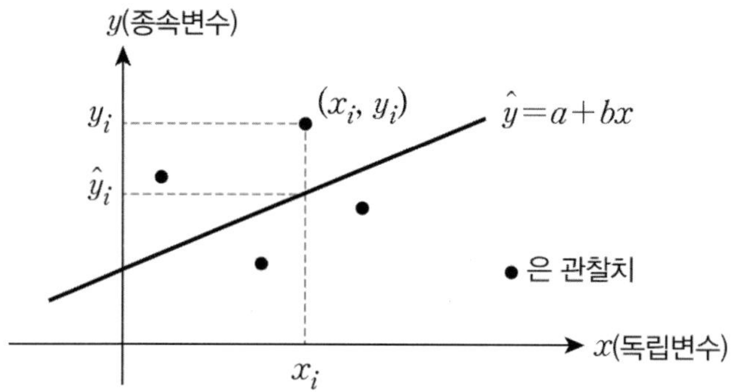

참고로 위의 그림에서 •로 표시된 값들은 관찰치들이다. 이제 직선을 추정하는 법을 설명하고자 한다. 직선을 추정하기 위해 우리는 절편 a와 기울기 b를 구해야 한다. 이제 a와 b를 어떻게 구할 것인가? 이는 한 점 x_i에서의 관찰치(x_i, y_i)와 추정치$(x_i, \hat{y}_i)$의 차이를 $y_i-\hat{y}_i$라 할 때 모든 점에서 이를 고려한 차이를 최소화하는 즉, 다음 식으로 표시된 S를 최소화하는 a와 b를 찾는 것이다.

$$S=\sum_{i=1}^{n}(y_i-\hat{y}_i)^2=\sum_{i=1}^{n}(y_i-a-bx_i)^2$$

이는 결국 S를 a와 b에 대해 편미분한 아래의 연립방정식 ①과 ②를 푸는 것을 필요로 한다.

$$\frac{\partial S}{\partial a}=-2\sum_{i=1}^{n}(y_i-a-bx_i)=0 \;\cdots\cdots\; ①$$

$$\frac{\partial S}{\partial b} = -2\sum_{i=1}^{n} x_i(y_i - a - bx_i) = 0 \ \cdots \ ②$$

이를 푸는 방법은 다음과 같다. 먼저 ①에서 양변을 -2로 나누고 전개하면 $\sum y_i - an - b\sum x_i = 0$이 된다. 이를 ①′라고 하자.

②에서 양변을 -2로 나누고 전개하면 $\sum x_i y_i - a\sum x_i - b\sum {x_i}^2 = 0$이 되는데 이를 ②′라고 하자.

①′에서 변수 a와 b가 포함된 것은 왼편에 상수항은 오른편에 정리하면 $an + b\sum x_i = \sum y_i$가 되는데 이를 ①′′라고 하자.

②′에서도 변수는 왼편에 상수는 오른편에 정리하면 $a\sum x_i + b\sum {x_i}^2 = \sum x_i y_i$가 되는데 이를 ②′′라고 하자.

이제 b를 구하기 위해 연립방정식에서 a를 소거해야 한다. 소거를 위해 ①′′에는 $\sum x_i$를 곱하고 ②′′에는 n을 곱한 후 아래와 같이 위에서 아래 식을 빼면 b에 대한 식을 얻게 된다.

$$①'' \times \sum x_i \rightarrow an\sum x_i + b(\sum x_i)^2 = \sum x_i \sum y_i \ \cdots \ ①'''$$

$$②'' \times n \quad \rightarrow an\sum x_i + bn\sum x_i^2 = n\sum x_i y_i \ \cdots\cdots\cdots \ ②'''$$

$$①''' - ②''' \rightarrow (b(\sum x_i)^2 - n\sum {x_i}^2) = \sum x_i \sum y_i - n\sum x_i y_i$$

따라서

$$b = \frac{\sum x_i \sum y_i - n\sum x_i y_i}{(\sum x_i)^2 - n\sum x_i^2} = \frac{n\sum x_i y_i - \sum x_i \sum y_i}{n\sum x_i^2 - (\sum x_i)^2} = \frac{\sum x_i y_i - n\bar{x}\bar{y}}{\sum x_i^2 - n\bar{x}^2}$$

b에 대한 식은 위와 같이 여러 형태로 표시된다(실제 책마다 다른 방식으로 표시되어 있다). 첫 번째에서 두 번째 식으로의 변환은 분자, 분모에 -1을 곱하면 되고, 두 번째 식에서 세 번째 식으로의 변환은 $\bar{x} = \frac{\sum x_i}{n}$과 $\bar{y} = \frac{\sum y_i}{n}$을 이용하면 된다.

이제 a를 구하기 위해 주어진 직선을 $a = \hat{y} - bx$와 같이 나타낼 수 있다. 이

식의 양변을 모든 관찰치들에 대해 더하고 n으로 나누면 $a = \bar{y} - b\bar{x}$ 가 되는데 이것으로 a를 구할 수 있다.

위에서 구한 a와 b를 행렬을 이용해 다음과 같이 구할 수도 있다. 위의 ①′′와 ②′′를 아래와 같이 다시 적어보자.

$$an + b\sum x_i = \sum y_i$$
$$a\sum x_i + b\sum {x_i}^2 = \sum x_i y_i$$

이를 행렬로 나타내면 다음과 같다.

$$\begin{bmatrix} n & \sum x_i \\ \sum x_i & \sum {x_i}^2 \end{bmatrix} \begin{bmatrix} a \\ b \end{bmatrix} = \begin{bmatrix} \sum y_i \\ \sum x_i y_i \end{bmatrix}$$

이는 $Ax = b$의 형태와 같다. 이를 편의상 첨자를 없애고 다음과 같이 간략히 쓸 수 있다.

$$\begin{bmatrix} n & \sum x \\ \sum x & \sum x^2 \end{bmatrix} \begin{bmatrix} a \\ b \end{bmatrix} = \begin{bmatrix} \sum y \\ \sum xy \end{bmatrix}$$

$A^{-1} = \dfrac{adjA}{|A|}$ 를 아래와 같이 구하고 $x = A^{-1}b$로 해를 구하면 위와 같은 해를 구할 수 있다.

먼저 행렬에서 배운 것처럼 여인수 A_{ij}를 다음과 같이 구한다.

$$A_{11} = (-1)^{1+1}M_{11} = \sum x^2 \qquad A_{12} = (-1)^{1+2}M_{12} = -\sum x$$
$$A_{21} = (-1)^{2+1}M_{21} = -\sum x \qquad A_{22} = (-1)^{2+2}M_{22} = n$$

그리고 수반행렬 $adj(A)$ 를 여인수행렬의 전치행렬로 다음과 같이 구할 수 있다.

$$adjA = [A_{ij}]^T = \begin{bmatrix} \sum x^2 & -\sum x \\ -\sum x & n \end{bmatrix}$$

그리고 행렬식은 다음과 같이 구한다.

$$|A|=n\sum x^2-(\sum x)^2$$

이제 수반행렬과 행렬식을 이용해 A의 역행렬을 다음과 같이 구한다.

$$A^{-1}=\frac{\begin{bmatrix}\sum x^2 & -\sum x \\ -\sum x & n\end{bmatrix}}{n\sum x^2-(\sum x)^2}$$

따라서 우리가 구하고자 하는 a와 b는 다음과 같다.

$$\begin{bmatrix}a \\ b\end{bmatrix}=A^{-1}\begin{bmatrix}\sum y \\ \sum xy\end{bmatrix}=\frac{\begin{bmatrix}\sum x^2\sum y-\sum x\sum xy \\ -\sum x\sum y+n\sum xy\end{bmatrix}}{n\sum x^2-(\sum x)^2}$$

여기서 b의 값을 보면 앞에서 구한 b의 표현 중 두 번째 표현과 같음을 알 수 있다.

다중회귀
회귀평면

이제 **다중회귀**를 설명하고자 한다. 다중회귀는 독립변수가 최소한 2개 이상인 회귀모형을 말한다. 여기서는 독립변수가 2개인 경우에 대해 설명하고자 한다. 독립변수가 두 개인 경우는 다음과 같이 •로 표시된 관찰치들을 잘 나타내는 회귀평면을 구하여야 한다. **회귀평면**은 다음과 같이 주어진다.

$$\hat{y}=a+b_1x_1+b_2x_2$$

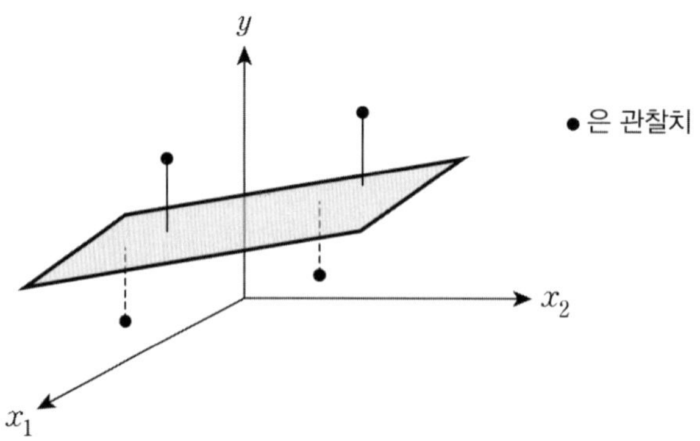

앞과 같이 다음의 S를 최소화하는 a와 b_1과 b_2를 구하기 위해 다음과 같이 a, b_1과 b_2 각각에 대한 편미분을 0으로 하는 a, b_1과 b_2를 구해야 한다.

$$S=\sum(y_i-\hat{y}_i)^2=\sum(y_i-a-b_1x_{1i}-b_2x_{2i})^2$$

$$\frac{\partial S}{\partial a}=-2\sum(y_i-a-b_1x_{1i}-b_2x_{2i})=0$$

$$\frac{\partial S}{\partial b_1}=-2\sum x_{1i}(y_i-a-b_1x_{1i}-b_2x_{2i})=0$$

$$\frac{\partial S}{\partial b_2}=-2\sum x_{2i}(y_i-a-b_1x_{1i}-b_2x_{2i})=0$$

위의 세 편미분이 0을 만족하는 a, b_1, b_2를 다음과 같이 행렬을 이용해서 구할 수도 있다.

$$\begin{bmatrix} n & \sum x_1 & \sum x_2 \\ \sum x_1 & \sum {x_1}^2 & \sum x_1x_2 \\ \sum x_2 & \sum x_1x_2 & \sum {x_2}^2 \end{bmatrix}\begin{bmatrix} a \\ b_1 \\ b_2 \end{bmatrix}=\begin{bmatrix} \sum y \\ \sum x_1y \\ \sum x_2y \end{bmatrix}$$

이 행렬식도 $Ax=b$의 형태로서 A에 대한 역행렬만 구하면 해를 쉽게 구할 수 있다.

다음의 예를 보자.

예 성장기업은 월 매출액(단위: 천만원)과 월 광고비(단위: 천만원)가 대략 선형으로 관계되어 있다고 생각한다. 이 기업에 대한 지난 10개월의 자료가 다음과 같이 주어져 있을 때 회귀직선을 구하고 $x=13$일 때의 y의 예측값을 구하라.

월	광고비	매출액
1	3	40
2	4	50
3	5	45
4	4	45
5	5	50
6	6	55
7	7	70
8	8	85
9	12	100
10	13	115

풀이 기울기 추정치는

$$b = \frac{\sum x_i y_i - n\bar{x}\bar{y}}{\sum x_i^2 - n\bar{x}^2} = \frac{5170 - 10(6.7)(65.5)}{553 - 10(6.7)^2}$$

$$= 7.5072$$

이고, 절편은

$$a = \bar{y} - b\bar{x} = 65.5 - (7.5072)(6.7)$$

$$= 15.2017$$

이다. 따라서 표본회귀방정식은

$$\hat{y}_i = 15.2017 + 7.5072x_i$$

이다.

위의 설명에 따라 행렬을 이용해 회귀직선을 구할 수도 있다(각자 확인해 보기 바란다). $x = 13$일 때의 y의 값은 다음과 같이 구할 수 있다.

$$\hat{y}_i = 15.2017 + 7.5072(13) = 112.80$$

요약

1) 증분

x에서의 값의 변화를 x에서의 증분이라 하고 Δx로 나타내며 y에서의 값의 변화를 y에서의 증분이라 하고 Δy로 나타낸다.

$$\Delta y = f(x+\Delta x) - f(x)$$

x에 대한 y의 평균변화율은 $\dfrac{\Delta y}{\Delta x} = \dfrac{f(x+\Delta x)-f(x)}{\Delta x}$ 이다.

2) 극한

극한은 $\lim\limits_{\Delta x \to 0} \dfrac{\Delta y}{\Delta x}$이다.

- 연속의 정의

  ① 함수 $f(c)$가 정의되고

  ② $\lim\limits_{x \to c} f(x)$가 존재하고

  ③ $f(c) = \lim\limits_{x \to c} f(x)$ 이면

  함수 $f(x)$는 $x = c$에서 연속이라고 한다.

- 로피탈 정리는 극한값의 계산에서 사용되는 정리로서 분자와 분모의 극한값이 모두 0으로 가까이 가거나 무한대로 가까이 갈 때 또는 이러한 꼴의 변형된 수식으로 표현될 수 있는 경우에 분모와 분자의 각각의 도함수의 극한과 원래의 극한값이 같다는 것이다.

3) 도함수

$y = f(x)$에 대해 x에 대한 y의 도함수는 다음과 같이 정의된다.

$$\frac{dy}{dx} = \lim_{\Delta x \to 0} \frac{f(x+\Delta x)-f(x)}{\Delta x}$$

도함수 $\frac{dy}{dx}$의 의미는 주어진 값에서의 순간기울기이다.

4) 멱함수의 도함수

멱함수의 도함수에 대한 일반공식은 다음과 같다.

$$y = x^n \rightarrow \frac{dy}{dx} = nx^{n-1}$$

5) 한계분석

- 한계분석을 통해 한계비용과 한계수입이 같아지는 점이 바로 최적생산량이다.
- 한계이익이란 아래의 식처럼 한계수입에서 한계비용을 뺀 값이다.

$$P'(x) = R'(x) - C'(x)$$

한계이익이 0이라는 것은 한계수입과 한계비용이 같아지는 점, 즉 x의 조그만 증가에 대해 늘어나는 수입과 비용이 같다는 것을 의미하므로 바로 이 지점에서 최대의 이익을 얻을 수 있다.

6) 곱과 몫의 도함수

두 함수의 곱과 몫에 대한 도함수는 다음과 같다.

$$\frac{d}{dx}(u \cdot v) = u \cdot \frac{dv}{dx} + v \cdot \frac{du}{dx}$$

$$\frac{d}{dx}\left(\frac{u}{v}\right) = \frac{v \cdot \frac{du}{dx} - u \cdot \frac{dv}{dx}}{v^2}$$

7) 연쇄법칙

$$y = f(u) \quad u = g(x)$$

$(f \circ g)(x) = f[g(x)] = y$, 즉 y는 f와 g의 합성함수이다. 이 경우 y의 x에 대한 미분은 다음과 같이 이루어진다.

$$\frac{dy}{dx} = \frac{dy}{du} \cdot \frac{du}{dx}$$

8) 지수함수와 로그함수에 대한 미분

$$y=e^x \quad \rightarrow \quad \frac{dy}{dx}=e^x$$

$$y=e^{u(x)} \quad \rightarrow \quad y'=u'(x)e^{u(x)}$$

$$y=\ln x \quad \rightarrow \quad \frac{dy}{dx}=\frac{1}{x}$$

$$y=\ln u(x) \quad \rightarrow \quad y'=\frac{u'(x)}{u(x)}$$

$$(a^x)'=a^x \ln a$$

$$(\log_a x)'=\frac{1}{x\ln a}$$

9) 삼각함수에 대한 미분

기본 삼각함수에 대한 미분은 다음과 같다.

$f(x)$	$f'(x)$
$\sin x$	$\cos x$
$\cos x$	$-\sin x$
$\tan x$	$\sec^2 x$
$\cot x$	$-\csc^2 x$
$\sec x$	$\sec x \tan x$
$\csc x$	$-\csc x \cot x$

이는 앞의 삼각함수에서 배운 그림을 응용한 다음의 육각형 그림으로 이해할 수 있다.

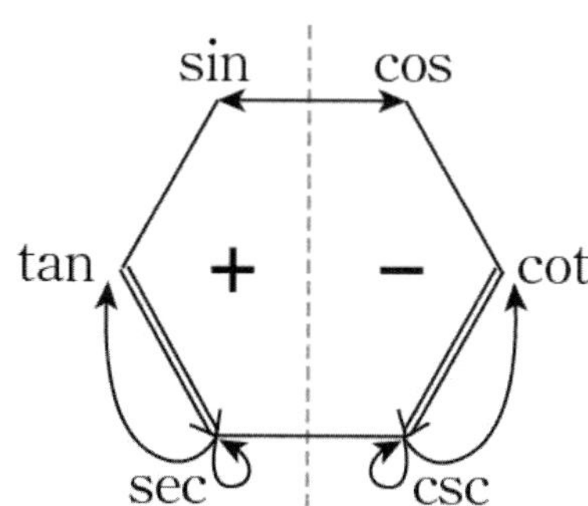

이 그림에서 먼저 미분하려는 함수가 속해 있는 곳의 +, - 부호를 확인한다. 그리고 미분하려는 함수에서 시작하는 화살표 관련 함수를 모두 곱한다(이때 이중선은 제곱하라는 뜻으로 제곱하면 된다).

10) 테일러 급수

테일러 급수는 다항식이 아닌 초월함수를 다항식으로 바꾸어주므로 유용한데 이는 다음과 같이 표현된다.

$$f(x) = f(a) + f'(a)(x-a) + \frac{1}{2!}f''(a)(x-a)^2 + \frac{1}{3!}f'''(a)(x-a)^3 + \cdots$$

a=0일 때의 테일러 급수를 맥클로린 급수라 한다.

11) 고차도함수

x에 대한 y의 n차 도함수는 $\frac{d^n y}{dx^n} = f^{(n)}(x)$로 나타낸다.

12) 편미분

편미분이란 변수가 여러 개 있을 때 미분하려는 변수 이외에는 상수로 간주하여 미분하는 것을 말하며 미분기호로는 예를 들어 $z = f(x, y)$를 x에 대해 편미분하는 경우는 $\frac{\partial z}{\partial x}$로 y에 대해 편미분하는 경우는 $\frac{\partial z}{\partial y}$로 적는다.

13) 2차 도함수와 함수의 오목성

2차 도함수는 함수가 특정 값에서 최대 또는 최솟값을 갖는지를 파악하는데 도움이 된다.

$y = x^2$의 경우 2차 도함수는 2로 양수 값을 가져 위로 오목한 형태를 띠고 $y = -x^2$의 경우는 2차 도함수가 -2로 음수 값을 가져 아래로 오목한 형태를 띤다. 이를 이용해 주어진 함수의 그래프를 그릴 수가 있다.

14) 함수의 극대와 극소

함수의 극대와 극소를 살펴보기 위해 $y' = 0$과 $y'' = 0$ 인 점을 중심으로 구간별 y', y''와 오목성 (y''가 −이면 ∩, +이면 ∪로 나타냄) 표를 만들면 도움이 된다.

15) 전체의 최소, 최대

x의 주어진 구간 내에서 최솟값과 최댓값을 구하기 위해서 x에 주어진 구간의 끝 점에 대응하는 값들도 고려해야 한다.

16) 회귀분석

회귀분석은 독립변수인 x(여기서는 독립변수가 하나인 단순회귀 모형에 대해 설명)의 값의 변화에 따라 y의 값을 예측하는 것이다.

단순선형회귀에서는 다음 식으로 표시된 S를 최소화하는 a와 b를 찾는 것이다.

$$S = \sum_{i=1}^{n}(y_i - \hat{y}_i)^2 = \sum_{i=1}^{n}(y_i - a - bx_i)^2$$

이는 결국 S를 a와 b에 대해 편미분한 아래의 연립방정식 ①과 ②를 푸는 것을 필요로 한다.

$$\frac{\partial S}{\partial a} = -2\sum_{i=1}^{n}(y_i - a - bx_i) = 0 \quad \cdots\cdots ①$$

$$\frac{\partial S}{\partial b} = -2\sum_{i=1}^{n}x_i(y_i - a - bx_i) = 0 \quad \cdots ②$$

결과

$$b = \frac{\sum x_i \sum y_i - n\sum x_i y_i}{(\sum x_i)^2 - n\sum x_i^2} = \frac{n\sum x_i y_i - \sum x_i \sum y_i}{n\sum x_i^2 - (\sum x_i)^2} = \frac{\sum x_i y_i - n\bar{x}\bar{y}}{\sum x_i^2 - n\bar{x}^2}$$

$$a = \bar{y} - b\bar{x}$$

로 구한다.

연습문제

1. 연속의 정의에 대해 설명하라.

2. 로피탈 정리에 대해 설명하라.

3. 아래의 함수에 대해 $\lim_{x \to 2} f(x)$을 구하라.

$$f(x) = \begin{cases} \dfrac{x^2 - 3x + 2}{x^2 - 4} & (x \neq 2) \\ 0 & (x = 2) \end{cases}$$

4. 세계전자가 제품 x대를 생산하는 비용은 $C(x) = 4x + 2$이다. 그리고 제품에 대한 수요함수는 $p + 4x = 52$이다. 이 때 세계전자가 제품 100개를 생산해 판매하는 경우의 한계이익을 구하라.

5. 고려전자의 이익함수가 $p(x) = 0.6 + e^{\frac{1}{5}x}$이라고 하자. 여기서 x는 혁신능력을 말한다. 혁신능력이 현재 20이고 연간 0.1의 비율로 증가한다면 이익함수가 연간 증가하는 비율을 구하라.

6. $f(x) = (2e^{4x} + \ln x)(3x^2 + x)$ 에 대해 $f'(x)$를 구하라.

7. $\lim_{x \to 0} \dfrac{\sin x - x \cos x}{\sin^3 x}$를 구하라.

8. $x=\sin t,\ y=\cos t+1$일 때 $\dfrac{dy}{dx}$를 구하라.

9. $z=(2x^2+y^3)e^{2x}$에 대해 편미분 $\dfrac{\partial z}{\partial x}$와 $\dfrac{\partial z}{\partial y}$를 구하라.

10. 일주일에 x개의 신제품을 생산하는 A 공장의 비용함수는 $C(x)=195x^2+300$이고 수입함수는 $R(x)=10x^3+900x$이다. 단, x는 최대 10개까지 생산이 가능하다. 이 공장이 최대의 이익을 위해서는 몇 개의 신제품을 생산해야 하는가? 그리고 그 때의 이익은 얼마인가?

8

CHAPTER

적분

주요 학습목표

- 치환적분과 부분적분을 할 수 있다.
- 소비자 잉여와 생산자 잉여를 구할 수 있다.
- 불평등 계수인 지니 계수를 구할 수 있다.
- 학습곡선을 이해할 수 있다.
- 연속적인 수입의 현재가치를 구할 수 있다.
- 기댓값과 분산을 구할 수 있다.
- 이중적분과 삼각함수의 적분을 할 수 있다.

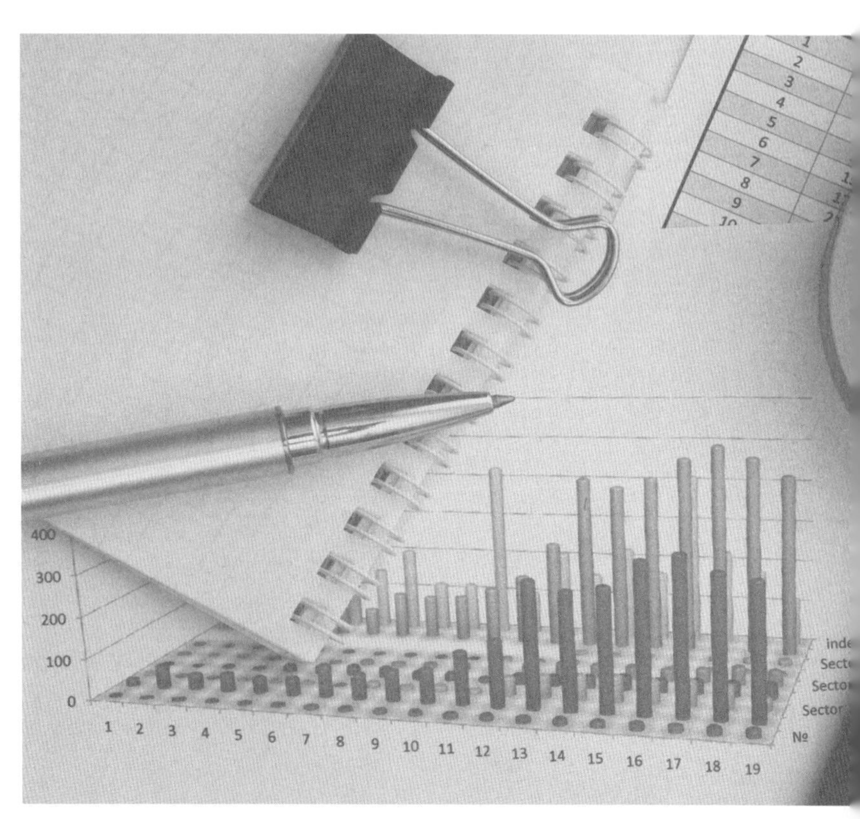

기사

산업硏 "승용차 개소세 인하로 소비자 후생 46조 증가"

"가격, 연비, 이산화탄소 배출량에 따라 개소세 인하 차등 적용돼야"

2015년 8월말부터 2016년 6월까지 정부가 진행한 승용차 개별소비세 인하로 소비자 후생이 46조원 증가한 것으로 나타났다. 개소세 인하가 소비 활성화에 영향을 미쳤다는 얘기다. 다만 앞으로 비슷한 정책을 펼칠 때 일괄적인 세율 인하가 아닌 가격·이산화탄소 배출 등에 따라 차등적으로 세율 인하를 검토해야 한다는 조언이 나왔다.

산업연구원은 1일 이 같은 내용이 담긴 '승용차 개별소비세 인하 정책의 경제적 효과와 시사점' 보고서를 발표했다.

지금까지 정부는 다양한 원인으로 침체된 소비 심리를 되살리기 위해 소비활성화 대책의 일환으로 총 6차례 승용차 개소세를 인하해왔다. 개소세는 출고가나 수입신고가를 기준으로 적용하는데 개소세가 인하되면 수십만원에서 수백만원까지 세금이 줄어들기 때문에 즉각적인 내수 진작 효과가 있다.

2015년 8월 말부터 2016년 6월, 당시 정부는 5%인 승용차 개소세를 3.5%로 인하했다. 2014년 세월호 사고, 2015년 메르스 사태로 인한 소비침체 극복과 자동차 수출·생산 감소에 선제적으로 대응하자는 취지다. 무엇보다 전체 소비판매 시장에서 승용차가 차지하는 비중이 10.1%만큼, 승용차 소비 증진을 통해 내수 경기가 활성화될 수 있다는 판단이 작용했다.

산업연구원은 효과 분석을 위해 정책 시행기간에 개소세가 3.5%로 인하되지 않고 5%를 유지했을 경우를 가정해 승용차 판매변화를 예측하고, 경제참여 주체를 소비자, 생산자, 정부로 구분해 개소세 인하 정책 시행 후 소비자 잉여, 생산자 잉여, 정부 조세 수입 변화를 종합한 사회 전체 순후생 변화를 측정했다.

그 결과 승용차 신규 판매량은 개소세 인하 시행 전 대비 1만8000여대 증가한 것으로 계산됐다. 또 승용차 개소세 인하에 따라 정부 조세 수입은 약 25억원 감소했지만, 판매 가격 인하로 전체 소비자 후생은 46조원 증가한 것으로 분석됐다.

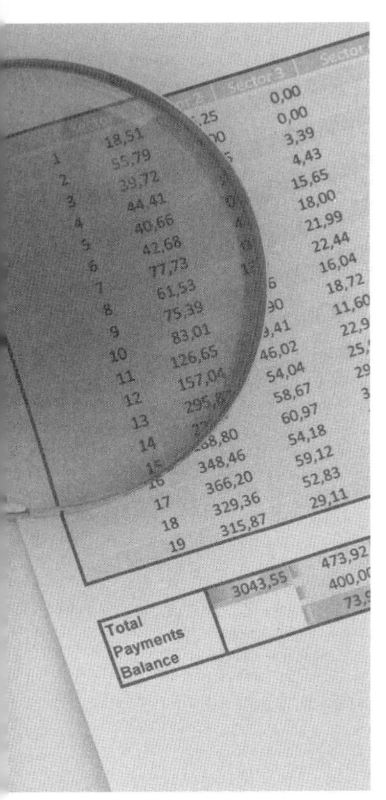

소비자 1인당 평균 약 25만원 잉여금이 증가했고, 월별로 봤을 때 전체 소비자 잉여 증가액은 약 4조6000억원으로 추산됐다. 정책이 약 10개월간 시행됐기 때문에 이 기간 전체 소비자 후생은 46조원 증가한 것으로 분석됐다. 기업 역시 이윤이 증가했다. 개소세 인하 시행기간 기업의 총 이윤은 정책을 시행하지 않았을 때보다 약 594억원 늘어난 것으로 나타났다.

정부 조세수입, 소비자후생, 기업 이윤 변화분을 모두 합한 전체 사회 후생이 이전보다 약 46조8000억원 증가한 셈이다.

박상수 산업연구원 부연구위원은 "승용차 개소세 인하 정책 효과는 정책 수단 선택면에서 적절했다"며 "가격 효과로 인해 신규 승용차 소비 증진과 내수 경기 활성화라는 정부 정책 목표 또한 달성했다"고 말했다.

하지만 정부의 개소세 인하가 차종에 무관하게 적용돼 가격이 비싼 대형차와 수입차 소비자들에게 더 높은 세금 감면 혜택을 주는 역진성 문제가 발생했다. 이에 따라 가격, 연비, 이산화탄소 배출량 등에 따라 차등적으로 개소세를 인하해야 한다고 지적했다.

박 연구위원은 "차량 가격을 기준으로 한 차등적 세율 인하는 조세 형평성 문제뿐 아니라 국민 경제 파급 효과 면에서도 완성차를 수입하는 수입차 시장보다 국내에서 연구개발, 부품조달, 생산, 서비스가 이뤄지는 완성차 시장의 내수를 촉진시킬 수 있다"고 설명했다.

또 "노후차량 폐차 지원, 친환경 고효율 자동차 구매 보조금 지급 등 내수활성화와 환경정책을 결합한 지원 정책을 주로 채택한 선진국 사례를 참고해, 앞으로 정부가 개소세 인하 정책을 펼칠 때 에너지, 환경문제를 고려해 정책 목표를 설정할 필요가 있다"고 조언했다.

출처: http://news.mt.co.kr/mtview.php?no=2018070109075015319

적분(integration)은 미분과 밀접한 관계가 있다. 적분은 주어진 구간과 주어진 함수 사이의 면적을 구하거나 주어진 구간 내에서 함수를 회전시켰을 경우의 부피를 구할 때 유용하다.

부정적분

먼저 부정적분에 대해 살펴보자. **부정적분**이란 적분을 하는 구간이 명시되지 않은 적분을 말한다.

1. 부정적분

아래의 가장 기본적인 부정적분(indefinite integral)의 공식을 보자. 공식을 살펴보기에 앞서 어떤 함수 $F(x)$를 미분해서 $f(x)$를 얻었다면 당연히 $f(x)$를 적분해 $F(x)$를 얻어야 한다. 예를 들어 □를 미분해 △를 얻었다면 △를 적분해 □를 얻어야 하는 것이다. 따라서 아래 기본 공식의 경우에도 오른쪽에 있는 $\frac{1}{n+1}x^{n+1}+C$를 미분하면 당연히 왼쪽의 적분 기호 안에 있는 x^n을 얻어야 하는 것이다($n \neq -1$인 경우). 이는 사실이다(각자 확인해 보기 바란다). $n=-1$인 경우에도 오른쪽에 있는 $\ln x + C$를 미분하면 $1/x = x^{-1}$으로 당연히 적분기호 안의 값과 같다.

$$\int x^n dx = \frac{1}{n+1}x^{n+1} + C\,(n \neq -1)$$
$$= \ln x + C\,(n = -1)$$

부정적분의 공식에서 오른편에 C가 있는 것은 왼쪽 적분의 위아래 값이 정해져 있지 않기 때문에 C가 추가된 것이다. 하지만 뒤에서 배우는 정적분(definite integral), 즉 적분의 위아래 값이 정해지면 계산과정에서 C는 사라져 버리게 된다. 예를 들어

$$\int_1^2 x^2 dx = \frac{1}{3}x^3 + C\Big|_1^2 = (\frac{1}{3}2^3 + C) - (\frac{1}{3}1^3 + C) = \frac{8}{3} - \frac{1}{3} = \frac{7}{3}$$

이 되어 C는 소거되어 사라져 버린다.

몇 가지 유용한 적분공식을 소개하고자 한다. 먼저 지수함수에 대한 적분의 공식은 다음과 같다.

$$\int e^x dx = e^x + C$$

이제 좀 더 어려운 아래의 적분을 보자.

$$\int \ln x dx = x \ln x - x + C$$

이 적분도 오른편의 $x\ln x - x + C$를 미분해 보면 적분기호 안의 $\ln x$를 얻을 수 있으므로 적분은 성립한다. 이 적분은 뒤의 부분적분 설명에서 다룰 것이다.

2. 치환적분

치환적분

적분을 하는 경우 **치환적분**(integration by substitution)이 유용할 때가 있다. 치환적분의 특징은 적분 안의 한 부분을 미분하면 적분 안의 다른 부분이 나온다는 점이다. 다음의 예의 경우 적분기호 안의 (x^2+x+3)을 미분하면 $(2x+1)$이 나온다. 따라서 다음의 적분은 x^2+x+3을 t로 치환하여 적분하면 적분을 쉽게 할 수 있다.

$$\int (x^2+x+3)^3(2x+1)dx$$

$$t = x^2+x+3$$

$$\frac{dt}{dx} = 2x+1$$

$$dt = (2x+1)dx$$

따라서 주어진 적분은

$$\int t^3 dt = \frac{1}{4}t^4 + C = \frac{1}{4}(x^2+x+3)^4 + C$$

가 된다. 한 가지 주의할 점은 뒤에서 다룰 정적분의 경우에는 치환에 따라 x의 범위를 t의 범위로 변경해 주어야 한다는 점이다. 즉, 다음과 같이 정적분이 주어진 경우는 적분구간의 변경에 있어 주의를 하여야 한다.

$$\int_1^2 (x^2+x+3)^3(2x+1)dx$$

$$t = x^2+x+3$$

$$\frac{dt}{dx} = 2x+1$$

$$dt = (2x+1)dx$$

따라서 주어진 적분은

$$\int_5^9 t^3 dt = \frac{1}{4}t^4 + C\Big|_5^9 = \frac{1}{4}(9^4 - 5^4) = \frac{5936}{4} = 1484$$

와 같이 구하면 된다. 여기서 주의할 점은 $t = x^2 + x + 3$에 따라 $x = 1$인 경우는 $t = 5$가 되고 $x = 2$인 경우는 $t = 9$가 됨을 잊지 말아야 한다.

치환적분에 대한 다음 예를 보자.

예 $\int \frac{1}{x\ln x}dx$를 적분하라.

풀이 $t = \ln x$

$$\frac{dt}{dx} = \frac{1}{x}$$

$$dt = \frac{1}{x}dx$$

따라서 주어진 적분은

$$\int \frac{1}{t}dt = \ln t + C = \ln|\ln x| + C$$

3. 부분적분

부분적분(integration by parts)도 적분에 있어 유용하게 사용되는데 먼저 부분적분의 원리를 설명하고자 한다. 미분에서 이미 공부한 다음의 미분공식을 보자. 부분적분

$$(uv)' = u'v + uv' \quad (u\text{와 } v\text{는 } x\text{의 함수})$$

이를 다음과 같이 정리하고

$$uv' = (uv)' - u'v$$

양변을 x에 대해 적분하면

$$\int uv'dx = uv - \int u'vdx$$

가 된다.

여기서 $v' = \dfrac{dv}{dx}$ 이므로 $dv = v'dx$ 이고 $u' = \dfrac{du}{dx}$ 이므로 $du = u'dx$ 를 이용하면

$$\int udv = uv - \int vdu$$

를 얻게 된다.

이 공식이 부분적분에서 유용하게 사용되는데 다음의 예를 보자.

예 $\int xe^{2x}dx$ 를 적분하라.

풀이 부분적분을 적용하기 위해 적분 안의 xe^{2x}을 적분할 부분(v')과 미분할 부분(u)으로 잘 나누는 것이 중요하다. 여기서는 e^{2x}을 v'로 x를 u로 하였다. 이후 v'에 대해서는 적분을 하고 u에 대해서는 미분을 한다.

그 결과가 제일 아래 줄에 $\frac{1}{2}e^{2x}$와 1로 주어져 있다. 위의 공식을 적용하면 첫 번째 항의 uv, 즉 x와 $\frac{1}{2}e^{2x}$의 곱은 우상향으로 되어 있는 점선으로 나타나 있다. 그리고 두 번째 항인 $-\int vdu$는 제일 아래 줄의 $\frac{1}{2}e^{2x}$와 1을 곱하고 여기에 적분기호를 붙여 적분하면 된다. 물론 그 결과에는 $-$를 붙여야 한다. 이것이 제일 아래 줄에 점선으로 표시되어 있다.

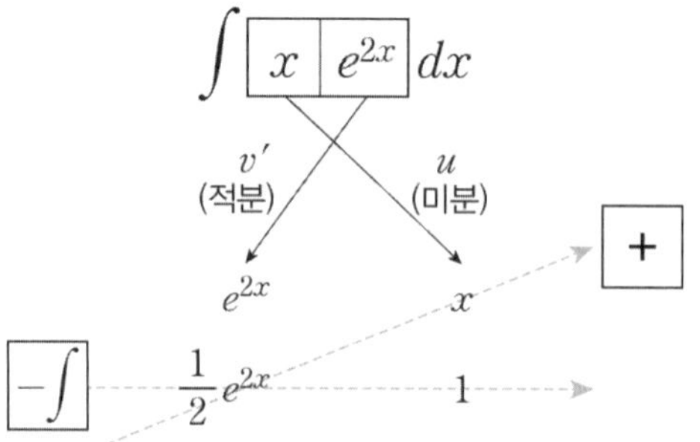

이를 적용한 결과는 아래와 같다.

$$\text{주어진 식} = \frac{1}{2}e^{2x}x - \int \frac{1}{2}e^{2x}dx + C$$
$$= \frac{1}{2}e^{2x}x - \frac{1}{2} \cdot \frac{1}{2}e^{2x} + C$$
$$= \frac{1}{2}e^{2x}(x - \frac{1}{2}) + C$$

부분적분의 또 다른 예로 앞에서 본 다음의 적분을 고려해 보자.

예 $\int \ln x dx$를 적분하라.

풀이 여기서도 적분할 부분(v')과 미분할 부분(u)을 잘 나누는 것이 중요하다. 여기서는 1을 v'로 $\ln x$를 u로 하였다. 이후 v'에 대해서는 적분을 하고 u에 대해서는 미분을 한다. 그 결과가 제일 아래 줄에 x와 $\frac{1}{x}$로 주어져 있다. 위의 공식을 적용하면 첫 번째 항의 uv, 즉 $\ln x$와 x의 곱은 우상향으로 되어 있는 점선으로 나타나 있다. 그리고 두 번째 항인 $-\int vdu$는 제일 아래 줄의 x와 $\frac{1}{x}$을 곱하고 여기에 적분기호를 붙여 적분하면 된다. 물론 그 결과에는 −를 붙여야 한다. 이것이 제일 아래 줄에 점선으로 표시되어 있다.

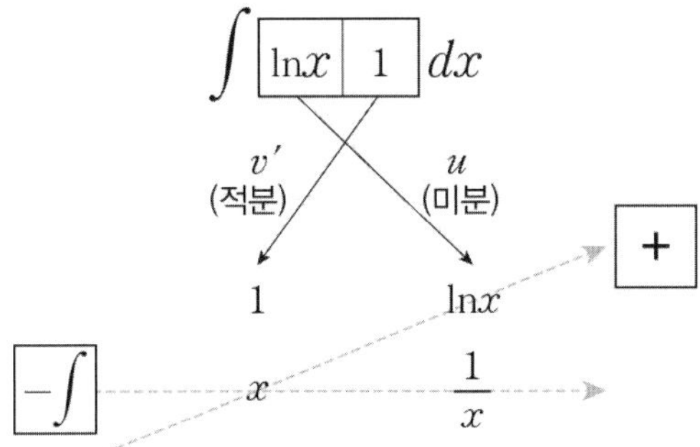

이를 적용한 결과는 아래와 같다.

$$\begin{aligned} \text{주어진 식} &= x\ln x - \int x\frac{1}{x}dx + C \\ &= x\ln x - x + C \end{aligned}$$

이는 앞에서 본 결과와 같다.

4. 정적분

정적분

이제 **정적분**(definite integral)을 살펴보자. 정적분은 앞에서 소개한 대로 적분의 구간이 정해져 있는 경우이다. 정적분은 다음과 같이 정의된다.

$$\begin{aligned} &\int_a^b f(x)dx \\ &= [F(x)]_a^b \\ &= F(b) - F(a) \end{aligned}$$

물론 $F(x)$를 미분하면 $f(x)$를 얻게 된다.

다음의 예를 보자.

예 $\int_1^2 xe^{x^2}dx$를 적분하라.

풀이 치환적분에서 설명하였듯이 적분의 한 부분인 x^2을 미분하면 $2x$로 이 부분이 적분에 있으므로 $x^2 = t$로 두고 적분을 하면 된다. 단 유의할 것은 x의 값을 고려한 t의 값을 다시 구해야 한다는 점이다.

$$x^2 = t, \quad 2xdx = dt$$

$$주어진\ 적분 = \int_1^4 \frac{1}{2}e^t dt$$
$$= \frac{1}{2}e^t \Big|_1^4$$
$$= \frac{1}{2}(e^4 - e)$$

참고로 다음의 식들을 알아두자.

$$\int_a^a f(x)dx = 0$$

$$\int_a^b f(x)dx = -\int_b^a f(x)dx$$

$$\int_a^c f(x)dx = \int_a^b f(x)dx + \int_b^c f(x)dx$$

$$\int_a^b kf(x)dx = k\int_a^b f(x)dx$$

$$\int_a^b (f(x) \pm g(x))dx = \int_a^b f(x)dx \pm \int_a^b g(x)dx$$

$$f(x) \le g(x)\text{이면} \int_a^b f(x)dx \le \int_a^b g(x)dx$$

$$\frac{d}{dx}\left[\int_a^x f(t)dt\right] = f(x)$$

그리고 아래 그림에서와 같이 검은 색 부분의 면적을 구하기 위해서는 면적이 음수가 될 수 없으므로 면적은 다음의 공식으로 구한다. 앞에 음수 부호가 필요함을 유의하기 바란다.

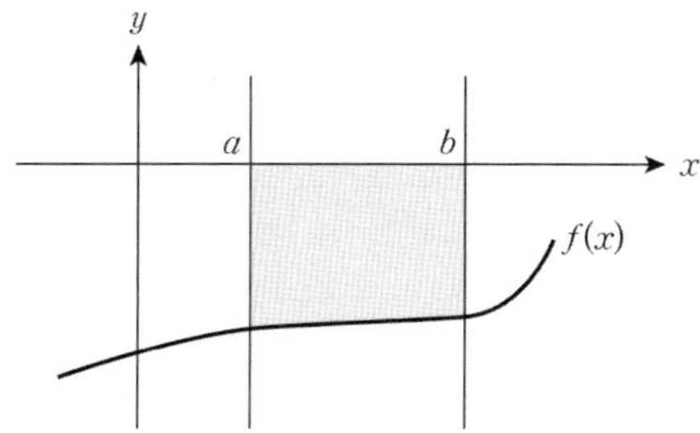

$$\text{면적} = -\int_a^b f(x)dx$$

다음 경우의 면적은 어떻게 구할 것인가? 면적은 음수가 될 수 없으므로 당연히 위의 함수에서 아래의 함수를 뺀 상태에서 해당구간에 대해 적분을 하여야 한다.

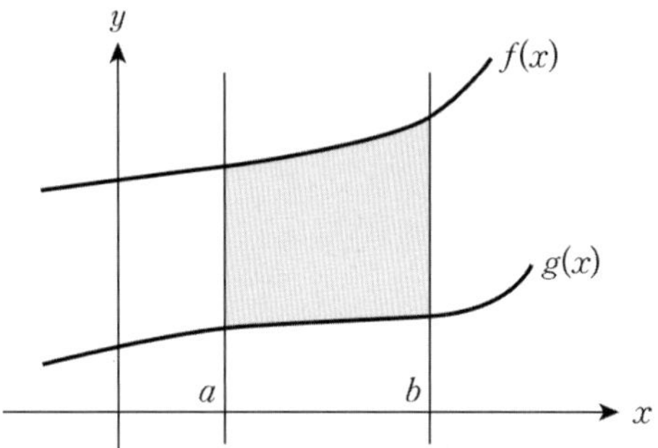

즉,

$$\text{면적} = \int_a^b (f(x) - g(x))dx$$

이다.

면적에 대한 다음 예를 보자.

예 $y = \sqrt{x}$ 에 대해 2와 5 사이의 면적을 구하라.

풀이 $\int_2^5 \sqrt{x}\,dx$

$$= \int_2^5 x^{\frac{1}{2}}dx = \frac{1}{1+\frac{1}{2}} x^{1+\frac{1}{2}} \Bigg|_2^5$$

$$= \frac{2}{3}(5^{\frac{3}{2}} - 2^{\frac{3}{2}}) = \frac{2}{3}(\sqrt{125} - \sqrt{8}) = 5.57$$

이제 주어진 아래 함수 $f(x)$를 x축을 중심으로(a에서 b까지의 구간에 대해) 회전시켰을 때 얻는 부피에 대해 살펴보자.

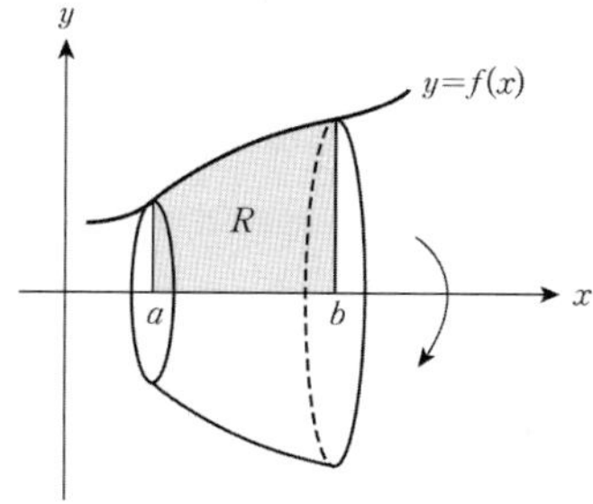

x의 구간 a와 b에 있어서 $f(x)$가 연속이고 $f(x) \geq 0$ 면 부피 V는

$$V = \pi \int_a^b [f(x)]^2 dx$$

로 주어진다. 이는 a와 b 사이의 특정 x에 대해 만들어지는 원의 면적은 $\pi[f(x)]^2$ 임을 생각하면 이해가 쉬울 것이다. 물론 부피는 이 특정면적을 a와 b 사이에 전부 고려한 것이 된다.

다음의 예를 보자.

예 $y = x^2 + 1$을 $x = 1$에서 3 사이 x축을 중심으로 회전시켰을 때 얻는 부피를 구하라.

풀이 구하고자 하는 부피는

$$\begin{aligned} V &= \pi \int_a^b [f(x)]^2 dx \\ &= \pi \int_1^3 (x^2+1)^2 dx \\ &= \pi \int_1^3 (x^4 + 2x^2 + 1) dx \\ &= \pi \left(\frac{1}{5}x^5 + \frac{2}{3}x^3 + x\right)\Big|_1^3 \\ &= 212.79 \end{aligned}$$

이다.

5. 적분의 응용

소비자 잉여
생산자 잉여

적분의 응용 예로서 소비자 잉여(consumer's surplus, C.S.)와 생산자 잉여(producer's surplus, P.S.) 문제를 고려해 보자. **소비자 잉여**는 소비자가 지불할 용의가 있는 최대가격과 실제 지불한 가격과의 차이를 말하고 **생산자 잉여**는 실제 제공한 가격과 생산자가 제공할 용의가 있는 최소가격과의 차이를 말한다. 이는 19세기 중반 프랑스 토목기술자인 듀피(Dupuit)가 생각해 낸 개념이다.

균형점

소비자 잉여와 생산자 잉여를 계산하기에 앞서 수요와 공급이 균형을 이루는 **균형점**(x_0, p_0)을 먼저 찾아야 한다. 그런 뒤 소비자 잉여는 $C.S. = \int_0^{x_0}(f(x) - p_0)dx$로서 구하고 생산자 잉여는 $P.S. = \int_0^{x_0}(p_0 - g(x))dx$로서 구한다. 여기서 주의해야 할 점은 소비자 잉여는 소비자가 시장에 참여해서 이득을 실제 얻었을 때에만 발생한다는 것이다.

소비자 잉여와 생산자 잉여를 그림으로 나타내면 다음과 같다.

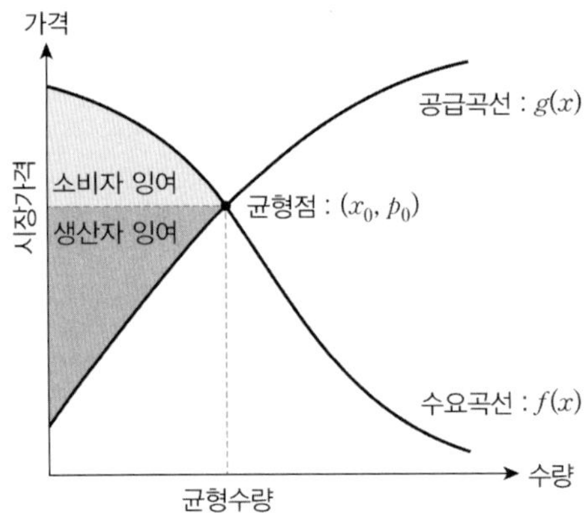

다음의 예를 보자.

> **예** 완전경쟁시장에서 제품을 판매하는 기업의 공급곡선은 $P=12x+81$이고 수요곡선은 $P=-3x^2+432$로 주어졌을 때 균형가격과 소비자 잉여 그리고 생산자 잉여를 구하라.

풀이 아래 그림을 참고하여

$$12x + 81 = -3x^2 + 432$$

로 두고 x를 구하면 x는 양수이어야 하므로 $x = 9$이고 따라서 $P = 189$이다.

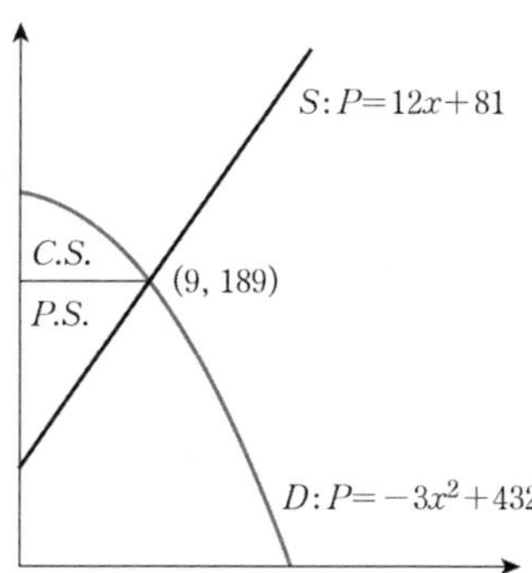

따라서 소비자 잉여(C.S.)는

$$\int_0^9 \{(-3x^2 + 432) - 189\}dx = 1,458$$

이고 생산자 잉여(P.S.)는

$$\int_0^9 \{189 - (12x + 81)\}dx = 486$$

이다.

또 다른 적분의 응용 예로 불평등계수를 보여주는 **로렌츠 곡선**(Lorentz curve)을 들 수 있다. 로렌츠 곡선이란 인구의 누적 비율과 소득의 누적 비율 간의 관계를 그래프로 표현한 것으로, 로렌츠곡선이 직선에 가까울수록 소득이 평등하게 분배된 것을 나타내며 곡선이 많이 휠수록 소득의 분배가 불평등함을 보여 준다. 로렌츠 곡선의 **불평등 계수**(L)(이는 **지니계수**(Gini's coefficient)라고도 한다)는 로렌츠 곡선과 완전균등선($y = x$) 사이의 불평등 면적과 완전균등선 이하의 면적을 대비시킨 비율이다. 즉, 불평등 계수는

로렌츠 곡선
불평등 계수
지니계수

$$L = \frac{\text{곡선과 } y = x \text{ 사이의 면적}}{y = x \text{ 아래의 면적}}$$

$$= 2\int_0^1 (x - f(x))dx$$

로 주어진다. 여기서 $f(x)$는 로렌츠 곡선이다.

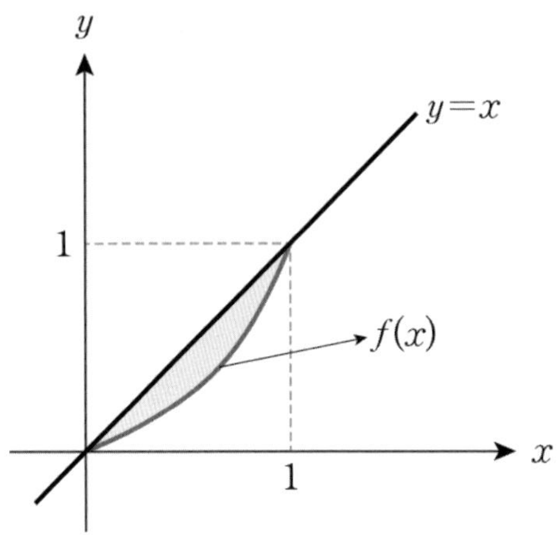

L을 얻게 된 이유는 다음 그림을 보면 알 수가 있다.

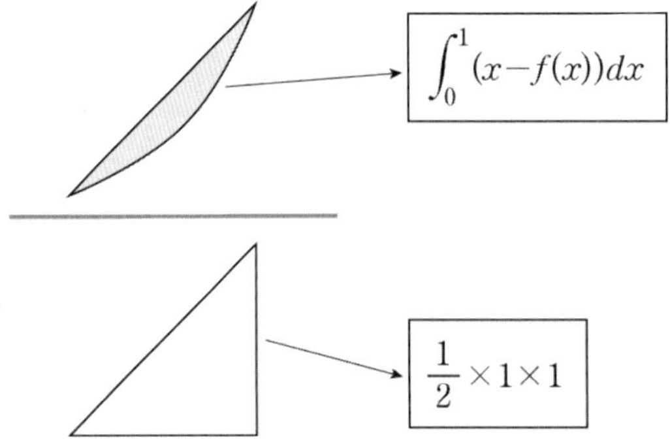

다음의 예를 보자.

예 어느 국가의 소득분포에 대한 로렌츠 곡선이 $L(x)=x^{1.8}$과 같이 주어졌을 때 지니계수를 구하라.

풀이 $2\int_0^1 (x-x^{1.8})dx=2(\frac{1}{2}x^2-\frac{1}{2.8}x^{2.8})\Big|_0^1=0.2857$

따라서 지니계수는 0.2857이다.

이제 **학습곡선**(learning curve)에 대해 알아보자. 학습곡선은 다음과 같이 주어진다. 그림에서 x는 누적 생산량이고 y는 단위당 생산시간이다. 학습곡선

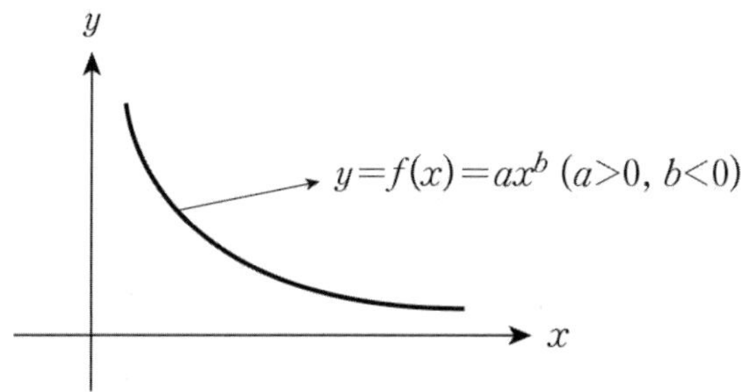

처음 c단위를 생산하고 나서 다음 d단위를 생산하는데 걸리는 시간은 d단위를 생산하는데 걸리는 시간에서 처음 c단위를 생산하는데 걸리는 시간을 빼면 된다. 즉 다음의 식으로 풀면 된다.

$$\Delta T = \int_c^d f(x)dx = \int_c^d ax^b dx$$

다음의 예를 보자.

예 100개의 제품을 생산 후 다음의 학습곡선을 얻었다고 했을 때 추가 50단위를 생산하는데 필요한 시간은 얼마인가?

$f(x) = 10x^{-0.15}$ (여기서 $f(x)$는 $x+1$단위 째를 생산하는데 필요한 작업 시간이다.)

풀이 추가로 필요한 시간은

$$\int_{100}^{150} 10x^{-0.15}dx$$

$$= 10\left(\frac{1}{-0.15+1}x^{-0.15+1}\right)\Big|_{100}^{150}$$

$$= 10 \times \frac{1}{0.85}(150^{0.85} - 100^{0.85}) = 242.63$$

이다.

최대 총이익

최대 총이익에 대해서도 알아보자. **최대 총이익**은 한계이익이 0이 되는, 즉 한계수입과 한계비용이 같게 될 때 나타난다.

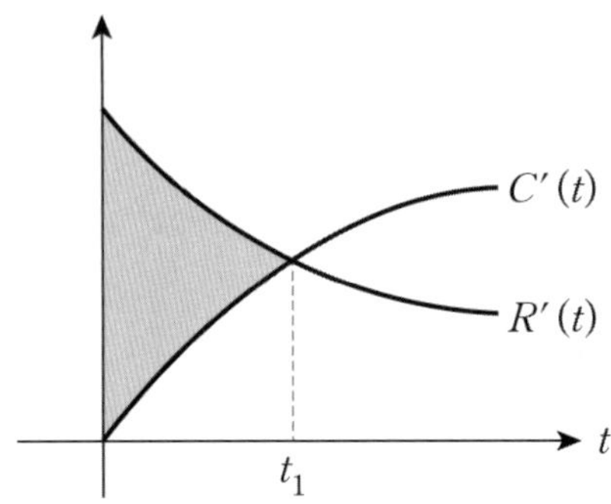

참고로 t_1에서의 총이익은 다음과 같다.

$$P(t_1) = \int_0^{t_1} p'(t)dt = \int_0^{t_1} (R'(t) - C'(t))dt$$

다음의 예를 보자.

예 t년도 된 시점에서 특정기계가 연간 $R'(t) = 3000 - 15t^2$ 의 비율로 수입을 창출하고 비용으로 $C'(t) = 1000 + 5t^2$ 가 든다고 할 때 최대 총이익을 구하라.

풀이 최대 총이익은 한계이익이 0이 되는, 즉 한계수입과 한계비용이 같을 때 나타난다.

$$3000 - 15t^2 = 1000 + 5t^2$$

따라서 이를 만족하는 $t = 10$이다.

이 경우 최대 총이익은

$$\begin{aligned}
&\int_0^{10} (3000 - 15t^2 - (1000 + 5t^2))dt \\
&= \int_0^{10} (2000 - 20t^2)dt \\
&= (2000t - \frac{20}{3}t^3)\Big|_0^{10} \\
&= 13333.3
\end{aligned}$$

이다.

끝으로 연속적인 수입의 현재가치에 대해 살펴보자. **연속적인 수입의 현재가치**(present value)는 다음 공식을 이용해 풀 수 있다.

연속적인 수입의 현재가치

$$\int_0^T f(t)e^{-rt}dt$$

여기서 $f(t)$는 시간 t에서 이윤이 발생하는 비율(rate of profit)이다.

다음의 예를 보자.

예 $f(t)=3000e^{0.03t}$의 비율로 연속적인 수입을 5년간 창출하는 경우 현재 가치는 얼마인가? 참고로 이자율은 연속 복리 4%이다.

풀이 현재가치는

$$\int_0^5 3000e^{0.03t}e^{-0.04t}dt$$
$$=3000\int_0^5 e^{0.03t-0.04t}dt$$
$$=3000\int_0^5 e^{-0.01t}dt$$
$$=3000\left(\frac{1}{-0.01}e^{-0.01t}\right)\Bigg|_0^5$$
$$=-300000(e^{-0.05}-1)$$
$$=14631.17$$

이다.

6. 기댓값과 분산

적분은 경영통계에서 배우는 확률밀도함수 $f(x)$를 갖는 확률변수 X의 **기댓값**(expected value)과 **분산**(variance)를 구하는데도 유용하게 사용된다. 먼저 기댓값과 분산에 대한 다음의 공식을 보자.

기댓값
분산

- 기댓값

$$E[X] = \int xf(x)dx$$

- 분산

$$\begin{aligned} Var(X) &= \int [x - E(X)]^2 \ f(x)dx \\ &= \int x^2 f(x)dx - 2E(X)\int xf(x)dx + [E(X)]^2 \int f(x)dx \\ &= E(X^2) - 2E(X)E(X) + [E(X)]^2 \times 1 \\ &= E(X^2) - [E(X)]^2 \end{aligned}$$

지수함수 $f(x) = \lambda e^{-\lambda x}, x \geq 0$에 대해 기댓값과 분산을 구해보자.

- 기댓값 $E(X) = \int_0^\infty x\lambda e^{-\lambda x}dx = \frac{1}{\lambda}$ (앞에서 배운 부분적분으로 각자 확인해 보기 바란다.)
- 분산 $Var(X) = E(X^2) - [E(X)]^2$

$$= \int_0^\infty x^2 \lambda e^{-\lambda x}dx - \frac{1}{\lambda^2}$$

$$= \frac{2}{\lambda^2} - \frac{1}{\lambda^2} = \frac{1}{\lambda^2}$$ (앞의 기댓값과 마찬가지로 $E(X^2)$에 대한 부분도 부분적분을 이용해 아래와 같이 구하면 된다.)

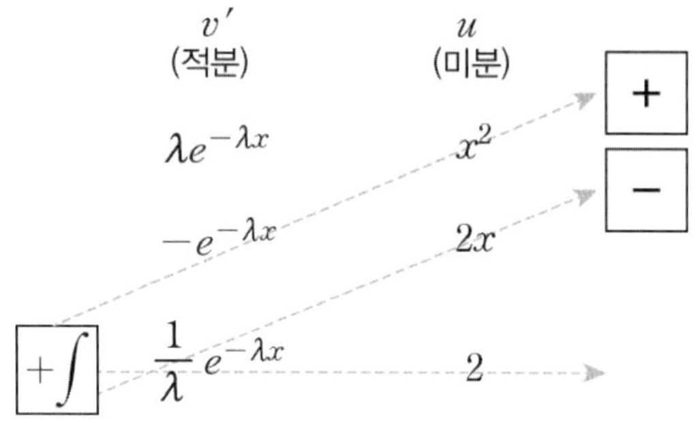

이를 정리하면

$$-x^2e^{-\lambda x} - \frac{2x}{\lambda}e^{-\lambda x} - \frac{2}{\lambda^2}e^{-\lambda x}\Big|_0^\infty$$

$$= \frac{2}{\lambda^2}$$

7. 이중적분

이제까지는 한 변수에 대한 적분을 다루었지만 이제 두 변수에 대한 **이중적분** (double integrals)을 다루고자 한다. 이중적분

다음과 같이 주어진 x와 y의 구간에 대해 $f(x, y)$의 적분을 어떻게 할 것인가?

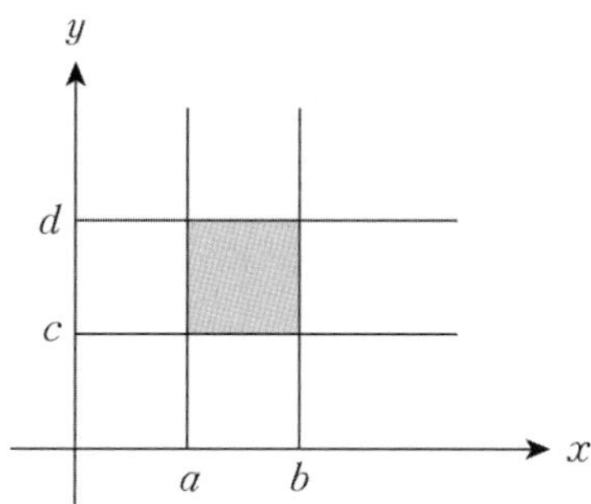

이는 다음과 같이 적분하면 된다.

$$\int_c^d \left[\int_a^b f(x,y)dx \right] dy$$

위의 경우는 x에 대해 먼저 적분하고 이어서 y에 대해 적분하였지만 순서를 변경하여 다음과 같이 y에 대해 먼저 적분하고 이어서 x에 대해 적분하여도 결과는 같다.

$$\int_a^b \left[\int_c^d f(x,y)dy \right] dx$$

다음의 예를 보자.

예 ye^{-x}을 $0 \le x \le 5$, $-2 \le y \le 1$ 에 대해 적분하라.

풀이 $\int_{-2}^{1}\int_{0}^{5} ye^{-x}dxdy$

$$= \int_{-2}^{1} (-ye^{-x}) \Big|_0^5 dy$$

$$= \int_{-2}^{1} (-ye^{-5} + y)dy$$

$$= (-\frac{1}{2}y^2e^{-5} + \frac{1}{2}y^2) \Big|_{-2}^{1}$$

$$=-\frac{1}{2}e^{-5} + \frac{1}{2} + 2e^{-5} - 2$$

$$= \frac{3}{2}e^{-5} - \frac{3}{2}$$

$$= \frac{3}{2}(e^{-5} - 1)$$

순서를 바꾸어 y를 먼저 이어서 x에 대해 적분한 다음의 결과도 이와 같다(각자 확인해 보기 바란다).

$$\int_0^5 \int_{-2}^{1} ye^{-x} dydx$$

이제 다음 예와 같이 x와 y의 범위가 서로 관련되어 있는 경우는 어떻게 적분할 것인가?

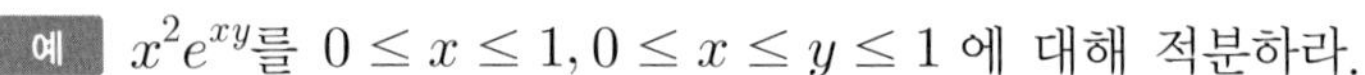

예 x^2e^{xy}를 $0 \le x \le 1, 0 \le x \le y \le 1$ 에 대해 적분하라.

풀이 이 적분을 위해 아래의 그림을 보자.

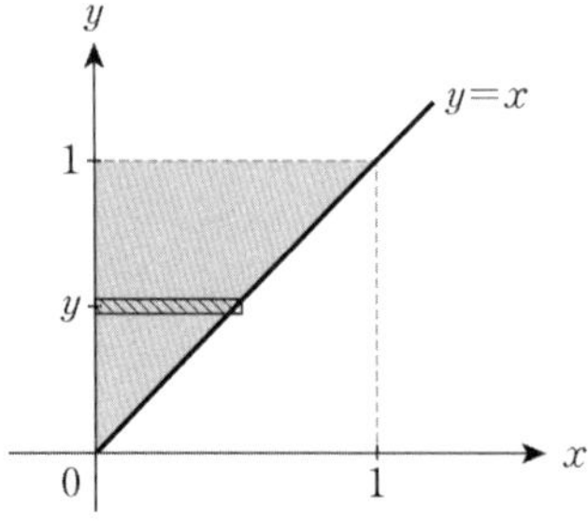

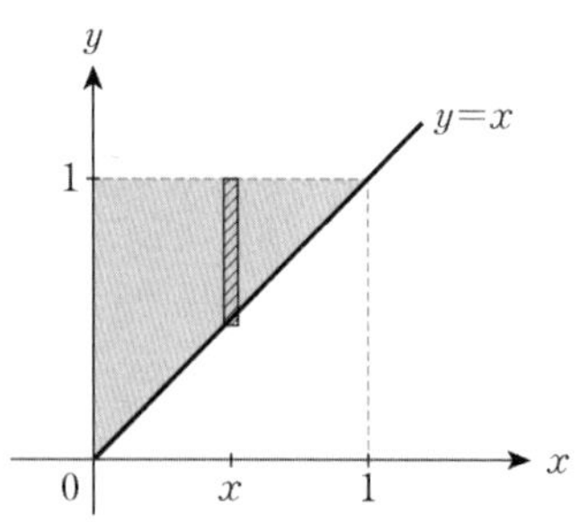

이 그림에서 보면 빗금 친 부분에 대해 적분을 하라는 것이다. 이는 x에 대해 먼저 적분을 하는 경우에는 0에서부터 y까지 적분하고 이 결과를 가지고 y에 대해 0에서 1까지 적분하면 된다. 즉,

$$\int_0^1 \int_0^y x^2 e^{xy} dx dy$$

또는 y에 대해 먼저 적분을 하는 경우에는 x부터 1까지 적분을 하고 이 결과를 가지고 x에 대해 0에서 1까지 적분하면 된다. 즉,

$$\int_0^1 \int_x^1 x^2 e^{xy} dy dx$$

자세히 보면 위의 적분보다는 아래의 적분이 쉬어 보인다(왜 그런지 생각해 보라).
아래를 적분하면 다음과 같다.

$$\int_0^1 \int_x^1 x^2 e^{xy} dy dx$$

$$= \int_0^1 (xe^{xy}) \Big|_x^1 dx$$

$$= \int_0^1 (xe^x - xe^{x^2}) dx$$

$$= (xe^x - e^x - \frac{1}{2} e^{x^2}) \Big|_0^1$$ (부분적분과 치환적분을 이용해 이렇게 구할 수 있다. 각자 확인해 보라.)

$$= e - e - \frac{1}{2} e + 1 + \frac{1}{2}$$

$$= -\frac{1}{2}(e-3)$$

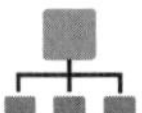

8. 삼각함수 적분

삼각함수에 대한 적분

기본적인 **삼각함수에 대한 적분**은 다음과 같다.

$f(x)$	$\int f(x)dx$
$\sin x$	$-\cos x + C$
$\cos x$	$\sin x + C$
$\tan x$	$-\ln\lvert\cos x\rvert + C$
$\cot x$	$\ln\lvert\sin x\rvert + C$
$\sec x$	$\ln\lvert\sec x + \tan x\rvert + C$
$\csc x$	$\ln\lvert\csc x + \cot x\rvert + C$

적분을 이해하기 위해서는 미분을 아는 것이 도움이 된다. 따라서 첫 번째와 두 번째에 있는 $\sin x$와 $\cos x$의 적분은 쉽게 알 수 있다. 나머지 네 가지에 대해서는 치환적분을 이용해 구할 수 있다. 먼저 $\tan x$의 적분에 대해서 알아보기로 하자.

$\int \tan x dx = \int \frac{\sin x}{\cos x} dx$인데 여기서 $\cos x$를 t로 두자. 즉,

$$t = \cos x$$

$$\frac{dt}{dx} = -\sin x$$

$$dt = -\sin x dx$$

따라서 주어진 적분은

$$\int \frac{-1}{t} dt$$

이 된다. 이는 $-\ln|t| + C$이다. 따라서 주어진 적분은

$$-\ln|\cos x| + C$$

이다. $\cot x$의 적분도 유사하게 하면 될 것이다(각자 확인해 보기 바란다).

이제 $\sec x$의 적분에 대해 알아보자.

$$\int \sec x\,dx = \int \frac{1}{\cos x}dx$$

$$= \int \frac{\cos x}{\cos^2 x}dx$$

$$= \int \frac{\cos x}{1-\sin^2 x}dx \qquad \left[\begin{array}{c}\sin x = t \text{ 라 하면 } \cos x = \dfrac{dt}{dx} \\ \text{따라서 } \cos x dx = dt\end{array}\right]$$

$$= \int \frac{1}{1-t^2}dt$$

$$= -\int \frac{1}{(t-1)(t+1)}dt$$

$$= -\int \frac{1}{2}\left(\frac{1}{t-1}-\frac{1}{t+1}\right)dt$$

$$= -\frac{1}{2}[\ln|t-1|-\ln|t+1|]+C$$

$$= -\frac{1}{2}\ln\left|\frac{t-1}{t+1}\right|+C$$

$$= -\frac{1}{2}\ln\left|\frac{\sin x-1}{\sin x+1}\right|+C$$

$$= \ln\left(\frac{\sin x-1}{\sin x+1}\right)^{-\frac{1}{2}}+C$$

$$= \ln\left(\frac{\sin x+1}{\sin x-1}\right)^{\frac{1}{2}}+C$$

$$= \ln\sqrt{\frac{\sin x+1}{\sin x-1}}+C$$

$$= \ln\sqrt{\left(\frac{\sin x+1}{\sin x-1}\right)\cdot\left(\frac{\sin x+1}{\sin x+1}\right)}+C$$

$$= \ln\sqrt{\left(\frac{(\sin x+1)^2}{\sin^2 x-1}\right)}+C$$

$$= \ln\sqrt{\left|\frac{(\sin x+1)^2}{-\cos^2 x}\right|}+C$$

$$= \ln\sqrt{\left|-\left(\frac{\sin x+1}{\cos x}\right)^2\right|}+C$$

$$= \ln\left|\frac{\sin x+1}{\cos x}\right|+C$$

$$= \ln\left|\frac{1}{\cos x}+\frac{\sin x}{\cos x}\right|+C$$

$$= \ln|\sec x+\tan x|+C$$

$\csc x$에 대해서도 유사하게 하면 될 것이다(각자 확인해 보라).

예 $\int x\cos x\,dx$을 적분하라.

풀이 이는 부분적분을 이용해 풀 수 있다. 부분적분을 위해 적분할 부분(v')과 미분할 부분(u)을 잘 나누는 것이 중요하다. 여기서는 $\cos x$을 v'로 x를 u로 하였다. 이후 v'에 대해서는 적분을 하고 u에 대해서는 미분을 한다. 그 결과가 제일 아래 줄에 $\sin x$와 1로 주어져 있다. 부분적분의 공식을 적용하면 첫 번째 항의 uv, 즉 $\sin x$와 1의 곱은 우상향으로 되어 있는 점선으로 나타나 있다. 그리고 두 번째 항인 $-\int vdu$는 제일 아래 줄의 $\sin x$와 1을 곱하고 여기에 적분기호를 붙여 적분하면 된다. 물론 그 결과에는 -를 붙여야 한다. 이것이 제일 아래 줄에 점선으로 표시되어 있다.

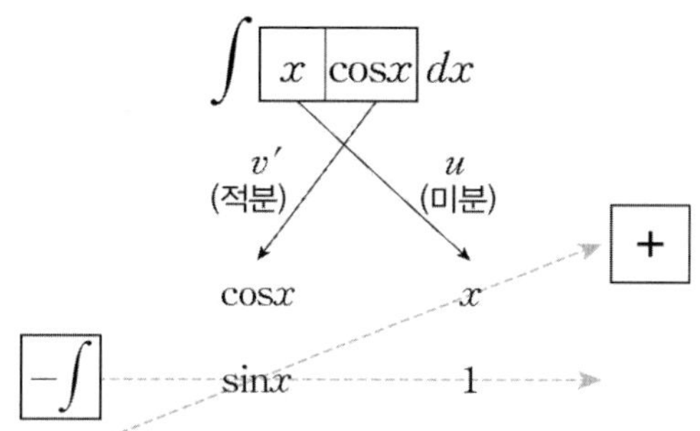

이를 적용한 결과는 아래와 같다.

$$\text{주어진 식} = x\sin x - \int \sin x dx + C$$
$$= x\sin x + \cos x + C$$

요약

1) 부정적분

$$\int x^n dx = \frac{1}{n+1}x^{n+1} + C\,(n \neq -1)$$
$$= \ln x + C\,(n = -1)$$

$$\int e^x dx = e^x + C$$

2) 치환적분

치환적분의 특징은 적분 안의 한 부분을 미분하면 적분 안의 다른 부분이 나온다는 점이다.
뒤에서 다룰 정적분의 경우 치환에 따라 x의 범위를 치환한 새로운 변수의 범위로 변경해 주어야 한다.

3) 부분적분

부분적분에서는 다음의 공식을 사용하면 되는데 이때 적분할 부분(v')과 미분할 부분(u)을 잘 나누는 것이 중요하다.

$$\int u dv = uv - \int v du$$

4) 정적분

- 정적분은 적분의 주간이 정해져 있는 경우이다.

$$\int_a^b f(x)dx$$
$$= [F(x)]_a^b$$
$$= F(b) - F(a)$$

물론 $F(x)$를 미분하면 $f(x)$를 얻게 된다.

- 면적은 음수가 될 수 없으므로 두 개의 함수가 주어지면 위의 함수에서 아래의 함수를 뺀 상태에서 해당 구간에 대해 적분을 한다.
- x의 구간 a와 b에 있어서 $f(x)$가 연속이고 $f(x) \geq 0$면 부피 V는 다음과 같다.

$$V = \pi \int_a^b [f(x)]^2 dx$$

5) 적분의 응용

- 소비자 잉여와 생산자 잉여를 계산하기에 앞서 수요와 공급이 균형을 이루는 균형점 (x_0, p_0)을 먼저 찾아야 한다. 그런 뒤 소비자 잉여는 $C.S. = \int_0^{x_0} (f(x) - p_0) dx$ 로서 구하고 생산자 잉여는 $P.S. = \int_0^{x_0} (p_0 - g(x)) dx$ 로서 구한다.
- 로렌츠 곡선이란 인구의 누적 비율과 소득의 누적 비율 간의 관계를 그래프로 표현한 것으로, 로렌츠곡선이 직선에 가까울수록 소득이 평등하게 분배된 것을 나타내며 곡선이 많이 휠수록 소득의 분배가 불평등함을 보여 준다. 로렌츠 곡선의 불평등 계수(L)(이는 지니계수라고도 한다)는 로렌츠 곡선과 완전균등선($y = x$)이 이루는 불평등 면적과 완전균등선 이하의 면적을 대비시킨 비율이다. 즉, 불평등 계수는 다음과 같다.

$$L = 2 \int_0^1 (x - f(x)) dx$$

- 학습곡선은 $f(x) = ax^b (a > 0,\ b < 0)$로 주어지고 처음 c단위를 생산하고 나서 다음 d단위를 생산하는데 걸리는 시간은 d단위를 생산하는데 걸리는 시간에서 처음 c단위를 생산하는데 걸리는 시간을 빼면 된다. 즉 다음의 식으로 풀면 된다.

$$\Delta T = \int_c^d ax^b dx$$

- 최대 총이윤은 한계이윤이 0이 되는, 즉 한계수입과 한계비용이 같게 될 때 나타난다. 이 값이 t_1이라면 t_1에서의 총이윤은 다음과 같다.

$$P(t_1) = \int_0^{t_1} (R'(t) - C'(t)) dt$$

• 연속적인 수입의 현재가치는 다음 공식을 이용해 풀 수 있다.

$$\int_0^T f(t)e^{-rt}dt$$

여기서 $f(t)$는 시간 t에서 이윤이 발생하는 비율이다.

6) 기댓값과 분산

• 기댓값

$$E[X] = \int xf(x)dx$$

• 분산

$$Var(X) = \int [x - E(X)]^2 \ f(x)dx$$
$$= E(X^2) - [E(X)]^2$$

7) 이중적분

이중적분에 있어서 x와 y의 범위가 서로 관련이 없는 경우에는 x에 대해 먼저 적분하고 이어서 y에 대해 적분하든 순서를 변경하여 y에 대해 먼저 적분하고 이어서 x에 대해 적분하든 결과는 같다.

하지만 x와 y의 범위가 서로 관련되어 있는 경우에는 변수의 선택에 따라 해당 변수의 범위에 신경을 써야 한다.

8) 삼각함수 적분

기본적인 삼각함수에 대한 적분은 다음과 같다.

$f(x)$	$\int f(x)dx$
$\sin x$	$-\cos x + C$
$\cos x$	$\sin x + C$
$\tan x$	$-\ln\lvert\cos x\rvert + C$
$\cot x$	$\ln\lvert\sin x\rvert + C$
$\sec x$	$\ln\lvert\sec x + \tan x\rvert + C$
$\csc x$	$\ln\lvert\csc x + \cot x\rvert + C$

연습문제

1. 부분적분의 원리를 설명하라.

2. 지수분포의 기댓값과 분산을 유도하라.

3. $\int x\sqrt{x+1}\,dx$를 구하라.

4. $\int_1^3 4x(x^2+3)^3 dx$를 구하라.

5. $y=\frac{1}{2}x$를 $x=2$에서 4 사이 x축을 중심으로 회전시켰을 때 얻는 부피을 구하라.

6. 완전경쟁시장에서 제품을 판매하는 기업의 공급곡선은 $p=\frac{1}{2}q+2000$이고 수요곡선은 $p=17000-2q$로 주어졌을 때 균형가격과 소비자 잉여 그리고 생산자 잉여를 구하라.

7. 어느 국가의 소득분포에 대한 로렌츠 곡선이 $x^{2.3}$과 같이 주어졌을 때 지니 계수를 구하라.

8. $500e^{0.02t}$의 비율로 연속적인 수입을 3년간 창출하는 경우 현재가치는 얼마인가? 참고로 이자율은 연속 복리 4%이다.

9. $\int_0^2\int_0^1 xy\,dydx$를 구하라.

10. $\int x\sin x\,dx$를 구하라.

CHAPTER

다변수 함수의 극대와 극소

주요 학습목표

- 헤시안 행렬식을 구할 수 있다.
- 제약이 없는 경우의 극대와 극소문제를 풀 수 있다.
- 라그랑지안 함수를 이해할 수 있다.
- 쿤-터커 조건을 이해할 수 있다.
- 유계 헤시안 행렬식을 이해할 수 있다.
- 제약이 있는 경우의 극대와 극소문제를 풀 수 있다.

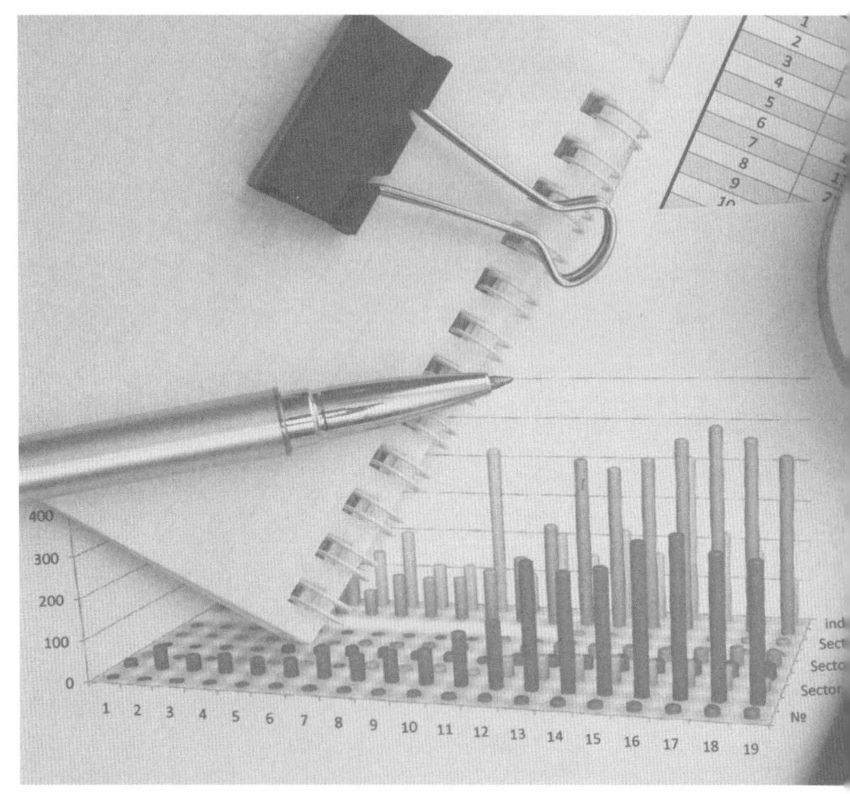

기사

미래직업 10선: 빅데이터 전문가시대가 온다

• 어떤 역량이 필요한가?

빅데이터 전문가는 대량의 데이터를 다각도로 분석하기 위해서는 다양한 분석기법과 시각화 도구 사용법 등을 알고 있어야 한다.

이를 위해 데이터마이닝, 기계학습, 자연어 처리, 패턴인식 등과 관련한 지식이 필요하다.

구체적으로 대용량 데이터셋을 코딩하기 위한 프로그래밍 기술(Python, R, Java, C++ 등), 수치 해석을 위한 수리적 지식(다변수 미적분학, 선형 행렬 대수, 확률 및 통계 등), 데이터 분석 플랫폼 및 분석 도구와 관련한 기술(엑셀, SQL, R, SPSS, SAS, MATLAB, Hadoop 등) 등이 해당한다.

빅데이터 분야에 진출하여 능력을 발휘하려면 전체적인 사회적 이슈와 트렌드를 살펴볼 수 있는 능력과 데이터를 분석할 때의 끈기도 필요하다.

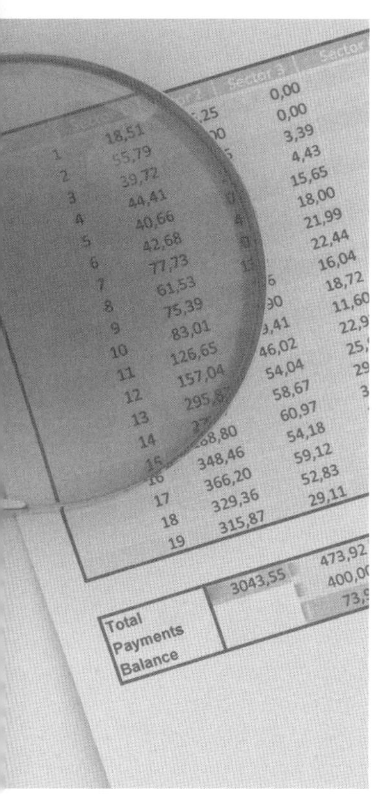

• 활동분야는 어디일까?

빅데이터 전문가는 데이터가 있는 곳에서 근무한다. 빅데이터 전문가는 스마트공장이 있는 제조업, ICT 회사(SI업체, 포털사이트, SNS 업체, 통신사 등), 의료기관, 은행/증권/보험 회사, 게임회사, 공공기관, 빅데이터 전문 분석업체 등에서 활동할 수 있다.

• 왜 유망한가: 빅데이터, 유용한 정보를 만들어낸다

첫째, 빅데이터는 개인과 기업에 매우 유용한 정보를 만들어낸다.

우리는 데이터의 홍수 속에서 살고 있으며 인터넷과 스마트폰의 확산으로 데이터의 양은 기하급수적으로 증가하고 있다.

모든 것들이 다 연결되고 정보화 기기의 사용 빈도가 증가하면서 사람들이 도처에 남긴 발자국이 SNS, 쇼핑, 의료, 은행과 증권거래, 교육과 학습, 여가활동, 자료검색과 이메일 등의 분야에서 데이터로 저장되고 있다.

시장조사업체 IDC와 빅데이터 서비스 제공 회사 EMC의 '디지털 유니버스 보고서(Digital Universe Study)'에 따르면 전 세계 디지털 정보량은 2011년 1.8ZB(제타바이트, 1제타바이트는 1조기가 바이트)에서 2020년에는 이보다 50배로 증가한다.

이에 따라 데이터로부터 의미 있는 예측과 결론을 도출하여 회사를 효율적으로 운영하거나 사회 현상을 이해하기 위한 다양한 시도가 이뤄진다.

데이터를 모으는 방법과, 이를 분석하는 기술이 ICT 기술이 다양한 시도를 가능하게 해주기 때문이다.

출처: http://news.mk.co.kr/newsRead.php?year=2018&no=125344

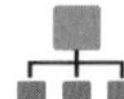

앞에서는 한 변수의 경우에 대해 극대 극소 문제를 다루었다. 이제 이를 확장해 여러 변수가 있는 경우의 극대 극소에 대해 살펴보고자 한다. 먼저 한 변수의 경우에 대해 공부했던 것을 간단히 복습해보자.

1. 한 변수의 경우

$f(x)=x^2$ 을 예로 들어보자, 이 함수는 $f'(x)=0$ 인 $x=0$ 에서 $f''(x)=2>0$ 이므로 $x=0$ 에서 최솟값을 갖는다. 이는 다음을 통해서 알 수 있다.

먼저 $f(x)=x^2$ 을 그림으로 나타내면 다음과 같다.

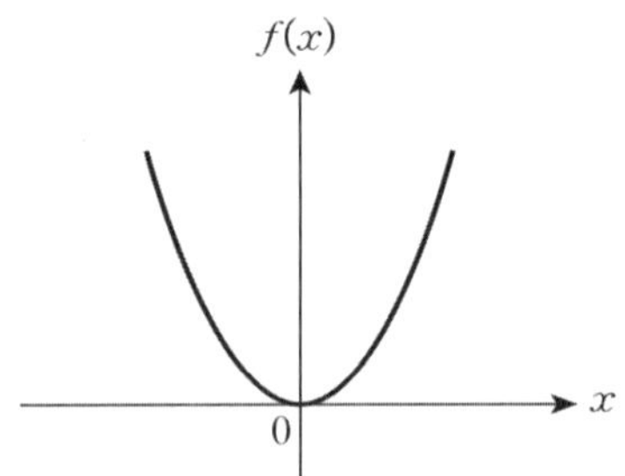

$f'(x)=2x$ 인데 $f'(x)$는 $x<0$일 때는 $f'(x)<0$로 이는 $f(x)$가 감소함을 의미하고, $x>0$일 때는 $f'(x)>0$이므로 이는 $f(x)$가 증가함을 의미한다. 이는 앞의 그림 $f(x)=x^2$을 통해 알 수 있다.

참고로 $f'(x)$를 그림으로 나타내면 다음과 같다.

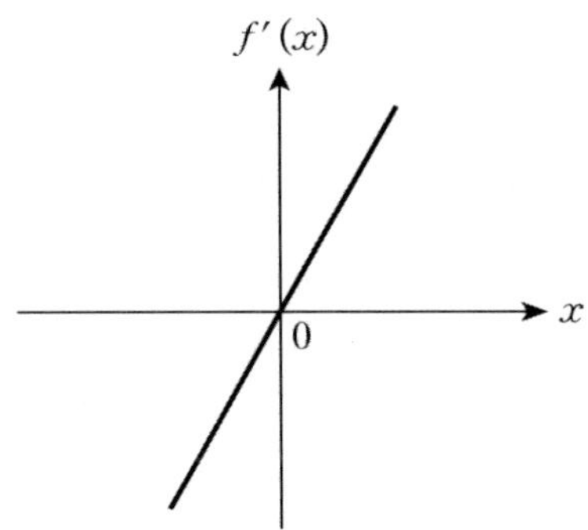

$f''(x)=2$로 $f''(x)>0$이므로 $f(x)$가 위로 오목함을 의미한다. 이도 $f(x)=x^2$의 그래프를 통해 알 수 있다.

참고로 $f''(x)$를 그림으로 나타내면 다음과 같다.

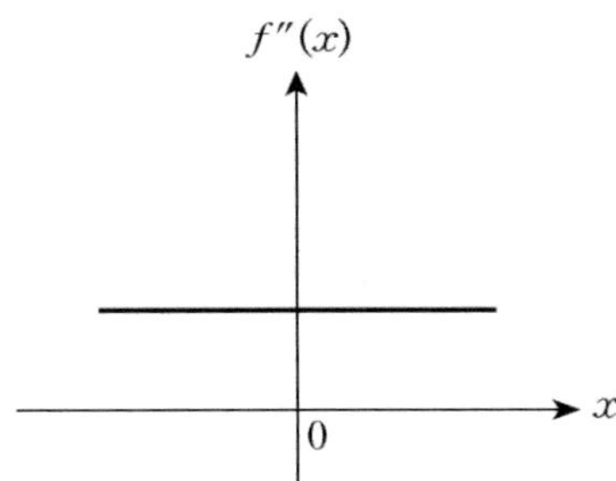

이제 $f(x)=-x^2$를 예로 들어 보자.

$f(x)=-x^2$의 경우는 $f'(x)=0$인 $x=0$에서 $f''(x)=-2<0$이으로 $x=0$에서 최댓값을 갖는다. 이는 다음을 통해서 알 수 있다.

먼저 $f(x)=-x^2$를 그림으로 나타내면 다음과 같다.

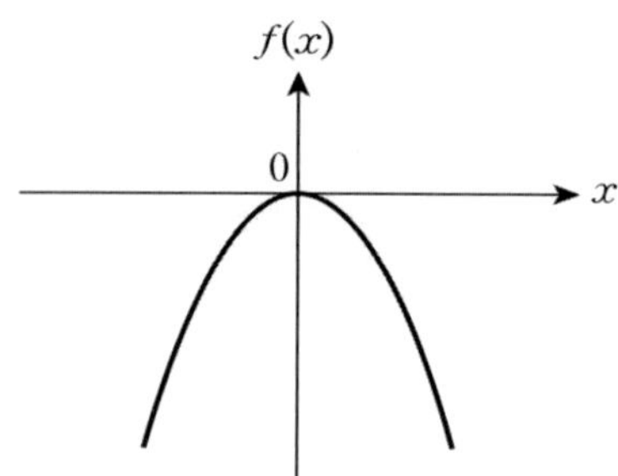

$f'(x)=-2x$ 인데 $f'(x)$는 $x<0$일 때는 $f'(x)>0$로 이는 $f(x)$가 증가함을 의미하고, $x>0$일 때는 $f'(x)<0$이므로 이는 $f(x)$가 감소함을 의미한다. 이는 위의 그림 $f(x)=-x^2$을 통해 알 수 있다.

참고로 $f'(x)$를 그림으로 나타내면 다음과 같다.

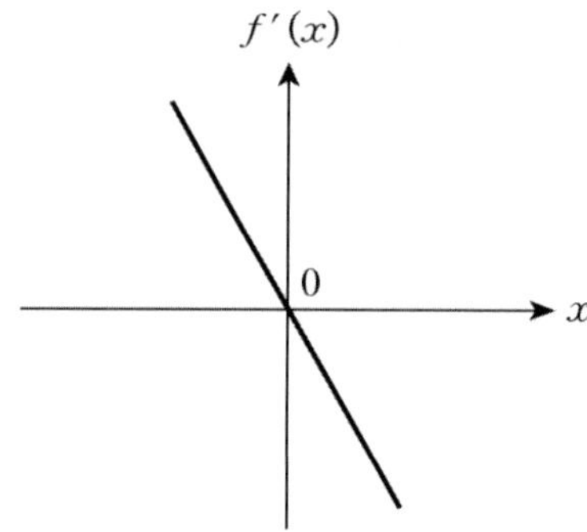

$f''(x)=-2$로 $f''(x)<0$이므로 $f(x)$가 아래로 오목함을 의미한다. 이도 $f(x)=-x^2$의 그래프를 통해 알 수 있다.

참고로 $f''(x)$를 그림으로 나타내면 다음과 같다.

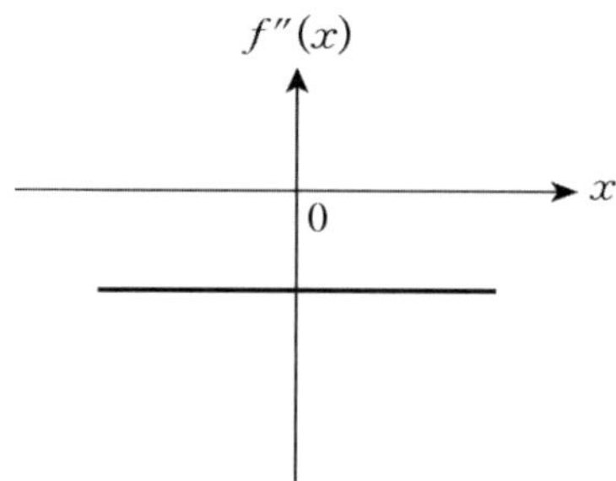

2. 제약식이 없는 다변수 경우

먼저 제약식이 없는 경우 두 변수의 극대와 극소에 대해 알아보자. 이는 제약식이 없이 목적함수만 있는 경우이다. 이 경우 목적함수 $f(x, y)$를 변수 x와 y에 대해 편미분한 값을 0으로 하는, 즉 다음의 식 1)과 2)를 동시에 만족하는 x와 y의 값을 구한다.

$$f_x = 0 \quad \cdots\cdots\cdots\cdots\cdots\cdots \quad 1)$$
$$f_y = 0 \quad \cdots\cdots\cdots\cdots\cdots\cdots \quad 2)$$

이제 이 x와 y의 값에서 $f(x, y)$가 극대인지 아니면 극소인지를 파악하기 위해 각각의 변수를 고려한 2차 편미분

$$f_{xx},\quad f_{xy},\quad f_{yx},\quad f_{yy}$$

를 구한다. 그리고 이 2차 편미분을 이용한 **헤시안**(Hessian) **행렬식** H를 다음과 같이 구해 그 값이 양수이면 $f(x, y)$는 극소이고 그 값이 음수이면 $f(x, y)$는 극대로 판정한다.

헤시안 행렬식

$$|H| = |H_2| = \begin{vmatrix} f_{xx} & f_{xy} \\ f_{yx} & f_{yy} \end{vmatrix}$$

여기서 H에 첨자 2를 붙인 것은 변수가 n개 있는 목적함수 $f(x_1, x_2, \cdots, x_n)$로 일반화시킬 시 변수가 2개임을 나타내기 위해서이다. 참고로 헤시안 행렬식은 다변수함수가 극값을 가질 때, 이 극값이 극대인지 또는 극소인지 판정할 때 사용한다. 변수가 n개 있는 경우의 일반화는 다음과 같다.

$|H_1| > 0,\ |H_2| > 0,\ \cdots,\ |H_n| > 0$ 이면 주어진 값에서 극소이다.
이와는 달리
$|H_1| < 0,\ |H_2| > 0,\ \cdots,\ (-1)^n|H_n|$ (n이 홀수이면 $|H_n| < 0$이고 n이 짝수이면 $|H_n| > 0$)이면 주어진 값에서 극대이다.

다변수 함수의 극대와 극소에 대해 좀 더 자세히 살펴보자. 다음의 그림을 보면

다변수 함수 $f(x, y)$ 의 극대에 대해 더 잘 이해할 수 있을 것이다. 극대점에서는 x축 또는 y축 어디로 보든 1차 미분함수는 0, 즉 극대점에서의 기울기가 0이 된다. 그리고 $f_{xx} < 0$이고 헤시안 행렬식 값 $\left|H_2\right| = \begin{vmatrix} f_{xx} & f_{xy} \\ f_{yx} & f_{yy} \end{vmatrix} > 0$ 이다.

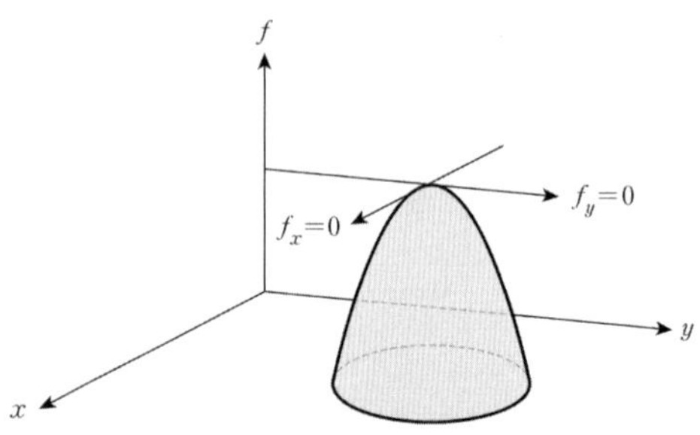

반면 $f(x, y)$ 가 극소값을 갖는 경우는 아래 그림에서 보듯이 x축 또는 y축 어디로 보든 1차 미분함수는 0, 즉 극소값에서의 기울기가 0이 된다. 그리고 $f_{xx} > 0$이고 헤시안 행렬식 $\left|H_2\right| = \begin{vmatrix} f_{xx} & f_{xy} \\ f_{yx} & f_{yy} \end{vmatrix} > 0$ 이다.

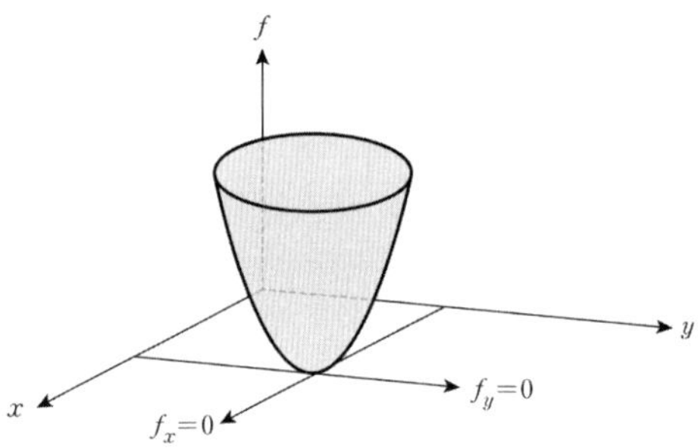

참고로 헤시안 행렬식 $\left|H_2\right|$에 있어 $f_{xx} > 0$이면 $f_{yy} > 0$이므로 $f_{yy} > 0$에 대해 확인할 필요가 없다. 그 이유는 다음과 같다.

$\begin{vmatrix} f_{xx} & f_{xy} \\ f_{yx} & f_{yy} \end{vmatrix} = f_{xx}f_{yy} - f_{yx}f_{xy}$이므로 이 헤시안 행렬식이 양수란 것은 $f_{xx}f_{yy} - {f_{xy}}^2 > 0$이므로($f_{xy}$와 f_{yx}는 같음) $f_{xx}f_{yy} > {f_{xy}}^2$이다. 여기서 우변의 값은 제곱한 값으로 음수가 될 수 없고 좌변의 f_{xx}도 양수이므로 f_{yy}는 양수가 될 수밖에 없다.

이제 헤시안 행렬식 $|H_2| = \begin{vmatrix} f_{xx} & f_{xy} \\ f_{yx} & f_{yy} \end{vmatrix}$이 음수인 경우를 생각해 보자. 이 경우 는 아래의 말안장 그림처럼 극대와 극소를 판별할 수가 없다. 즉 x축으로 볼 때는 이 값이 극대이고 y축으로 볼 때는 이 값이 극소이기 때문이다. 이러한 점을 **안장점**(saddle point)이라 한다. 안장점

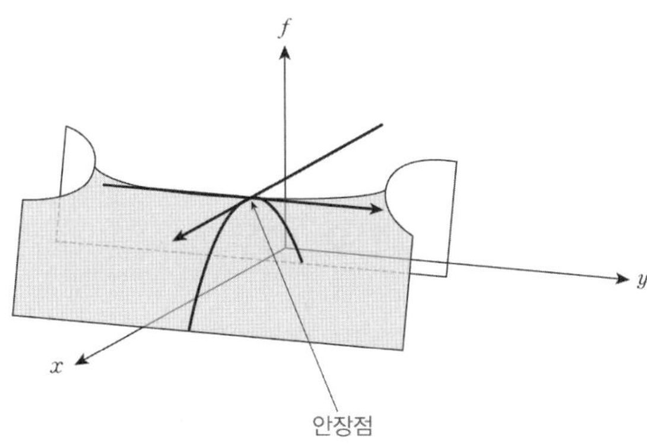

끝으로 $|H_2| = \begin{vmatrix} f_{xx} & f_{xy} \\ f_{yx} & f_{yy} \end{vmatrix} = 0$ 인 경우는 극값의 존재여부를 알 수 없다.

이제 예로서 $f(x, y) = x^2 + y^2$ 에 대해 극대와 극소를 알아보자. 이는 제약식이 없이 목적함수만 있는 경우이다.

예 $f(x, y) = x^2 + y^2$ 의 극대와 극소를 알아보라.

풀이 먼저 $f(x, y)$를 변수 x와 y에 대해 편미분 한 값을 다음과 같이 0으로 둔다.

$f_x = 2x = 0$ ·························· 1)

$f_y = 2y = 0$ ·························· 2)

그러면 1)과 2)를 만족시키는 값은 $x = 0$과 $y = 0$이다.
이제 이 값에서 각각의 변수를 고려한 2차 편미분을 구하면 다음과 같다.

$f_{xx} = 2 \quad f_{xy} = 0$

$f_{yx} = 0 \quad f_{yy} = 2$

이 2차 편미분을 이용한 헤시안(Hessian) 행렬식 $|H_2|$를 구하면 다음과 같이 4로 양수가 된다. 이는 앞에서 구한 $x=0$과 $y=0$에서 주어진 함수가 극소임을 의미한다.

$$|H| = |H_2| = \begin{vmatrix} 2 & 0 \\ 0 & 2 \end{vmatrix} = 4 > 0$$

3. 제약식이 있는 다변수 경우

아래와 같이 두 변수로 이루어진 제약식이 있는 경우의 함수의 극대 극소에 대해 살펴보자.

$$f(x,\ y)$$
$$\text{s.t.}\ \ g(x,y) \le C$$

여기서 s.t.는 subject to의 약어로 제약식이 있음을 의미하고 C는 $g(x,y)$의 한도를 의미한다.

라그랑지안 함수

제약식이 있는 경우는 먼저 제약식이 있는 문제를 제약식이 없는 문제로 바꾸어야 한다. 제약식이 없는 문제로 바꾸면 앞 절서 배운 방법대로 문제를 풀 수 있기 때문이다. 제약식을 없애기 위해 다음과 같이 **라그랑지안 함수**(Lagrangian function)를 정의한다.

$$L = f(x,y) + \lambda(C - g(x,y))$$

라그랑지 승수

라그랑지안 함수에서 λ의 의미가 중요하다. 이 λ는 **라그랑지 승수**(Lagrangian multiplier)라 불리는데 잠재가격(shadow price)을 말한다. 예를 들어 효용함수에서는 화폐 1단위당 한계효용을 의미하고 생산함수의 경우는 화폐 1단위당 한계생산량을 의미한다. 이에 대해서는 뒤에서 예를 통해 자세하게 설명할 것이다.

쿤-터커 조건

이 라그랑지안 함수에 대해 다음의 **쿤-터커 조건**(Kuhn-Tucker condition) 1)에서 5)를 만족하는 x와 y를 찾으면 이 x와 y의 값에서 극대 또는 극소가 된다.

• 쿤-터커 조건

$L_x = 0$　1) 라그랑지안 함수의 x에 대한 1차 미분은 0이다.

$L_y = 0$　2) 라그랑지안 함수의 y에 대한 1차 미분은 0이다.

$L_\lambda = 0$　3) 라그랑지안 함수의 λ에 대한 1차 미분은 0이다.

$\lambda \geq 0$　4) 라그랑지 승수는 음수가 될 수 없다.

$\lambda L_\lambda = 0$　5) 제약식이 등식으로 만족하는 경우는 라그랑지 승수는 비음이 아닌 양수 값을 가지게 되고 제약식을 등식으로 만족하지 못하는 경우, 즉 제약식을 부등식으로 만족하는 경우는 라그랑지 승수는 0이다. 이 경우는 생산함수의 경우엔 화폐 1단위의 한계생산량이 0임을 의미한다.

이제 쿤-터커 조건에서 주어진 식 1)에서 5)를 만족하는 x와 y에서 $f(x, y)$가 극대인지 극소인지를 판정하기 위해 다음과 같이 **유계헤시안**(bordered Hessian) **행렬식**을 구한다.

유계헤시안 행렬식

$$\left|\overline{H_2}\right| = \begin{vmatrix} L_{\lambda\lambda} & L_{\lambda x} & L_{\lambda y} \\ L_{x\lambda} & L_{xx} & L_{xy} \\ L_{y\lambda} & L_{yx} & L_{yy} \end{vmatrix}$$

구한 유계헤시안 행렬식 값이 음수이면 극소이고 이 값이 양수이면 극대로 판정한다. 참고로 유계헤시안 행렬식의 경우 앞의 헤시안 행렬식과는 달리

$$\left|\overline{H_2}\right| = \begin{vmatrix} L_{\lambda\lambda} & L_{\lambda x} & L_{\lambda y} \\ L_{x\lambda} & L_{xx} & L_{xy} \\ L_{y\lambda} & L_{yx} & L_{yy} \end{vmatrix}$$

처럼 $\begin{vmatrix} L_{\lambda\lambda} & L_{\lambda x} & L_{\lambda y} \\ L_{x\lambda} & L_{xx} & L_{xy} \\ L_{y\lambda} & L_{yx} & L_{yy} \end{vmatrix}$을 $\left|\overline{H_3}\right|$가 아닌 $\left|\overline{H_2}\right|$로 함을 유의하기 바란다. 다시 말해서 유계 헤시안에서는 유계, 즉 가장자리의 테두리는 제외한 상태에서의 행렬 차원을 고려하는 것이다. 참고로 $\left|\overline{H_2}\right|$에서 H_2 위의 —는 유계, 즉 테두리를 의미한다.

이를 일반화하면 다음과 같이 정의할 수 있다.

$\left|\overline{H_2}\right| < 0,\ \left|\overline{H_3}\right| < 0,\ \cdots,\ \left|\overline{H_n}\right| < 0$ 이면 주어진 값에서 극소이다.

이와는 달리

$\left|\overline{H_2}\right| > 0,\ \left|\overline{H_3}\right| < 0,\ \cdots,\ (-1)^n\left|\overline{H_n}\right|$ (n이 짝수이면 $\left|\overline{H_n}\right| > 0$이고 n이 홀수이면 $\left|\overline{H_n}\right| < 0$)이면 주어진 값에서 극대이다.

다음의 예를 보자.

예 다음과 같이 제약식이 주어진 경우의 극대와 극소를 알아보라.

$$f(x,\ y) = x^2 + y^2$$
$$\text{s.t. } x + y \le 1$$

풀이 이 문제를 풀기 위해 먼저 제약식이 있는 문제를 제약식이 없는 문제로 바꾸어야 한다. 제약식을 없애기 위해 다음과 같이 라그랑지안 함수를 정의한다.

$$L = x^2 + y^2 + \lambda(1 - x - y)$$

이 라그랑지안 함수에 대해 다음의 쿤-터커 조건을 만족하는 x와 y를 찾으면 이 값에서 바로 극대 또는 극소가 된다.

$$L_x = 2x - \lambda = 0 \quad \cdots\cdots \ 1)$$
$$L_y = 2y - \lambda = 0 \quad \cdots\cdots \ 2)$$
$$L_\lambda = 1 - x - y = 0 \quad \cdots\cdots \ 3)$$
$$\lambda \ge 0 \quad \cdots\cdots \ 4)$$
$$\lambda L_\lambda = \lambda(1 - x - y) = 0 \quad \cdots\cdots \ 5)$$

풀이과정은 다음과 같다.

먼저 1)에서 $x = \dfrac{\lambda}{2}$, 2)에서 $y = \dfrac{\lambda}{2}$를 얻는다. 이들 값을 3)에 대입하여

$$1-\frac{\lambda}{2}-\frac{\lambda}{2}=0$$

를 얻는다. 이를 풀면 $\lambda=1$을 얻는다.
이 값을 1)과 2)에 대입해 다음과 같이 x와 y값을 얻는다.

$$x=\frac{1}{2},\ y=\frac{1}{2}$$

이제 $x=\frac{1}{2},\ y=\frac{1}{2}$에서의 극대 또는 극소여부를 파악하기 위해 다음과 같이 유계헤시안 행렬식 $\left|\overline{H_2}\right|$을 구한다.

$$\left|\overline{H_2}\right|=\begin{vmatrix} L_{\lambda\lambda} & L_{\lambda x} & L_{\lambda y} \\ L_{x\lambda} & L_{xx} & L_{xy} \\ L_{y\lambda} & L_{yx} & L_{yy} \end{vmatrix}$$

$$L_{\lambda\lambda}=0 \qquad L_{\lambda x}=-1 \qquad L_{\lambda y}=-1$$

$$L_{x\lambda}=-1 \qquad L_{xx}=2 \qquad L_{xy}=0$$

$$L_{y\lambda}=-1 \qquad L_{yx}=0 \qquad L_{yy}=2$$

$$=\begin{vmatrix} 0 & -1 & -1 \\ -1 & 2 & 0 \\ -1 & 0 & 2 \end{vmatrix}=-4<0$$

유계헤시안 값이 음수이므로 $x=\frac{1}{2},\ y=\frac{1}{2}$에서 극소가 된다.

또 다른 예를 보자.

예 다음과 같이 제약식이 주어진 경우의 극대와 극소를 알아보라.

$$f(x, y) = -x^2 + y$$

$$\text{s.t. } x^2 + y^2 = 1$$

풀이 먼저 제약식이 없는 문제로 변경하기 위해 라그랑지안 함수를 다음과 같이 만든다.

$$L(x, y, \lambda) = -x^2 + y + \lambda(1 - x^2 - y^2)$$

이 라그랑지안 함수에 대해 다음의 쿤-터커 조건을 만족하는 x와 y를 찾으면 이 값에서 바로 극대 또는 극소가 된다.

$$L_x = -2x - 2x\lambda = 0 \cdots\cdots ①$$

$$L_y = 1 - 2y\lambda = 0 \cdots\cdots ②$$

$$L_\lambda = 1 - x^2 - y^2 = 0 \cdots\cdots ③$$

$$\lambda \geq 0 \cdots\cdots ④$$

$$\lambda L_\lambda = \lambda(1 - x^2 - y^2) = 0 \cdots\cdots ⑤$$

먼저 ⑤에서 $\lambda = 0$인 경우와 $\lambda > 0$인 경우로 나누어 생각해 보자.

i) $\lambda = 0$인 경우

$\lambda = 0$을 식 ①, ②에 대입해 보자. 그러면 ①에서 $x = 0$이 되고 ②에서는 왼편의 값은 1이고 오른편의 값은 0이 되어 모순이 발생한다. 따라서 $\lambda \neq 0$이다

ii) $\lambda > 0$의 경우

$\lambda > 0$인 경우는 ⑤에서 $1 - x^2 - y^2 = 0$일 수 밖에 없다. 이 식을 ⑤′라고 하자. ①에서 $-2x(1 + \lambda) = 0$ 이므로 $x = 0$이 되고 ②에서 $y = \dfrac{1}{2\lambda}$ 이 된다. 이 x와 y의 값을 ⑤′에 대입하면 $1 - \dfrac{1}{4\lambda^2} = 0$

이 된다. 따라서 $\lambda=\frac{1}{2}$ 또는 $-\frac{1}{2}$이 가능하나 $\lambda>0$이므로 $\lambda=\frac{1}{2}$이 된다. 이를 ②에 대입하면 y=1이 된다. 모두 종합하면 $x=0$, $y=1$, $\lambda=\frac{1}{2}$ 이다.

이제 $x=0$, $y=1$ 에서의 극대 또는 극소여부를 파악하기 위해 다음과 같이 유계헤시안 행렬식 $\left|\overline{H_2}\right|$ 을 구한다.

$$\left|\overline{H_2}\right| = \begin{vmatrix} L_{\lambda\lambda} & L_{\lambda x} & L_{\lambda y} \\ L_{x\lambda} & L_{xx} & L_{xy} \\ L_{y\lambda} & L_{yx} & L_{yy} \end{vmatrix}$$

$L_{\lambda\lambda}=0 \quad L_{\lambda x}=0 \quad L_{\lambda y}=-2$

$L_{x\lambda}=0 \quad L_{xx}=-3 \quad L_{xy}=0$

$L_{y\lambda}=-2 \quad L_{yx}=0 \quad L_{yy}=-1$

(왜 이 값을 갖는지 각자 생각해 보라.)

$$= \begin{vmatrix} 0 & 0 & -2 \\ 0 & -3 & 0 \\ -2 & 0 & -1 \end{vmatrix} = 12 > 0$$

유계헤시안 값이 양수이므로 $x=0$, $y=1$ 에서 극대가 된다. 참고로 $\lambda=\frac{1}{2}$ 이라는 것은 제약식이 한 단위 증가할 때마다 목적함수에 기여하는 정도가 $\frac{1}{2}$ 임을 말한다.

다음의 예를 보자.

예 x단위의 노동과 y단위의 자본을 사용하는 기업의 생산함수는 $f(x, y) = x^{\frac{1}{2}} y^{\frac{2}{5}}$이고 노동은 한 단위당 4이고 자본은 한 단위당 3이라고 하자. 이제 이 기업의 생산을 위한 예산이 108로 주어진 경우 다음 질문에 답하라.

1) 기업이 생산을 최대화하기 위해 사용해야 할 노동과 자본의 양을 구하라.
2) 최대생산수준에서 추가로 1의 예산이 주어진다면 기업은 대략 λ만큼의 생산을 더 할 수 있음을 보이라.

풀이 1) 주어진 문제는 다음과 같다.

$$f(x, y) = x^{\frac{1}{2}} y^{\frac{2}{5}}$$
$$\text{s.t. } 4x + 3y = 108$$

이를 풀기 위해 먼저 다음과 같이 라그랑지안 함수를 만든다.

$$L(x, y, \lambda) = x^{\frac{1}{2}} y^{\frac{2}{5}} + \lambda(108 - 4x - 3y)$$

이 라그랑지안 함수에 대해 다음의 쿤-터커 조건을 만족하는 x와 y를 찾으면 이 값에서 바로 극대 또는 극소가 된다.

$$L_x = \frac{1}{2} x^{-\frac{1}{2}} y^{\frac{2}{5}} - 4\lambda = 0 \cdots\cdots\cdots\cdots ①$$
$$L_y = \frac{2}{5} x^{\frac{1}{2}} y^{-\frac{3}{5}} - 3\lambda = 0 \cdots\cdots\cdots\cdots ②$$
$$L_\lambda = 108 - 4x - 3y = 0 \cdots\cdots\cdots\cdots\cdots ③$$
$$\lambda \geq 0 \cdots\cdots\cdots\cdots\cdots\cdots\cdots\cdots\cdots\cdots\cdots\cdots\cdots\cdots ④$$
$$\lambda L_\lambda = \lambda(108 - 4x - 3y) = 0 \cdots\cdots ⑤$$

위의 쿤-터커 조건을 만족시키는 값을 다음과 같이 찾는다.

①에서 $\lambda=\frac{1}{8}x^{-\frac{1}{2}}y^{\frac{2}{5}}$ 이고, ②에서 $\lambda=\frac{2}{15}x^{\frac{1}{2}}y^{-\frac{3}{5}}$ 이다.

이 둘을 같게 놓으면, 즉 $\frac{1}{8}x^{-\frac{1}{2}}y^{\frac{2}{5}}=\frac{2}{15}x^{\frac{1}{2}}y^{-\frac{3}{5}}$로 놓으면 $x=\frac{15}{16}y$이다.

이를 ③에 대입하면 $180-4\times\frac{15}{16}y-3y=0$ 이고 따라서 $y=16$이다. 그리고 $x=\frac{15}{16}y$이므로 $y=16$을 여기에 대입하면 $x=15$이다.

참고로 이 x와 y값에서의 λ는 앞에서 얻은 $\lambda=\frac{1}{8}x^{-\frac{1}{2}}y^{\frac{2}{5}}$ 에 x와 y를 대입하여 $\lambda=.098$를 얻을 수 있다.

이렇게 구한 x와 y에서 최댓값을 갖는지를 확인해 보자. 이는 다음과 같이 유계헤시안을 구해보면 알 수 있다.

$$\left|\overline{H_2}\right|=\begin{vmatrix} L_{\lambda\lambda} & L_{\lambda x} & L_{\lambda y} \\ L_{x\lambda} & L_{xx} & L_{xy} \\ L_{y\lambda} & L_{yx} & L_{yy} \end{vmatrix}$$

$$L_{\lambda\lambda}=0 \qquad L_{\lambda x}=-4 \qquad L_{\lambda y}=-3$$

$$L_{x\lambda}=-4 \qquad L_{xx}=-\frac{1}{4}x^{-\frac{3}{2}}y^{\frac{2}{5}} \qquad L_{xy}=\frac{1}{5}x^{-\frac{1}{2}}y^{-\frac{3}{5}}$$

$$L_{y\lambda}=-3 \qquad L_{yx}=\frac{1}{5}x^{-\frac{1}{2}}y^{-\frac{3}{5}} \qquad L_{yy}=-\frac{6}{25}x^{\frac{1}{2}}y^{-\frac{8}{5}}$$

$$=\begin{vmatrix} 0 & -4 & -3 \\ -4 & -\frac{1}{4}x^{-\frac{3}{2}}y^{\frac{2}{5}} & \frac{1}{5}x^{-\frac{1}{2}}y^{-\frac{3}{5}} \\ -3 & \frac{1}{5}x^{-\frac{1}{2}}y^{-\frac{3}{5}} & -\frac{6}{25}x^{\frac{1}{2}}y^{-\frac{8}{5}} \end{vmatrix}$$

$$=(-1)^3(-4)\begin{vmatrix} -4 & \frac{1}{5}x^{-\frac{1}{2}}y^{-\frac{3}{5}} \\ -3 & -\frac{6}{25}x^{\frac{1}{2}}y^{-\frac{8}{5}} \end{vmatrix}$$

$$+(-1)^4(-3)\begin{vmatrix} -4 & -\frac{1}{4}x^{-\frac{3}{2}}y^{\frac{2}{5}} \\ -3 & \frac{1}{5}x^{-\frac{1}{2}}y^{-\frac{3}{5}} \end{vmatrix}$$

$$=4\times\left(\frac{24}{25}x^{\frac{1}{2}}y^{-\frac{8}{5}}+\frac{3}{5}x^{-\frac{1}{2}}y^{-\frac{3}{5}}\right)$$

$$-3\times\left(\frac{-4}{5}x^{-\frac{1}{2}}y^{-\frac{3}{5}}-\frac{3}{4}x^{-\frac{3}{2}}y^{\frac{2}{5}}\right)>0$$

이므로 앞에서 구한 x와 y에서 생산이 최대가 됨을 알 수 있다.

2) 이 문제는 한계 생산량 $\Delta f = f_x\Delta x + f_y\Delta y$ 이 λ임을 보이는 문제이다.

$f_x = \frac{1}{2}x^{-\frac{1}{2}}y^{\frac{2}{5}}$ 이고 $f_y = \frac{2}{5}x^{\frac{1}{2}}y^{-\frac{3}{5}}$ 이다.

그리고 앞의 풀이과정의 ①에서 $L_x = \frac{1}{2}x^{-\frac{1}{2}}y^{\frac{2}{5}} - 4\lambda = 0$ 이므로

$f_x = 4\lambda$ 이고 ②에서 $L_y = \frac{2}{5}x^{\frac{1}{2}}y^{-\frac{3}{5}} - 3\lambda = 0$ 이므로

$f_y = 3\lambda$ 이다.

이를 Δf에 대입하면 $\Delta f = 4\lambda\Delta x + 3\lambda\Delta y = \lambda(4\Delta x + 3\Delta y)$ 이고 오른편의 $4\Delta x + 3\Delta y$는 예산이 추가로 늘어난 부분을 의미하므로 1이다.

따라서 $\Delta f = \lambda \cdot 1 = \lambda$ 이다.

요약

1) 한 변수의 경우

$f(x)=x^2$ 의 경우 $f'(x)=0$ 인 $x=0$에서 $f''(x)=2>0$ 이므로 최솟값을 갖는다.

$f'(x)=-x^2$ 의 경우 $f'(x)=0$ 인 $x=0$에서 $f''(x)=-2<0$ 이므로 최댓값을 갖는다.

2) 제약식이 없는 다변수 경우

- 제약식이 없이 목적함수만 있는 두 변수의 경우 목적함수 $f(x, y)$를 변수 x와 y에 대해 편미분한 값을 0으로 하는, 즉 다음의 식 ①과 ②를 동시에 만족하는 x와 y의 값을 구한다.

$$f_x=0 \quad \cdots\cdots\cdots\cdots ①$$
$$f_y=0 \quad \cdots\cdots\cdots\cdots ②$$

이제 이 x와 y의 값에서 $f(x, y)$가 극대인지 아니면 극소인지를 파악하기 위해 각각의 변수를 고려한 2차 편미분

$$f_{xx}, \quad f_{xy}, \quad f_{yx}, \quad f_{yy}$$

를 구한다. 그리고 이 2차 편미분을 이용한 헤시안 행렬식 H를 다음과 같이 구해 그 값이 양수이면 $f(x, y)$는 극소이고 그 값이 음수이면 $f(x, y)$는 극대로 판정한다.

$$|H| = |H_2| = \begin{vmatrix} f_{xx} & f_{xy} \\ f_{yx} & f_{yy} \end{vmatrix}$$

변수가 n개 있는 경우의 일반화는 다음과 같다.

$|H_1|>0,\ |H_2|>0,\ \cdots,\ |H_n|>0$ 이면 주어진 값에서 극소이다.

이와는 달리

$|H_1| < 0,\ |H_2| > 0,\ \cdots,\ (-1)^n |H_n|$ (n이 홀수이면 $|H_n| < 0$이고 n이 짝수이면 $|H_n| > 0$)이면 주어진 값에서 극대이다.

• 헤시안 행렬식 $|H_2| = \begin{vmatrix} f_{xx} & f_{xy} \\ f_{yx} & f_{yy} \end{vmatrix}$이 음수인 경우는 아래의 말안장 그림처럼 극대와 극소를 판별할 수가 없다. 즉 x축으로 볼 때는 이 값이 극대이고 y축으로 볼 때는 이 값이 극소이기 때문이다. 이러한 점을 안장점이라 한다.

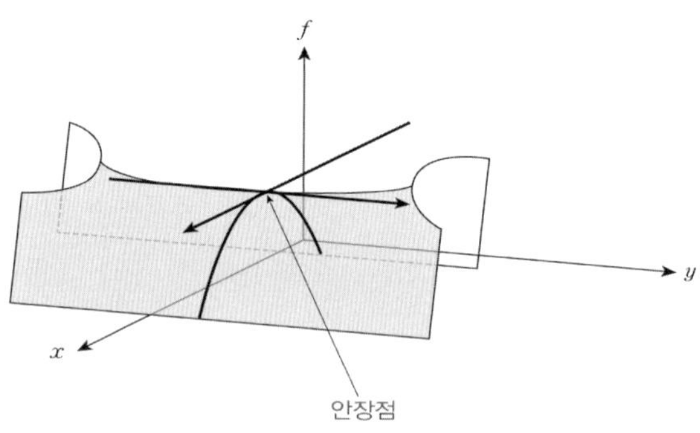

$|H_2| = \begin{vmatrix} f_{xx} & f_{xy} \\ f_{yx} & f_{yy} \end{vmatrix} = 0$ 인 경우는 극값의 존재여부를 알 수 없다.

3) 제약식이 있는 다변수 경우

두 변수로 이루어진 제약식이 있는 다음 경우를 보자.

$$f(x,\ y)$$
$$\text{s.t.}\ \ g(x,y) \le C$$

제약식이 있는 경우는 먼저 제약식이 있는 문제를 제약식이 없는 문제로 바꾸어 앞 절서 배운 방법대로 문제를 푼다. 제약식을 없애기 위해 다음과 같이 라그랑지안 함수를 정의한다.

$$L = f(x,y) + \lambda(C - g(x,y))$$

라그랑지안 함수에서 λ는 라그랑지 승수라 불리는데 잠재가격을 말한다.
이 라그랑지안 함수에 대해 다음의 쿤-터커 조건 ①에서 ⑤를 만족하는 x

와 y를 찾으면 이 x와 y의 값에서 극대 또는 극소가 된다.

쿤-터커 조건

$L_x = 0$ ① 라그랑지안 함수의 x에 대한 1차 미분은 0이다.

$L_y = 0$ ② 라그랑지안 함수의 y에 대한 1차 미분은 0이다.

$L_\lambda = 0$ ③ 라그랑지안 함수의 λ에 대한 1차 미분은 0이다.

$\lambda \geq 0$ ④ 라그랑지 승수는 음수가 될 수 없다.

$\lambda L_\lambda = 0$ ⑤ 제약식이 등식으로 만족하는 경우는 라그랑지 승수는 비음이 아닌 양수 값을 가지게 되고 제약식을 등식으로 만족하지 못하는 경우, 즉 제약식을 부등식으로 만족하는 경우는 라그랑지 승수는 0이다.

이제 쿤 터커 조건에서 주어진 식 ①에서 ⑤를 만족하는 x와 y에서 $f(x, y)$가 극대인지 극소인지를 판정하기 위해 다음과 같이 유계헤시안 행렬식을 구한다.

$$\left|\overline{H_2}\right| = \begin{vmatrix} L_{\lambda\lambda} & L_{\lambda x} & L_{\lambda y} \\ L_{x\lambda} & L_{xx} & L_{xy} \\ L_{y\lambda} & L_{yx} & L_{yy} \end{vmatrix}$$

구한 유계헤시안 행렬식 값이 음수이면 극소이고 이 값이 양수이면 극대로 판정한다.

이를 일반화하면 다음과 같이 정의할 수 있다.

$\left|\overline{H_2}\right| < 0,\ \left|\overline{H_3}\right| < 0,\ \cdots,\ \left|\overline{H_n}\right| < 0$ 이면 주어진 값에서 극소이다.

이와는 달리

$\left|\overline{H_2}\right| > 0,\ \left|\overline{H_3}\right| < 0,\ \cdots,\ (-1)^n\left|\overline{H_n}\right|$ (n이 짝수이면 $\left|\overline{H_n}\right| > 0$이고 n이 홀수이면 $\left|\overline{H_n}\right| < 0$)이면 주어진 값에서 극대이다.

연습문제

1. 안장점에 대해 설명하라.

2. 라그랑지 승수의 의미에 대해 설명하라.

3. $f(x) = x^2 - 2x + 1$의 최솟값을 구하라.

4. $f(x, y) = -2x^2 - 15y^2$의 극대와 극소를 알아보라.

5. $f(x, y) = x^2 + y^4 + 2xy$ 극대와 극소를 알아보라.

6. 제품 A와 B를 생산하는 안암기업이 있다. 제품 A와 B의 판매단가는 각각 800원과 1400원이다. 제품 A와 B의 생산량을 x와 y라고 할 때 안암기업의 총비용 함수는 다음과 같이 주어진다.

$$TC = x^2 + 2y^2 + 2xy + 10000$$

안암기업의 이익을 최대로 하는 제품 A와 B의 생산량을 구하고 이때의 최대이익을 구하라.

7. 다음을 만족하는 값들을 구하고 극대 또는 극소를 판정하라.

$$f(x, y) = x + y$$
$$s.t. \quad x^{0.5} + y = 1$$

8. 재화 A를 x개, 재화 B를 y개 소비했을 때 효용함수는 $U(x, y) = xy$로 주어진다. 재화 A의 가격은 9만원이고 재화 B의 가격은 1만원이다. 이제 72만원의 비용을 통해 효용을 극대화하는 재화 A와 B의 양을 구하라.

9. 유망기업은 다음의 생산함수에 따라 L단위의 노동과 K단위의 자본을 사용하여 제품을 생산하고 있다. 노동 1단위당 100(단위: 1000원)의 비용이 들고 자본 1단위당 300(단위: 1000원)의 비용이 들며 생산을 위해 총 45000(단위: 1000원)이 있다고 하자. 생산을 최대화하는 노동 L과 자본 K의 값을 구하라.

$$P(x, y) = 50L^{\frac{2}{3}}K^{\frac{1}{3}}$$

10. 고려기업은 제품 A와 B를 만들어 팔 계획이다. 제품 A의 생산에는 고정비 3000만원과 단위당 변동비 2만원, 제품 B의 생산에는 고정비 2000만원과 단위당 변동비 1만원이 든다. 이 외에도 제품 A와 제품 B간의 생산조정 비용으로 두 제품 생산량의 차이 제곱에 비례하는 비용이 추가로 발생한다. 즉 제품 A의 생산량을 x, 제품 B의 생산량을 y로 했을 때 두 제품의 생산과 관련한 총비용은 다음과 같다.

$$TC = (3000 + 2x) + (2000 + y) + (x - y)^2/100$$

두 제품의 생산량과 관련된 제약식 $x + y \le 2000$ 을 고려하여 두 제품의 생산비용을 최소화하는 제품의 생산량을 결정하라.

10 CHAPTER

선형계획법

주요 학습목표

- 선형계획법의 개념을 이해할 수 있다.
- 심플렉스법을 이용해 선형계획법 문제를 풀 수 있다.
- big M을 이용해 선형계획법 문제를 풀 수 있다.
- 쌍대 심플렉스법을 이용해 선형계획법 문제를 풀 수 있다.

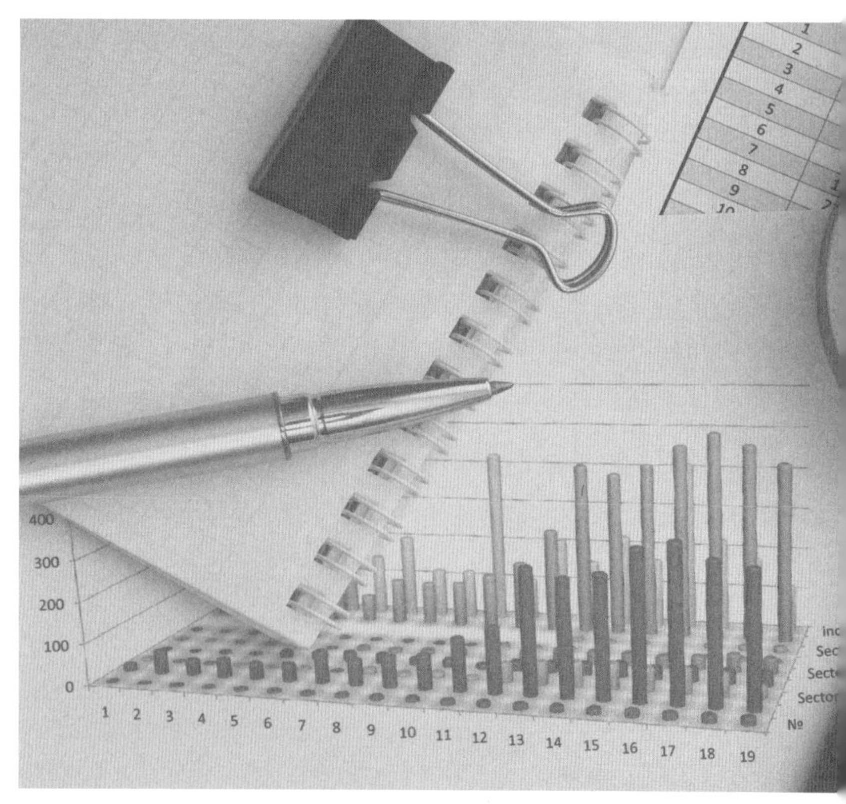

기사

한수원의 '20년' 숙원 … 원자력에 數를 놓다

수학연 산업수학혁신센터-한수원 고리1발전소 협력 … "핵연료 취급공정 개선으로 수천만원 절감"

핵연료 삽입체 위치 변경 등 통해 예산절감 가시화

"한 도시에서 여러 도시로 이동하는 비용값이 모두 주어졌다. 이 경우 최소비용으로 각 도시를 단 한 번씩만 방문하고 첫 시작점으로 돌아오기 위한 이동 순서는 무엇일까?"

'외판원 문제(Traveling Salesperson Problem)'의 정의다. 최적화된 조합을 찾기 위해 수학의 계산 복잡도 이론에서 주로 활용되는 개념이다. 그동안 이론으로만 머물렀던 수학이 산업수학으로써 연구현장 뿐만 아니라 기업 혁신, 산업계 응용에 접목되고 있다.

판교에 위치한 국가수리과학연구소(소장 박형주)의 산업수학혁신센터는 지난해 개소한 이래 산업계와 적극적으로 협력하면서 문제발굴부터 해결까지 지원을 강화하고 있다. 공정 불량을 감지하는 알고리즘 고도화 작업, NCS 기반 직업 매칭, 통계패키지 프로그램 코딩 등에 수학적 모델링을 활용하면서 산업 현장의 호응을 얻고 있다.

특히 지난해 11월부터 진행된 한국수력원자력 고리1발전소(소장 박지태)와의 협력은 가장 큰 성과 중 하나로 꼽힌다. 고리2호기를 대상으로 선형계획법을 이용한 핵연료 삽입체 재배치 방법 개선을 통해 예산절감 등의 성과가 나오기 시작했다. 수학연 연구진은 직접 발전소의 사용후핵연료저장조 현장을 둘러보는 등 문제 해결에 나서고 있다.

출처: http://hellodd.com/?md=news&mt=view&pid=61497

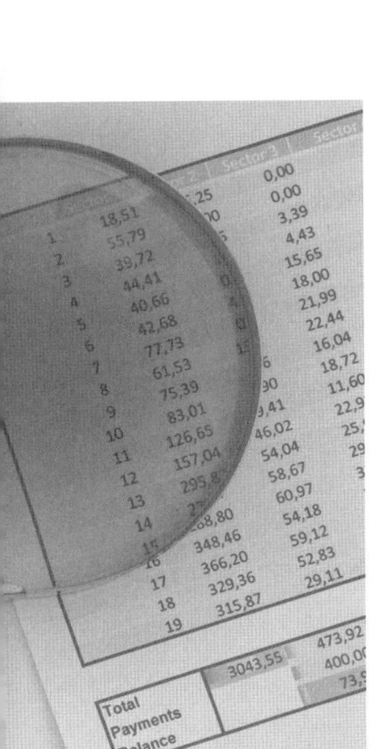

선형계획법

본 장에서는 자원제약하의 이익최대화 문제나 자원제약하의 비용최소화 문제를 다루는 데 유용한 **선형계획법**(linear programming)을 소개하고자 한다.

이들 문제의 경우 변수가 두 개만 있으면 곧 설명될 xy 평면을 이용해 그래프로 풀어보는 기하학적 접근이 종종 도움이 된다. 하지만 변수가 많아지면 행렬과 역행렬의 장에서 배운 $Ax=b$의 해를 찾는 법을 이용해 문제를 풀게 된다. 즉 다음과 같이 선형계획법의 형태로 모형이 되었다고 하자.

$$\begin{aligned}&Max\ px\\ &s.t.\ \ Ax \le b\,(b \ge 0)\\ &\qquad\ x \ge 0\end{aligned}$$

표준형

여기서 p는 $1\times n$ 벡터이고 x는 $n\times 1$ 벡터이며 A는 $m\times n$ 행렬이고 b는 $m\times 1$ 벡터이다. 이를 푸는 방법은 뒤에서 설명하겠지만 기본 아이디어는 다음과 같다. 먼저 부등식으로 된 제약식을 행렬에서 배운 $Ax=b$의 해를 구하는 법을 이용하기 위해 등식으로 변환한다. 이는 자원에 대한 각 부등식에 대해 양의 변수(뒤에서 배우겠지만 여유변수(slack variable)라 한다)를 더해 다음과 같이 부등식을 등식으로 만들 수 있다. 이렇게 바꾼 것을 **표준형**(standard form)이라 한다.

$$\begin{aligned}&Max\ px\\ &s.t.\ \ A'x' = b\,(b \ge 0)\\ &\qquad\ x' \ge 0\end{aligned}$$

여기서

$$A' = (A\,|\,I)$$

$$x' = (x_1, \ldots, x_n, s_1, \ldots, s_m)$$

부등식을 등식으로 만들기 위해 제약식의 수만큼 여유변수가 필요하고 이 여유변수의 계수는 1이기 때문에 A'는 원래의 행렬 A에다가 항등행렬이 추가된 형태이다. 보다 자세한 설명은 뒤에서 할 것이다.

먼저 기하학적 접근을 살펴보자.

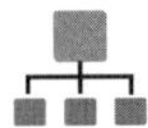

1. 기하학적 접근

다음의 예를 보자.

예 두 개의 제품 X와 Y를 생산하고 있는데 X는 한 단위당 6의 이익을 Y는 한 단위당 8의 이익을 가져다준다. 그리고 두 제품 모두 조립과 마무리 작업을 필요로 하는데 조립의 경우 총 가용시간은 4000시간이고 마무리 작업의 경우 총 가용시간은 6000시간이다. 제품 X의 경우에는 조립에 2시간 마무리 작업에 4시간이 걸리고 제품 Y의 경우에는 조립에 4시간이 걸리고 마무리 작업에 3시간이 걸린다. 이 때 이익을 최대로 하기 위해 제품 X와 제품 Y는 각각 몇 개씩 생산해야 하는가?

풀이 이 문제를 아래와 같이 정리할 수 있다.

이익최대화

	제품 X	제품 Y	가용시간
조립	2	4	4000
마무리 작업	4	3	6000
이익	6	8	

이제 x를 제품 X의 생산량이라 하고 y를 제품 Y의 생산량이라 하자. 이 예는 선형계획법을 이용해 다음과 같이 모형화 할 수 있다.

Max $6x+8y=z$ ⟵ 목적함수(objective function)

s.t. $2x+4y \le 4000$
$4x+3y \le 6000$ } 이 둘은 제약식(constraint)

$x \ge 0,\ y \ge 0$ (비음(nonnegative) 조건, 왜냐하면 이들 값은 음수를 가질 수가 없다. 즉, 만들지 않든지 아니면 일정수량을 만들어야 하기 때문이다.)

이제 이 예를 그래프로 푸는 법을 알아보자.

위의 예의 목적함수와 두 개의 제약식 그리고 비음 조건을 만족하는 그래프를 다음과 같이 나타낼 수 있다.

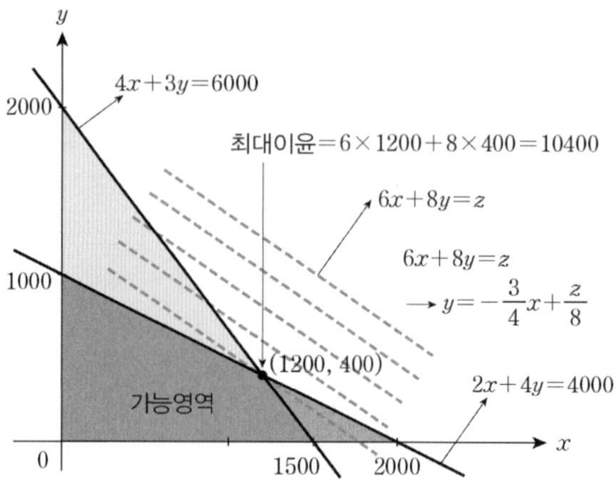

이 그림에서 짙은 부분은 두 개의 제약식과 변수의 비음조건을 모두 만족하는 부분이다. 즉 이 부분을 가능영역(feasible region)이라 한다. 가능영역이란 해가 있을 수 있는 부분을 말한다. 이제 목적함수 $6x+8y=z$를 y에 대해 정리하면

$$y=-\frac{6}{8}x+\frac{z}{8}=-\frac{3}{4}x+\frac{z}{8}$$

가 된다. 따라서 가능영역 내에서 z값이 최대가 되도록 하면 이 값은 $x=1200$이고 $y=400$인 값에서 발생하고 그 때의 z값은 10400임을 알 수 있다. 따라서 이 예의 해는 $x=1200$이고 $y=400$이다.

2. 심플렉스법

심플렉스법

이제 아래 선형계획법을 풀기 위해 사용되는 **심플렉스법**(simplex method)을 설명하고자 한다.

$$\begin{aligned} &\text{Max} \quad z=px \\ &\text{s.t.} \quad Ax \geq b \\ &\qquad\quad x \geq 0 \end{aligned}$$

앞에서 보았듯이 이 형태의 계수행렬 A의 차원은 $m \times n$ 이고 우변 상수 b의 차원은 $m \times 1$ 이며 변수 x의 차원은 $n \times 1$ 이다. 앞에서 이미 설명하였듯이 $Ax = b$를 이용해 이 선형계획법의 해를 구하기 위해서는 위에서 주어진 제약식의 부등식을 등식 형태로 변경하여야 한다. 등식형태로 변경하기 위해서는 각 제약식 당 한 개의 **여유변수**가 필요하고 총 m개의 제약식이 있으므로 총 m개의 여유변수가 필요하다. 그러면 원래 주어진 n개의 변수에 여유변수 m개가 더해져 총 $n+m$개의 변수가 있게 된다. 결론적으로 아래와 같이 주어지고 이를 표준형이라고 한다.

여유변수

$$Max\ px$$

$$s.t.\ \ A'x' = b\,(b \geq 0)$$

$$x' \geq 0$$

여기서

$$A' = (A|I)$$

$$x' = (x_1, ..., x_n, s_1, ..., s_m)$$

부등식을 등식으로 만들기 위해 제약식의 수 m만큼 여유변수가 필요하고 이 여유변수의 계수는 1이기 때문에 A'는 원래의 행렬 A에다가 항등행렬이 추가된 형태이다.

참고로 표준형에서 원래 주어진 n개의 변수를 **구조변수**(structural variable)라 하고 등식을 만들기 위해 추가된 m개의 변수를 여유변수라 한다. 행렬에서 이미 배운 대로 총 제약식의 수는 m개이고 총 변수의 수는 $m+n$ 개이므로 이 $m+n$ 개의 변수 중 n개는 0이 될 수밖에 없다. 그러면 어떤 것을 0으로 할 것인가? 원 문제에 있는 x에 속한 n개의 변수를 0으로 하는 것이 좋다. 왜냐하면 부등식으로 된 제약식을 등식으로 만들기 위해 추가된 여유변수는 계수가 1이므로 x에 속한 변수가 0이 되면 이 여유변수의 값은 바로 제약식의 우변에 있는 상수값과 같아 여유변수의 값을 바로 구할 수 있기 때문이다.

구조변수

이처럼 $m+n$ 개의 변수 중 n개를 0으로 한 값을 **기본해**(basic solution)라 한다. 만약 이 기본해가 가능영역에 있는 가능해이면 **기본가능해**(basic feasible solution, BFS)라고 한다. 각 기본가능해는 가능 영역의 꼭짓점에 대응된다. 선형계획법의 해는 하나 또는 하나 이상의 기본가능해에서 주어진다.

기본해

기본가능해

피봇팅

이제 선형계획법을 푸는 심플렉스법의 핵심에 대해 설명하고자 한다. 먼저 출발점으로 특정한 기본가능해를 선택한다(이미 앞에서 설명한 대로 여유변수가 우변의 상수 값을 갖도록 원 변수가 0이 되는데 이는 바로 원점에 해당한다). 그러고 나서 이 출발점인 기본가능해에서 목적함수가 최적해에 더 가까워지도록 다른 기본가능해로 이동해 간다. 이러한 이동과정을 **피봇팅**(pivoting)이라고 한다. 당연히 목적함수가 최적해와 일치하면 이 이동과정도 중단이 된다.

투입변수
퇴출변수
최소비율 테스트

다시 한 번 강조하지만 심플렉스 표에서의 변수의 변화는 목적함수의 값을 개선하는 쪽으로 이루어져야 한다. 새로운 **투입변수**(entering variable)는 목적함수에 가장 큰 기여를 하는 양의 값을 갖는 변수로 선택한다. 이제 이 변수가 투입변수로 들어오면 나가는 변수를 선택해야 한다. 나가는 변수 즉 **퇴출변수**(leaving variable)는 심플렉스 표에서 들어오는 변수 즉 투입변수에 있는 열(column) 중 다음의 비율이 가장 작은 비음(nonnegative)의 행(row)을 선택한다. 이를 **최소비율 테스트**(minimum ratio test)라고 한다.

$$\frac{b_i}{a_{ij}} \ (i=1,\ \cdots,\ m) \ (\text{참고로 } x_j\text{가 투입변수로 선택된 경우임})$$

그 이유는 이보다 더 큰 비율을 갖는 것을 선택하면 x가 비음인 조건을 충족하지 못하는 경우가 발생하기 때문이다. 즉, $b_i - a_{ij}x_j \geq 0;\ i=1, ..., m$ (모든 비음인 a_{ij}에 대해)가 성립되지 않을 수 있기 때문이다. 이는 새로운 투입변수 x_j가 한 단위 증가할 때마다 자원을 a_{ij}만큼 사용하기 때문에 투입변수 x_j를 아무리 증가시키더라도 주어진 자원의 가용량 b_i 한도 내에서만 증가시킬 수 있음을 의미한다. 즉 $b_i - a_{ij}x_j \geq 0$ 을 의미한다. $b_i - a_{ij}x_j \geq 0$ 를 x_j에 대해 풀면 $x_j \leq \dfrac{b_i}{a_{ij}}$ 이고 이것이 a_{ij}가 비음인 모든 i(즉, 제약식)에 대해 성립해야 하므로 이들 중 최솟값에 대응하는 i가 퇴출변수가 될 수밖에 없다.

그러면 심플렉스법은 언제 끝이 나는가? 목적함수 값에 기여하는 투입변수가 더 이상 없을 때, 즉 목적함수에 대응하는 행에서 양의 값을 갖는 변수가 더 이상 없을 때 끝이 난다.

만일 제약식이 $Ax \geq b$인 경우는 어떻게 처리할까? 이 경우는 $Ax - t = b$로 부등식을 등식으로 만들고 나서(주의할 점은 이 경우는 t의 계수가 음수로서 앞의 여유변수와는 달리 답을 제약식 오른편의 b로 할 수가 없어, 즉 $t=-b$가 되어

t가 음수로 문제가 발생함) 다시 **인공변수**(artificial variable)인 v를 추가해 $Ax-t+v=b$로 하여야 한다. 이 경우 v는 우리가 실제로 원하는 변수가 아니고 최종적으로는 없어지기를 바라므로 목적함수 행에 $-Mv$를 두어(이 때 M은 big M으로 아주 큰 값임) 목적함수의 값을 엄청 감소시키는 것으로 설정을 해 둔다. 그러면 최종단계에서 목적함수의 값을 최대화하는 것이 우리가 풀고자 하는 문제이므로 심플렉스 표에서 v를 먼저 없애는 것이 중요하다. 다시 말해 M은 인공변수 v를 사용하는데 따른 페널티(penalty)로 이렇게 함으로써 최종 해에서 v의 값은 0이 되고 이 해는 원래 우리가 의도했던 문제를 풀었음을 의미한다. 이는 뒤의 해당 예에서 보다 자세하게 설명할 것이다. 인공변수

다음의 예를 보자.

예 앞의 예를 가지고 심플렉스법을 적용해 최적해를 구해보라.

풀이 먼저 앞의 예를 다음과 같이 표준형으로 바꾼다. 여기서 x, y는 구조변수이고 u, v는 여유변수이다.

$$\begin{aligned} &\text{Max } 6x+8y=z \\ &\text{s.t. } 2x+4y+u=4000 \\ &\quad\;\; 4x+3y+v=6000 \\ &\quad\;\; x,\ y,\ u,\ v \geq 0 \end{aligned}$$

이제 위의 문제를 심플렉스법을 적용해 풀기 위해 다음과 같이 심플렉스 표(simplex tableau)에 옮겨보자.

$$\begin{array}{c} \\ u \\ v \\ \\ \end{array}\begin{array}{c} \begin{array}{cccc} x & y & u & v \end{array} \\ \left[\begin{array}{cccc|c} 2 & 4 & 1 & 0 & 4000 \\ 4 & 3 & 0 & 1 & 6000 \\ 6 & 8 & 0 & 0 & z \end{array}\right] \end{array}$$

항등행렬 부분을 읽으면
(x,y,u,v)=(0, 0, 4000, 6000)

이 경우 여유변수에 해당하는 부분은 항등행렬로 x와 y가 0이면 $u=4000$, $v=60000$이라고 바로 알 수 있다. 앞에서 이미 설명하였듯이 변수가 4개(구조변수 2개와 여유변수 2개)에 식이 2개이므로 변수 2개를 0으로 해야 하는데 이 경우 항등행렬을 활용해 답을 바로 구하기 위해 x와 y를 0으로 둔 것이다. 이때의 목적함수 값 $z=0$이 된다.

그리고 이때의 x와 y의 값은 원점에 해당이 된다. 따라서 $(u,\ v)$를 기저(basis)로 갖는 기본가능해는 원점에 대응된다. 참고로 현재의 기저변수를 심플렉스 표의 왼편에 적어야 함을 유의하기 바란다. 여기에 해당하는 그림이 아래에 주어져 있다. 그림에서 원점은 ①로 표시되어 있고 심플렉스의 시작을 의미한다.

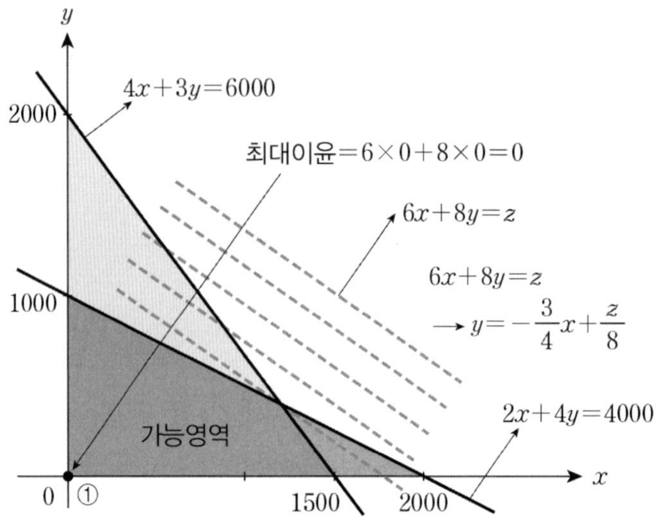

이제 심플렉스 표에서의 변수의 변화는 목적함수의 값을 개선하는 쪽으로 이루어져야 한다. 먼저 목적함수의 값 $z=0$인 상태에서 기본가능해인 $(x,\ y,\ u,\ v)=(0,\ 0,\ 4000,\ 6000)$ 으로부터 시작한다.

이제 어떤 변수를 투입시키고 어떤 변수를 퇴출시킬 것인가?

x를 한 단위 증가시키면 목적함수 값 z는 6이 증가하고 y를 한 단위 증가시키면 목적함수 값 z는 8이 증가한다. 따라서 y 한 단위 증가가 x 한 단위 증가보다 목적함수의 증가에 더 큰 기여를 하므로 새로운 기저를 만들기 위해 y를 새로운 투입변수로 선택한다. y가 투입변수로 들어왔으므로 퇴출변수를 선택해야 한다. 퇴출변수는 심플렉스 표에서 들어오는 변수, 즉 투입변수인 y에 있는 열(column) 중 다음의 비율이 가장 작은 비음의 행을 선택한다.

$\dfrac{b_i}{a_{i2}}\ (i=1,\ 2)$ 여기선 y가 투입변수로 선택됨

즉, y가 있는 열의 비음인 값 4와 3에 대응되는 $\frac{4000}{4}$과 $\frac{6000}{3}$ 중 적은 값(여기서는 $\frac{4000}{4}$)을 갖는 4에 관련된 u가 퇴출변수가 된다. 이것이 아래에 나타나 있다.

피봇값

$$\begin{array}{c} \\ u \\ v \\ \\ \end{array}\begin{array}{c}\begin{matrix} x & y & u & v \end{matrix} \\ \left[\begin{array}{cccc|c} 2 & \boxed{4} & 1 & 0 & 4000 \\ 4 & 3 & 0 & 1 & 6000 \\ 6 & 8 & 0 & 0 & z \end{array}\right]\end{array} \rightarrow \text{퇴출변수}$$

투입변수 (↑ y열)

- 목적 함수에 가장 기여를 많이 하는 y를 투입변수로 선택
- 투입변수인 y에 해당하는 열에 대해 최소 비율 테스트 $min\left(\frac{4000}{4}, \frac{6000}{3}\right) = min(1000, 2000) = 1000$ 인 u가 퇴출변수(왜냐하면 $4000 - 4y \geq 0$와 $6000 - 3y \geq 0$을 동시에 만족해야 하기 때문이다.)

이제 이 4를 피봇 값(pivot element)으로 하여 기본 행연산을 적용하여야 하므로 이 4를 1로 만들어야 한다. 이는 첫 행을 4로 나누면 되고 이어서 1로 된 것 위, 아래의 값을 기본 행연산을 통해 0으로 만든다. 이 과정이 아래에 나타나 있다.

$$\xrightarrow{\frac{1}{4}R_1} \begin{array}{c} \\ y \\ v \\ \\ \end{array}\begin{array}{c}\begin{matrix} x & y & u & v \end{matrix} \\ \left[\begin{array}{cccc|c} \frac{1}{2} & 1 & \frac{1}{4} & 0 & 1000 \\ 4 & 3 & 0 & 1 & 6000 \\ 6 & 8 & 0 & 0 & z \end{array}\right]\end{array}$$

기본 행연산 적용

$$\xrightarrow[R_3 - 8R_1]{R_2 - 3R_1} \begin{array}{c} \\ y \\ v \\ \\ \end{array}\begin{array}{c}\begin{matrix} x & y & u & \end{matrix} \\ \left[\begin{array}{cccc|c} \frac{1}{2} & 1 & \frac{1}{4} & 0 & 1000 \\ \frac{5}{2} & 0 & -\frac{3}{4} & 1 & 3000 \\ 2 & 0 & -2 & 0 & z-8000 \end{array}\right]\end{array}$$

위의 최종결과를 다음과 같이 정리하고 항등행렬을 중심으로 값을 읽으면 y=1000, v=3000이다. 그리고 이때의 z값은 8000으로 전 단계에 비해 8000만큼 이익이 증가했음을 알 수 있다.

$$\begin{array}{c} \\ y \\ v \\ \\ \end{array}\begin{array}{c}\begin{matrix} x & y & u & v \end{matrix} \\ \left[\begin{array}{cccc|c} \frac{1}{2} & \boxed{1} & \frac{1}{4} & \boxed{0} & 1000 \\ \frac{5}{2} & \boxed{0} & -\frac{3}{4} & \boxed{1} & 3000 \\ 2 & 0 & -2 & 0 & z-8000 \end{array}\right]\end{array}$$

항등행렬 부분을 읽으면
② (x, y, u, v)
$= (0, 1000, 0, 3000)$
이 때의 $z = 8000$

이를 심플렉스에 나타내면 다음과 같다. 그림에서 보듯이 이전 단계인 원점 ①에서 ②로 해가 옮겨갔음을 알 수 있다.

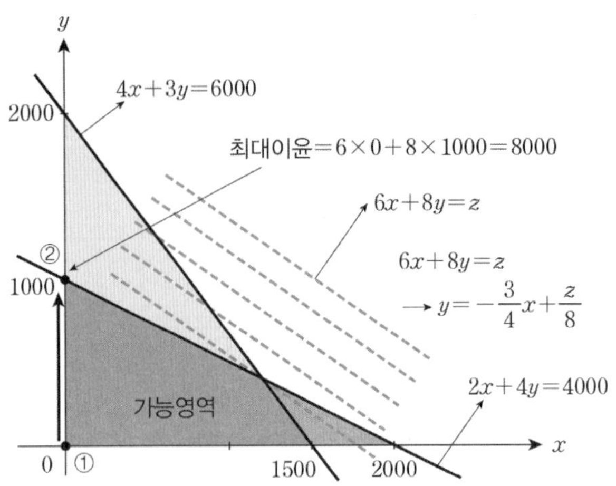

목적함수 행에 아직 양수값 2를 가진 x가 있으므로 x를 투입변수로 하여 한 단계 더 진행하여야 한다. 이 과정은 다음과 같다.

퇴출변수는 투입변수 x에 있는 열 중 다음의 비율이 가장 작은 비음의 행을 선택한다.

$\dfrac{b_i}{a_{i1}}(i=1,\ 2)$ 여기선 x가 투입변수로 선택됨

즉, x가 있는 열의 비음인 값 $\dfrac{1}{2}$과 $\dfrac{5}{2}$에 대응되는 $\dfrac{1000}{1/2}$과 $\dfrac{3000}{5/2}$ 중 적은 값(여기서는 $\dfrac{3000}{5/2}$)을 갖는 $\dfrac{5}{2}$에 관련된 v가 퇴출변수가 된다.

$$\begin{array}{c} \\ y \\ v \\ \\ \end{array}\begin{array}{c}\begin{array}{cccc|c} x & y & u & v & \end{array}\\ \left[\begin{array}{cccc|r} \frac{1}{2} & 1 & \frac{1}{4} & 0 & 1000 \\ \boxed{\frac{5}{2}} & 0 & -\frac{3}{4} & 1 & 3000 \\ 2 & 0 & -2 & 0 & z-8000 \end{array}\right] \end{array}$$

↑ 투입변수 (x 열), → 퇴출변수 (v 행)

- 투입변수는 x
- 퇴출변수는 v
  왜냐하면
  $min\left(\dfrac{1000}{\frac{1}{2}},\dfrac{3000}{\frac{5}{2}}\right)$
  $= min(2000, 1200) = 1200$

이제 이 $\dfrac{5}{2}$를 피봇 값으로 하여 기본 행연산을 적용하여야 하므로 이 $\dfrac{5}{2}$를 1로 만들어야 한다. 이는 둘째 행을 $\dfrac{2}{5}$로 곱하면 되고 이어서 1로 된 것 위 아래의 값을 기본 행연산을 통해 0으로 만든다. 이 과정이 아래에 나타나 있다.

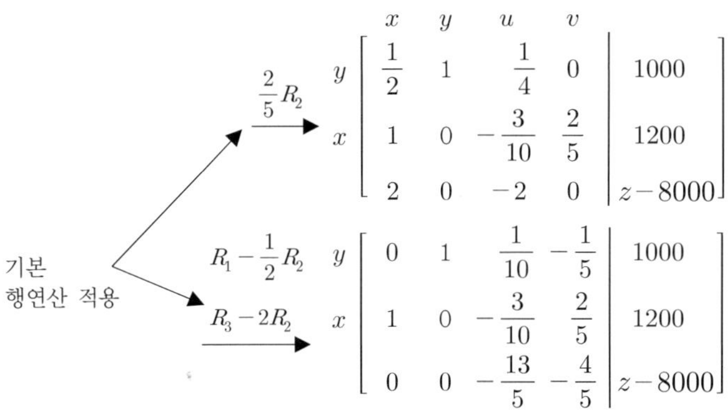

$$\xrightarrow{\frac{2}{5}R_2}\begin{array}{c} \\ y \\ x \\ \\ \end{array}\begin{array}{c} \begin{array}{cccc} x & y & u & v \end{array} \\ \left[\begin{array}{cccc|c} \frac{1}{2} & 1 & \frac{1}{4} & 0 & 1000 \\ 1 & 0 & -\frac{3}{10} & \frac{2}{5} & 1200 \\ 2 & 0 & -2 & 0 & z-8000 \end{array}\right] \end{array}$$

$$\xrightarrow[R_3-2R_2]{R_1-\frac{1}{2}R_2}\begin{array}{c} y \\ x \\ \\ \end{array}\left[\begin{array}{cccc|c} 0 & 1 & \frac{1}{10} & -\frac{1}{5} & 1000 \\ 1 & 0 & -\frac{3}{10} & \frac{2}{5} & 1200 \\ 0 & 0 & -\frac{13}{5} & -\frac{4}{5} & z-8000 \end{array}\right]$$

위의 최종결과를 다음과 같이 정리하고 항등행렬을 중심으로 값을 읽으면 x=1200, y=400이다. 그리고 이때의 z값은 10400으로 전 단계에 비해 2400만큼 이익이 증가했음을 알 수 있다.

$$\begin{array}{c} \\ y \\ x \\ \\ \end{array}\begin{array}{c} \begin{array}{cccc} x & y & u & v \end{array} \\ \left[\begin{array}{cccc|c} \boxed{0} & \boxed{1} & \frac{1}{10} & -\frac{1}{5} & 400 \\ \boxed{1} & \boxed{0} & -\frac{3}{10} & \frac{2}{5} & 1200 \\ 0 & 0 & -\frac{13}{5} & -\frac{4}{5} & z-10400 \end{array}\right] \end{array}$$

항등행렬 부분을 읽으면
③ (x, y, u, v)
$= (1200, 400, 0, 0)$
이 때의 $z = 10400$

이를 심플렉스에 나타내면 다음과 같다. 그림에서 보듯이 이전 단계인 ②에서 ③으로 해가 옮겨갔음을 알 수 있다.

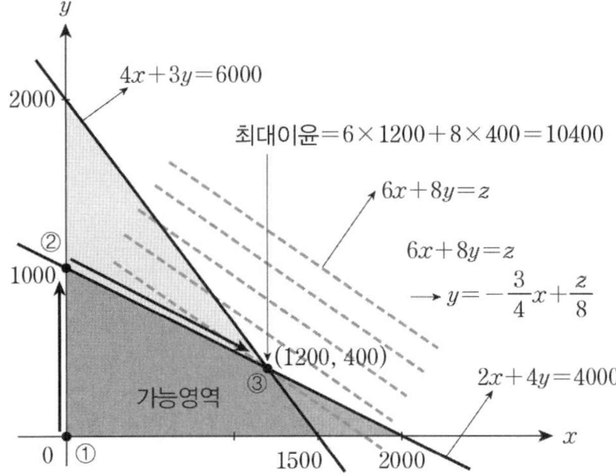

이젠 목적함수 행에 양수 값을 갖는 변수가 없으므로 최적해에 도달했음을 알 수 있다. 심플렉스법에 따른 이제까지의 풀이과정을 그림에서 보면, 처음 ① $(x,\ y)=(0,\ 0)$ (원점)에서 출발하여 ② $(0, 1000)$ 을 거쳐 ③ $(1200, 400)$ (최적해)에 도달하였음을 알 수 있다.

이제 최소화 문제의 심플렉스법에 대해 알아보자. 먼저 다음의 예를 보자.

예 다음을 만족하는 x와 y의 값을 구하라.

$$
\begin{aligned}
&\text{Min } 6x+8y \\
&\text{s.t. } 2x+4y \geq 4000 \\
&\qquad 4x+3y \geq 6000 \\
&\qquad\quad x,\ y \geq 0
\end{aligned}
$$

풀이 먼저 이 문제를 표준형으로 변환하면 앞에서 설명한대로 다음과 같다.

$$
\begin{aligned}
&\text{Max } -6x-8y=-z \\
&\text{s.t. } 2x+4y-t+v=4000 \\
&\qquad 4x+3y-u+w=6000 \\
&\qquad x,\ y,\ t,\ u,\ v,\ w \geq 0
\end{aligned}
$$

이를 심플렉스 표에다 정리하면 다음과 같다.

$$
\begin{array}{c}
\\ v \\ w \\ \\
\end{array}
\begin{array}{c}
\begin{array}{cccccc} x & y & t & u & v & w \end{array} \\
\left[\begin{array}{cccccc|c}
2 & 4 & -1 & 0 & 1 & 0 & 4000 \\
4 & 3 & 0 & -1 & 0 & 1 & 6000 \\
-6 & -8 & 0 & 0 & -M & -M & -z
\end{array}\right]
\end{array}
$$

앞에서 이미 설명한 대로 심플렉스 표의 v와 w는 우리가 실제로 원하는 변수가 아니고 최종적으로는 없어지기를 바라므로 목적함수 행에 이 변수 관련 $-M$을 두어 목적함수의 값을 엄청 감소시키는 것으로 설정을 해 둔다. 그러면 최종단계에서 목적함수의 값을 최대화하는 것이 우리가 풀고자 하는 문제이므로 심플렉스에서 v와 w를 먼저 없애는 것이 중요하다. 다시 말해 M은 인공변수 v와 w를 사용하는데 따른 페널티(penalty)로 이렇게 함으로써 최종 해에서 v와 w의 값은 0이 되고 이 해는 원래 우리가 의도했던 문제를 풀었음을 의미한다.

현재 변수가 6개에 식이 2개이므로 변수 4개를 0으로 해야 하는데 이 경우 항등행렬을 활용해 답을 바로 구하기 위해 x, y, t, u를 0으로 둔다. 이때의 목적함수 값 z=0이 된다. 이때의 x와 y의 값은 각각 0으로 원점에 해당된다. 따라서 (v, w)를 기저(basis)로 갖는 기본가능해는 원점에 대응된다. 여기에 해당하는 그림이 아래에 주어져 있다. 참고로 현재의 기저변수를 심플렉스 표의 왼편에 적어야 함을 유의하기 바란다. 그림에서 원점은 ①로 표시되어 있고 심플렉스의 시작을 의미한다.

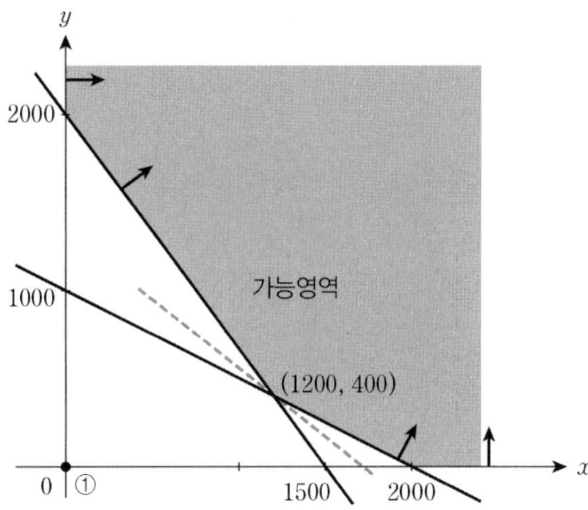

이제 심플렉스 표에서의 변수의 변화는 목적함수의 값을 개선하는 쪽으로 이루어져야 한다. 먼저 목적함수의 값 $z=0$인 상태에서 기본가능해인 $(x, y, t, u, v, w)=(0, 0, 0, 0, 4000, 6000)$으로부터 시작한다.

목적함수와 관련된 마지막 행에서 우리가 최종 해에서 원하지 않은 v와 w를 먼저 없애기 위해 v와 w 아래에 있는 M을 먼저 없애는 것이 중요하다. 이는 첫 번째 행의 M배와 두 번째의 행의 M를 세 번째 행에 더함으로서 가능하다. 이것은 다음의 심플렉스 표를 통해 알 수 있다.

$$\begin{array}{c} \\ \xrightarrow{R_3+MR_1+MR_2} \end{array} \begin{array}{c} \\ v \\ w \\ \\ \end{array} \begin{array}{c} \begin{array}{cccccc} x & y & t & u & v & w \end{array} \\ \left[\begin{array}{cccccc|c} 2 & 4 & -1 & 0 & 1 & 0 & 4000 \\ 4 & 3 & 0 & -1 & 0 & 1 & 6000 \\ -6+6M & -8+7M & -M & -M & 0 & 0 & -z+10000M \end{array}\right] \end{array} \rightarrow \text{퇴출 변수}$$

(↑ $-8+7M$: 투입 변수)

위의 심플렉스 표에서 보듯이 우리가 원하는대로 v와 w 아래의 M은 없어졌다. 이제 앞에서 설명한 대로 투입변수와 퇴출변수를 정하면 투입변수는 y이고 퇴출변수는 v가 된다(각자 확인바람). 이제 이 4를 피봇 값으로 하여 기본 행연산을 적용하여야 하므로 이 4를 1로 만들어야 한다. 이는 첫 행을 4로 나누면 되고 이어서 1로 된 것 위, 아래의 값을 기본 행연산을 통해 0으로 만든다. 이 과정들이 아래에 나타나 있다.

기본 행연산 적용

$$\xrightarrow{\frac{1}{4}R_1} \begin{array}{c} \\ y \\ w \\ \\ \end{array} \begin{array}{c} \begin{array}{cccccc} x & y & t & u & v & w \end{array} \\ \left[\begin{array}{cccccc|c} \frac{1}{2} & 1 & -\frac{1}{4} & 0 & \frac{1}{4} & 0 & 4000 \\ 4 & 3 & 0 & -1 & 0 & 1 & 6000 \\ -6+6M & -8+7M & -M & -M & 0 & 0 & -z+10000M \end{array}\right] \end{array}$$

$$\xrightarrow[R_3-(-8+7M)R_1]{R_2-3R_1} \begin{array}{c} \\ y \\ w \\ \\ \end{array} \begin{array}{c} \begin{array}{cccccc} x & y & t & u & v & w \end{array} \\ \left[\begin{array}{cccccc|c} \frac{1}{2} & 1 & -\frac{1}{4} & 0 & \frac{1}{4} & 0 & 1000 \\ \frac{5}{2} & 0 & \frac{3}{4} & -1 & -\frac{3}{4} & 1 & 3000 \\ -2+\frac{5}{2}M & 0 & -2+\frac{3}{4}M & -M & 2-\frac{7}{4}M & 0 & -z+8000+3000M \end{array}\right] \end{array}$$

위의 최종결과를 다음과 같이 정리하고 항등행렬을 중심으로 값을 읽으면 y=1000, w=3000이다. 그리고 이때의 z값은 8000+3000M으로 전 단계 10000M에 비해 비용이 감소했음을 알 수 있다.

$$\begin{array}{c} \\ y \\ w \\ \\ \end{array} \begin{array}{c} \begin{array}{cccccc} x & y & t & u & v & w \end{array} \\ \left[\begin{array}{cccccc|c} \frac{1}{2} & \boxed{1} & -\frac{1}{4} & 0 & \frac{1}{4} & \boxed{0} & 1000 \\ \frac{5}{2} & \boxed{0} & \frac{3}{4} & -1 & -\frac{3}{4} & \boxed{1} & 3000 \\ -2+\frac{5}{2}M & 0 & -2+\frac{3}{4}M & -M & 2-\frac{7}{4}M & 0 & -z+8000+3000M \end{array}\right] \end{array} \rightarrow \text{퇴출 변수}$$

(↑ $-2+\frac{5}{2}M$: 투입 변수)

이를 심플렉스에 나타내면 다음과 같다. 그림에서 보듯이 이전 단계인 원점 ①에서 ②로 해가 옮겨갔음을 알 수 있다.

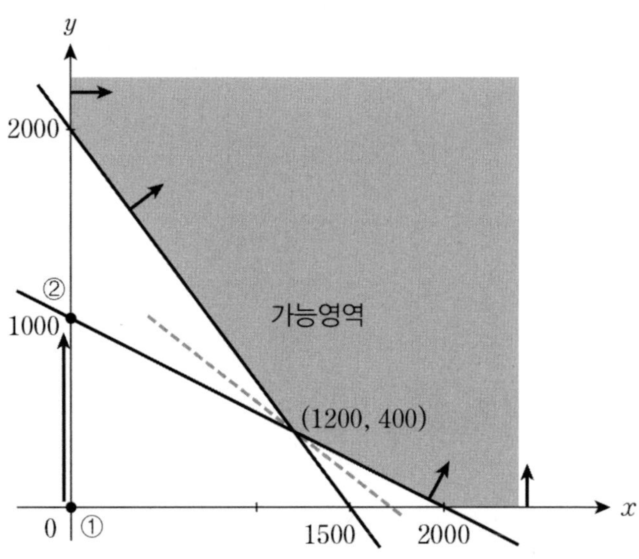

목적함수 행에 아직 양수 값 $-2+\dfrac{5}{2}M$과 $-2+\dfrac{3}{4}M$을 갖는 x와 t가 있으므로 아직 최적해가 아니다. 따라서 이 중 더 큰 값을 갖는 x를 투입변수로 그리고 이에 대응하는 w를 퇴출변수로 하여 한 단계 더 진행한다. 따라서 $\dfrac{5}{2}$를 피봇 값으로 하여 기본 행연산을 적용하여야 하므로 이 $\dfrac{5}{2}$를 1로 만들어야 한다. 이는 첫 행을 $\dfrac{2}{5}$로 곱하면 되고 이어서 1로 된 것 위, 아래의 값을 기본 행연산을 통해 0으로 만든다. 이 과정이 아래에 나와 있다.

$$\xrightarrow{\frac{2}{5}R_2}\quad \begin{array}{c} \\ y \\ x \\ \\ \end{array} \begin{array}{cccccc|c} x & y & t & u & v & w & \\ \hline \frac{1}{2} & 1 & -\frac{1}{4} & 0 & \frac{1}{4} & 0 & 1000 \\ 1 & 0 & \frac{3}{10} & -\frac{2}{5} & -\frac{3}{10} & \frac{2}{5} & 1200 \\ -2+\frac{5}{2}M & 0 & -2+\frac{3}{4}M & -M & 2-\frac{7}{4}M & 0 & -z+8000+3000M \end{array}$$

기본 행연산 적용

$$\xrightarrow[R_3-(-2+\frac{5}{2}M)R_2]{R_1-\frac{1}{2}R_2}\quad \begin{array}{c} \\ y \\ x \\ \\ \end{array} \begin{array}{cccccc|c} x & y & t & u & v & w & \\ \hline 0 & 1 & -\frac{2}{5} & \frac{1}{5} & \frac{2}{5} & -\frac{1}{5} & 400 \\ 1 & 0 & \frac{3}{10} & -\frac{2}{5} & -\frac{3}{10} & \frac{2}{5} & 1200 \\ 0 & 0 & -\frac{7}{5} & -\frac{4}{5} & \frac{7}{5}-M & \frac{4}{5}-M & -z+10400 \end{array}$$

위의 최종결과를 다음과 같이 정리하고 항등행렬을 중심으로 값을 읽으면 $y=400$, $x=1200$이다. 그리고 이때의 z값은 10400으로 전 단계 $8000+3000M$에 비해 비용이 감소했음을 알 수 있다.

$$
\begin{array}{c} \\ y \\ \\ x \\ \\ \end{array}
\begin{array}{c}
\begin{array}{cccccc} x & y & t & u & v & w \end{array} \\
\left[\begin{array}{cccccc|c}
\boxed{0} & \boxed{1} & -\frac{2}{5} & \frac{1}{5} & \frac{2}{5} & -\frac{1}{5} & 400 \\
\boxed{1} & \boxed{0} & \frac{3}{10} & -\frac{2}{5} & -\frac{3}{10} & \frac{2}{5} & 1200 \\
0 & 0 & -\frac{7}{5} & -\frac{4}{5} & \frac{7}{5}-M & \frac{4}{5}-M & -z+10400
\end{array}\right]
\end{array}
$$

이를 심플렉스에 나타내면 다음과 같다. 그림에서 보듯이 이전 단계인 원점 ②에서 ③으로 해가 옮겨갔음을 알 수 있다.

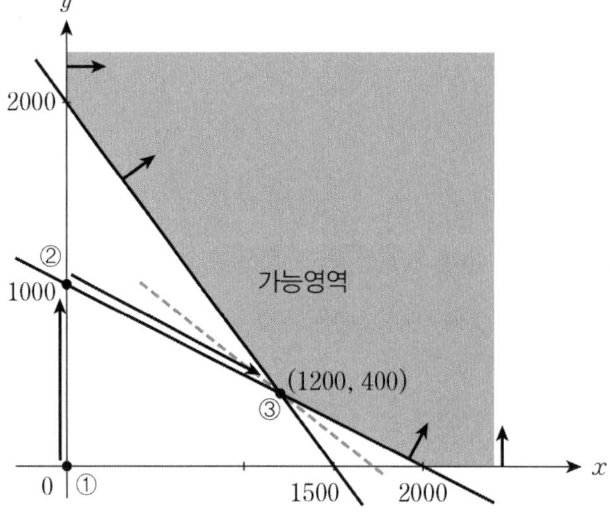

이젠 목적함수 행에 양수 값을 갖는 변수가 없으므로 최적해에 도달했음을 알 수 있다. 심플렉스법에 따른 이제까지의 풀이과정을 그림에서 보면, 처음 ① $(x, y)=(0, 0)$ (원점)에서 출발하여 ② $(0, 1000)$을 거쳐 ③ $(1200, 400)$ (최적해)에 도달하였음을 알 수 있다. 이 경로의 특징은 앞의 최대화 문제와는 달리 가능영역이 아닌 곳에서 출발하여 최종적으로 가능영역에 도달하였다는 점이다.

3. 쌍대 심플렉스법

원문제
쌍대문제

모든 최대화 선형계획 문제에는 관련된 최소화 선형계획 문제가 있다. 물론 반대의 경우도 성립한다. 따라서 선형계획 문제는 쌍으로 존재한다. 원래의 문제를 **원문제**(primal problem)라 하고 이와 관련된 문제를 **쌍대문제**(dual problem)라 한다.

이론적으로 쌍대문제는 수학적으로 표현만 달라진 것 외에는 원문제와 동일하지만 경제적인 해석을 가능하게 해준다는 데 의미가 있다. 그리고 쌍대문제의 최적해는 원문제가 최적해를 가질 때에만 가능하고 이 때 두 문제의 최적해에 대한 목적함수의 값은 같다.

이제 앞에서 다룬 아래의 문제를 고려해 보자.

$$\begin{aligned} \text{Max } & 6x_1 + 8x_2 \\ \text{s.t. } & 2x_1 + 4x_2 \le 4000 \\ & 4x_1 + 3x_2 \le 6000 \\ & x_1,\ x_2 \ge 0 \end{aligned}$$

이를 각 제약식에 대응하는 새로운 변수 y_1과 y_2를 이용해 쌍대문제로 변환하면 다음과 같다.

$$\begin{aligned} \text{Min } & 4000y_1 + 6000y_2 \\ \text{s.t. } & 2y_1 + 4y_2 \ge 6 \\ & 4y_1 + 3y_2 \ge 8 \\ & y_1,\ y_2 \ge 0 \end{aligned}$$

여기에 대해 추가로 설명을 하면 원 문제의 각 결정변수 x_1과 x_2에 대해 하나의 제약조건이 쌍대문제에 있게 된다. 쌍대문제의 제약조건에 있어 우변의 값은 원문제의 대응되는 목적함수의 값이 된다.

이제 이를 풀기 위해 다음과 같이 앞에서 설명된 선형계획법의 기본모형(최대화 형태)으로 먼저 변경한다.

$$\begin{aligned} \text{Max } & -4000y_1 - 6000y_2 \\ \text{s.t. } & -2y_1 - 4y_2 \le -6 \end{aligned}$$

$$-4y_1 - 3y_2 \leq -8$$

$$y_1,\ y_2 \geq 0$$

이어 심플렉스법을 적용해 최적해를 구하기 위해 다음과 같이 심플렉스 표준형으로 만든다.

$$\begin{aligned} \text{Max}\ \ & -4000y_1 - 6000y_2 = z \\ \text{s.t.}\ \ & -2y_1 - 4y_2 + s = -6 \\ & -4y_1 - 3y_2 + t = -8 \\ & y_1,\ y_2,\ s,\ t \geq 0 \end{aligned}$$

쌍대 심플렉스법

이렇게 심플렉스 표준형으로 바꾸고 나면 우변이 양수가 아닌 음수가 된다. 이때 최적해를 찾을 수 있는 **쌍대 심플렉스법**(dual simplex method)을 설명하려고 한다.

쌍대 심플렉스법에서는 심플렉스법과 달리 우변의 상수값 중 절댓값이 제일 큰 음수를 갖는 값에 대응하는 변수가 퇴출변수가 되고 이 행에 해당하는 열들의 값들 중 음수에 대해 $\dfrac{p_j}{a_{ij}}$ 를 계산해(여기서는 i행이 퇴출변수에 해당하는 행이고 p_j는 목적함수에 대응하는 값이다) 최솟값을 갖는 변수가 투입변수가 된다. 이에 따라 쌍대 심플렉스법을 적용해 보자.

먼저 심플렉스 표로 나타내면 다음과 같다.

- 음수 중 절댓값이 가장 큰 것에 대응하는 t를 퇴출변수로 선택
- 퇴출변수에 해당하는 행을 대상으로 음수계수에 대해 다음 중 최솟값을 갖는 변수인 y_1을 투입변수로 선정 $\min\left(\dfrac{-4000}{-4},\ \dfrac{-6000}{-3}\right) = \min(1000,\ 2000) = 1000$

피봇값

	y_1	y_2	s	t	
s	-2	-4	1	0	-6
t	$\boxed{-4}$	-3	0	1	-8 → 퇴출변수
	-4000	-6000	0	0	z

↑ 투입변수

현재의 값 ① $(y_1, y_2, s, t) = (0, 0, -6, -8)$

이제 피봇 값인 −4를 1로 하고 1 위아래의 값을 0으로 하기 위해 다음과 같이 기본 행연산을 적용한다.

피봇값

기본 행연산 적용

$$\xrightarrow[\substack{R_1+2R_2 \\ R_3+4000R_2}]{-\frac{1}{4}R_2} \begin{array}{c} \\ s \\ y_1 \\ \\ \end{array} \begin{array}{cccc|c} y_1 & y_2 & s & t & \\ 0 & \boxed{-\frac{5}{2}} & 1 & -\frac{1}{2} & -2 \\ 1 & \frac{3}{4} & 0 & -\frac{1}{4} & 2 \\ 0 & -3000 & 0 & -1000 & z+8000 \end{array} \rightarrow \text{퇴출 변수}$$

$\min\left(\dfrac{-3000}{-\frac{5}{2}}, \dfrac{-1000}{-\frac{1}{2}}\right) = \min(1200,\ 2000) = 1200$에 대응하는 y_2를 투입변수로 선정

현재의 값 ② $(y_1, y_2, s, t) = (2, 0, -2, 0)$

아직 우변에 음수인 값 -2가 있으므로 한 단계 더 진행하여야 한다. 이때 y_2가 투입변수인 이유가 위에 주어져 있다.

이제 피봇 값인 $-\dfrac{5}{2}$를 1로 하고 1 위아래 값들을 0으로 하기 위해 다음과 같이 기본 행연산을 적용한다.

기본 행연산 적용

$$\xrightarrow[\substack{R_2-\frac{3}{4}R_1 \\ R_3+3000R_1}]{-\frac{2}{5}R_1} \begin{array}{c} \\ y_2 \\ y_1 \\ \\ \end{array} \begin{array}{cccc|c} y_1 & y_2 & s & t & \\ 0 & 1 & -\frac{5}{2} & \frac{1}{5} & \frac{4}{5} \\ 1 & 0 & \frac{3}{10} & -\frac{2}{5} & \frac{7}{5} \\ 0 & 0 & -1200 & -400 & z+10400 \end{array}$$

현재의 값 ③ $(y_1, y_2, s, t) = \left(\frac{7}{5}, \frac{4}{5}, 0, 0\right)$

이제 우변의 값이 모두 양수이므로 최적이고 이때 목표함수의 값은 10400으로 원문제의 최적해와 같음을 알 수 있다.

잠재가격
기회비용
한계가치

이제 쌍대변수의 의미에 대해 알아보기로 하자. 쌍대변수 y_i는 **잠재가격**(shadow price)이라고도 불리는데 이는 원문제에서 제시된 자원, 즉 제약조건의 1단위에 대한 **기회비용**(opportunity cost) 또는 **한계가치**를 말한다. 이는 자원의 추가구입에 따른 수익성의 검토나 자원간의 우선순위를 평가하는데 있어 유용하게 사용될 수 있다.

쌍대변수는 특정한 자원이 1단위 추가될 때 원문제의 목적함수 값이 얼마나 변화하는지를 나타내 준다. 원문제에서 조립시간이 현재의 4000시간에서 1시간 더 주어지면 목적함수는 $y_1 = \frac{7}{5}$만큼 증가한다. 마찬가지로 마무리 작업이 현재의 6000시간에서 1시간 더 주어지면 목적함수는 $y_2 = \frac{4}{5}$만큼 증가한다. 만일 $y_i = 0$이라면 이는 제약조건에 있는 자원이 충분히 이용되지 않고 있음을 의미한다. 따라서 이 경우에는 이 자원을 증가시키더라도 목적함수의 값에는 변화가 없게 된다. 주어진 모든 자원의 총가치는 $4000 \times \frac{7}{5} + 6000 \times \frac{4}{5} = 10400$이 되어 바로 쌍대문제의 목적함수의 최적값이고 또한 원문제의 목적함수의 최적값이다.

또 하나 알아두어야 할 것은 $y_1 = \frac{7}{5}$이므로 자원의 한 단위 확보당 이 값보다 더 지불해야 하는 경우는 투자할 이유가 없음을 의미한다.

요약

1) 기하학적 접근

다음과 같은 선형계획법의 형태에 대해 변수가 2개인 경우 직접 xy 평면에서 목적함수(px)와 제약식 $Ax \le b$ 그리고 비음조건$(x \ge 0)$을 그림으로 나타내어 문제를 푼다.

$$\begin{aligned} &Max\ px \\ &s.t.\ \ Ax \le b\,(b \ge 0) \\ &\qquad\quad x \ge 0 \end{aligned}$$

2) 심플렉스법

앞의 1)에서 주어진 선형계획법 형태에 대해 먼저 부등식으로 된 제약식을 여유변수를 더해 다음과 같이 등식으로 만든다. 이렇게 바꾼 것을 표준형이라 한다.

$$\begin{aligned} &Max\ px \\ &s.t.\ \ A'x' = b\,(b \ge 0) \\ &\qquad\quad x' \ge 0 \end{aligned}$$

여기서

$$A' = (A|I)$$

$$x' = (x_1, \ldots, x_n, s_1, \ldots, s_m)$$

- 표준형에서 원래 주어진 n개의 변수를 구조변수라 하고 등식을 만들기 위해 추가된 m개의 변수를 여유변수라 한다. 총 제약식의 수는 m개이고 총 변수의 수는 $m+n$개이므로 이 $m+n$개의 변수 중 n개는 0이 될 수밖에 없다. 물론 원 문제에 있는 x에 속한 n개의 변수를 0으로 하는 것이 좋다. 왜냐하면 부등식으로 된 제약식을 등식으로 만들기 위해 추가된 여유변수는 계수가 1이므로 x에 속한 변수가 0이 되면 이 여유변수의 값은 바로 제약식의 우변에 있는 상수값과 같아 여유변수의 값을 바로 구할 수 있기 때문이다.
  이처럼 $m+n$개의 변수 중 n개를 0으로 한 값을 기본해라 한다. 만약 이 기본해가 가능영역에 있는 가능해이면 기본가능해라고 한다. 각 기본가능해는 가능 영역의 꼭짓점에 대응된다. 선형계획법의 해는 하나 또는 하나 이상의 기본가능해에서 주어진다.

- 선형계획법을 푸는 심플렉스법의 핵심은 다음과 같다. 먼저 출발점으로 특정한 기본가능해를 선택한다(앞에서 설명한 대로 여유변수가 우변의 상수 값을 갖도록 원 변수가 0이 되는데 이는 바로 원점에 해당한다). 그러고 나서 이 출발점인 기본가능해에서 목적함수가 최적해에 더 가까워지도록 다른 기본가능해로 이동해 간다. 이러한 이동과정을 피봇팅이라고 한다. 당연히 목적함수가 최적해와 일치하면 이 이동과정도 중단이 된다.

심플렉스 표에서의 변수의 변화는 목적함수의 값을 개선하는 쪽으로 이루어져야 한다. 새로운 투입변수는 목적함수에 가장 큰 기여를 하는 양의 값을 갖는 변수로 선택한다. 퇴출변수는 심플렉스 표에서 들어오는 변수 즉 투입변수에 있는 열 중 다음의 비율이 가장 작은 비음의 행을 선택한다. 이를 최소비율 테스트라고 한다.

$$\frac{b_i}{a_{ij}}\ (i=1,\ \cdots,\ m) \quad \text{(참고로 } x_j\text{가 투입변수로 선택된 경우임)}$$

목적함수 값에 기여하는 투입변수가 더 이상 없을 때, 즉 목적함수에 대응하는 행에서 양의 값을 갖는 변수가 더 이상 없을 때 심플렉스법은 끝이 난다.

만일 제약식이 $Ax \geq b$인 경우는 $Ax - t = b$로 부등식을 등식으로 만들고 나서(주의할 점은 이 경우는 t의 계수가 음수로서 앞의 여유변수와는 달리 답을 제약식 오른편의 b로 할 수가 없어, 즉 $t = -b$가 되어 t가 음수로 문제가 발생함) 다시 인공변수인 v를 추가해 $Ax - t + v = b$로 하여야 한다. 이 경우 v는 우리가 실제로 원하는 변수가 아니고 최종적으로는 없어지기를 바라므로 목적함수 행에 $-Mv$를 두어(이 때 M은 big M으로 아주 큰 값임) 목적함수의 값을 엄청 감소시키는 것으로 설정을 해 둔다. 그러면 최종단계에서 목적함수의 값을 최대화하는 것이 우리가 풀고자 하는 문제이므로 심플렉스 표에서 v를 먼저 없애는 것이 중요하다. 다시 말해 M은 인공변수 v를 사용하는데 따른 페널티로 이렇게 함으로써 최종 해에서 v의 값은 0이 되고 이 해는 원래 우리가 의도했던 문제를 풀었음을 의미한다.

3) 쌍대 심플렉스법

- 모든 최대화 선형계획 문제에는 관련된 최소화 선형계획 문제가 있다. 물론 반대의 경우도 성립한다. 따라서 선형계획 문제는 쌍으로 존재한다. 원래의 문제를 원문제라 하고 이와 관련된 문제를 쌍대문제라 한다.
  이론적으로 쌍대문제는 수학적으로 표현만 달라진 것 외에는 원문제와 동일하지만 경제적인 해석을 가능하게 해준다는 데 의미가 있다. 그리고 쌍대문제의 최적해는 원문제가 최적해를 가질 때에만 가능하고 이 때 두 문제의 최적해에 대한 목적함수의 값은 같다.
- 쌍대 심플렉스법에서는 심플렉스법과 달리 우변의 상수값 중 절댓값이 제일 큰 음수를 갖는 값에 대응하는 변수가 퇴출변수가 되고 이 행에 해당하는 열들의 값들 중 음수에 대해 $\frac{p_j}{a_{ij}}$ 를 계산해(여기서는 i행이 퇴출변수에 해당하는 행이고 p_j는 목적함수에 대응하는 값이다) 최솟값을 갖는 변수가 투입변수가 된다.
- 쌍대변수 y_i는 잠재가격이라고도 불리는데 이는 원문제에서 제시된 자원, 즉 제약조건의 1단위에 대한 기회비용 또는 한계가치를 말한다. 이는 자원의 추가 구입에 따른 수익성의 검토나 자원간의 우선순위를 평가하는데 있어 유용하게 사용될 수 있다.

연습문제

1. 최소비율 테스트를 하는 이유를 설명하라.

2. 쌍대변수의 의미에 대해 설명하라.

3. 제품 A를 한 단위 생산하는 데는 6시간이 필요하고 제품 B를 한 단위 생산하는 데는 3시간이 필요하다. 그리고 제품 A는 단위당 0.75kg의 자원이 필요하고 제품 B는 단위당 1kg의 자원이 필요하다. 현재 가용한 생산시간은 1200시간이고 가용한 자원은 250kg이다. 제품 A의 단위당 이익은 2만원이고 제품 B의 단위당 이익은 1만 5천원일 때 이익을 최대화하기 위한 제품 A와 제품 B의 생산량을 그래프를 이용해 구하라.

4. 어느 카페에서 딸기 스무디 한 잔을 만드는 데는 딸기 200g과 우유 200mL, 딸기 주스 한 잔을 만드는 데는 딸기 100g과 우유 300mL가 사용된다. 그리고 딸기 스무디 한 잔으로부터는 3000원의 이익이, 딸기 주스 한 잔으로부터는 2000원의 이익이 주어진다. 하루 동안 사용할 수 있는 딸기와 우유의 양은 각각 9kg과 15L이다. 이익을 최대화하기 위해서는 몇 잔의 딸기 스무디와 딸기 주스를 만들어야 하는지를 심플렉스법으로 풀어라. 만들어진 음료는 모두 판매된다고 가정하라.

5. 제품 A와 B를 생산하는 회사가 있다. 제품 A를 생산하려면 재료 4g과 기계작업 1시간이 필요하고 제품 B를 생산하려면 재료 3g과 기계작업 2시간이 필요하다. 사용할 수 있는 재료의 양은 120g이고 사용가능한 기계작업 시간은 40시간이다. 제품 A의 개당 이익이 40원이고 제품 B의 개당 이익이 60원일 때 최대이익을 얻기 위한 제품 A와 B의 생산량을 심플렉스법을 이용해 구하라.

6. 안암기업은 두 제품 A와 P를 생산하고 있다. 제품 A는 단위당 1의 노동과 단위당 1의 자본을 필요로 하고 제품 P는 단위당 2의 노동과 단위당 1의 자본을 필요로 한다. 현재 가용한 노동은 40이고 자본은 30이다. 제품 A와 P가 각각 6000원과 10000원의 이익을 가져준다고 했을 때 최대이익을 가져다주는 A와 P의 생산량을 심플렉스법을 이용해 구하라.

7. 공장 A에서 제품 A와 B를 만들고 있는데 제품 A의 단위당 생산에는 5kg의 원료와 1kWh의 전력량이 필요하고 제품 B의 생산에는 3kg의 원료와 1kWh의 전력량이 필요하다. 사용가능한 원료의 양은 600kg이고 사용가능한 전력량은 150kWh이다. 이제 제품 A는 단위당 450의 이익이 발생하고 제품 B는 단위당 300의 이익이 발생한다고 할 때 총이익을 최대로 하는 제품 A와 B의 생산량을 심플렉스법을 이용해 구하라.

8. 불고기 버거를 만들기 위해 100g의 패티 한 개당 단백질(살코기) 75g과 지방 15g이 최소 필요하다. 소고기에는 100g당 단백질 23g과 지방 3g이 함유되어 있으며, 돼지고기에는 100g당 단백질 20g과 지방 5g이 함유되어 있다. 소고기와 돼지고기의 조달 비용은 100g당 각각 1700원과 480원이다. 불고기 버거를 원재료 조달 비용을 최소화하면서 만들려면 소고기와 돼지고기는 얼마를 구매해야 하는지 심플렉스법으로 풀어라.

9. 아래 문제를 쌍대문제로 변환하라.

$$
\begin{aligned}
&Max\ 5x_1 + 10x_2 \\
&s.t.\ \ x_1 + 3x_2 \le 50 \\
&\qquad 4x_1 + 2x_2 \le 60 \\
&\qquad x_1,\ x_2 \ge 0
\end{aligned}
$$

10. 안암기업은 두 개의 제품 x와 y를 생산하고 있다. 제품 x는 단위당 1의 노동과 단위당 2의 자본을 필요로 하고 제품 y는 단위당 2의 노동과 단위당 1의 자본을 필요로 한다. 현재 사용가능한 노동의 양은 6이고 자본의 양은 8이다. 그리고 제품 x와 y는 각각 2와 3의 이익을 가져다준다. 이제 총이익을 최대로 하는 제품 x와 y의 생산량을 쌍대 심플렉스법을 이용해 구하라.(먼저 주어진 문제를 쌍대문제로 변환하라.)

11
CHAPTER

미분방정식

주요 학습목표

- 1차 미분방정식 중 변수 분리형 미분방정식을 풀 수 있다.
- 1차 미분방정식 중 변수 비분리형 미분방정식을 풀 수 있다.
- 1차 미분방정식 중 베르누이 미분방정식을 풀 수 있다.
- 1차 미분방정식 중 완전 미분방정식을 풀 수 있다.
- 2차 미분방정식을 풀 수 있다.

1. 변수 분리형 1차 미분방정식
2. 변수 비분리형 1차 미분방정식
3. 베르누이 미분방정식
4. 완전 미분방정식
5. 2차 미분방정식

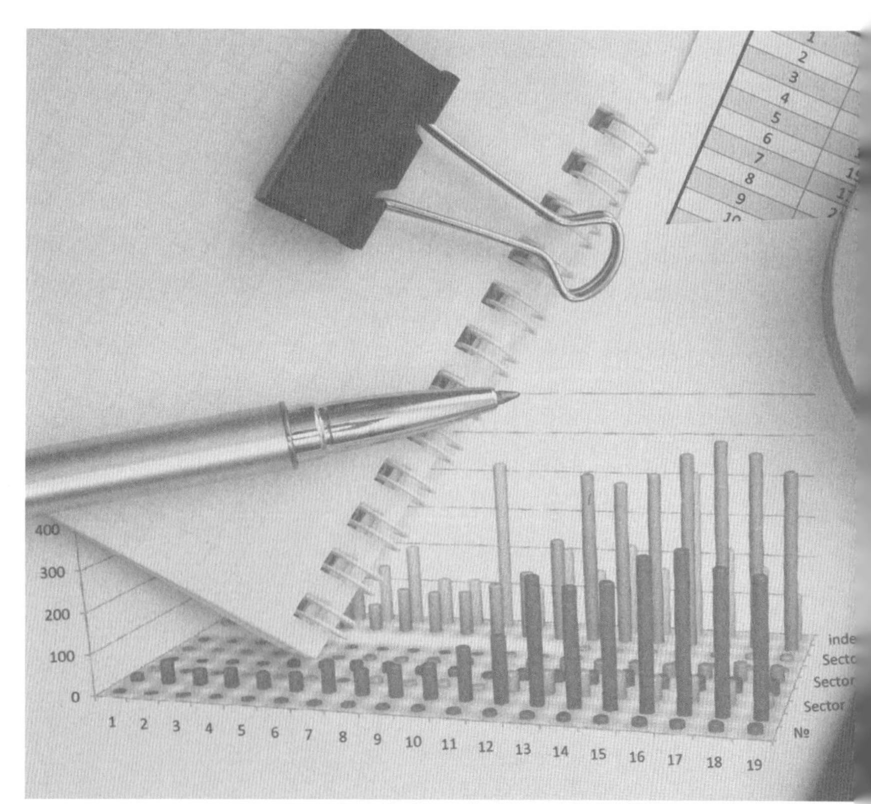

기사

미분방정식의 이용

미분방정식이 뭔가 변화하는, 움직이는 대상을 모형화하고 그 해를 구하거나, 그 방정식의 특징을 연구하면서 시작된 학문인만큼 문과에서도 시간의 변화에 따른 변화를 볼 때는(시계열, 패널) 미분방정식을 사용한다. 문과에서 가장 수학을 많이 쓰는 경제학과의 경우 학부과정에서는 경제수학이나 수리경제학에서 간단한 수준의 미분방정식을 배울 수도 있다. 학부 수준에서 미분방정식을 직접 사용하여 경제모형을 다뤄보고 싶다면 석사 수준 거시경제학을 들어보자. 첫 챕터부터 미분방정식을 간단한 꼴이나마 쓰게 된다. 거시경제학에서 경제성장론을 전공하게 된다면 미분방정식을 정말 많이 쓰게 된다.

출처: https://namu.wiki/w/%EB%AF%B8%EB%B6%84%EB%B0%A9%EC%A0%95%EC%8B%9D

미분방정식

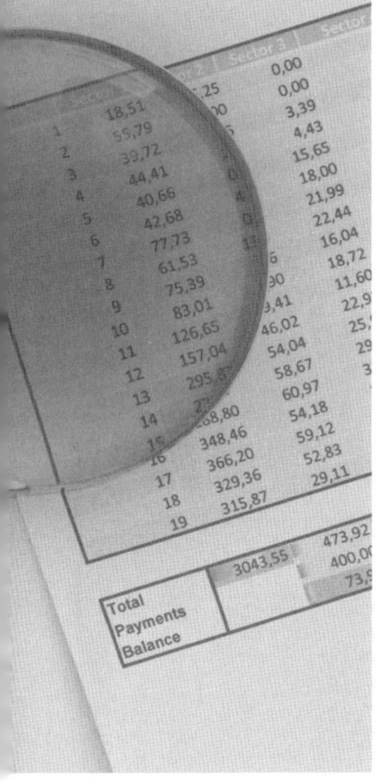

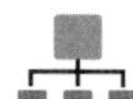

변수와 모르는 함수 및 그 도함수들 사이에 성립하는 방정식을 **미분방정식**(differential equation)이라 하고 미분방정식을 만족하는 함수를 해라고 한다. 갈릴레이가 물체의 낙하운동을 연구할 때, 자유낙하하는 물체가 시간 t 사이에 거리 x만큼 낙하했다고 하면, 가속도 $x''(t)$가 일정하다는 사실을 발견하여 미분방정식 $x''(t)=g$의 해로서 낙체의 법칙 $x(t)=\frac{1}{2}gt^2$를 얻었다. 여기서 $g=9.8\text{m/s}^2$으로 중력가속도를 의미한다. 갈릴레이는 중력 가속도가 물체의 질량과 관계없이 항상 일정하다는 것을 밝혀내기 위하여, 피사의 사탑에 올라가 큰 공과 작은 공을 동시에 떨어뜨렸고, 두 공은 통념을 깨고 지면에 동시에 닿았다. 이것은 당시 지배적이었던 아리스토텔레스의 학설, 즉 당시 대부분의 사람은 질량이 큰 물체는 작은 물체보다 빨리 떨어진다고 생각했던 것을 정면으로 부정한 것이었다.

갈릴레이에 의하여 지구 위에서는 물체의 질량이 크고 작음에 상관없이 항상 같은 가속도 값을 가진다는 것이 증명되었고, 이것은 인공위성에서 우주 비행사들이 무중력을 느끼는 이유이다. 만약 질량이 큰 물체가 더 빠르게 낙하한다면, 인공위성과 우주 비행사들의 질량 차이로 인해 우주 비행사들은 중력의 반대 방향으로 힘을 받게 될 것이고 비교적 질량이 작은 물체는 위쪽으로 날아가 버리게 될 것이다.

이것이 미분방정식을 푼 최초의 문제이다. 오늘날에는 물리학뿐만 아니라, 화학·생물학·공학·경제학·경영학 등에 이르기까지 여러 분야에 미분방정식이 널리 쓰이고 있다.

상미분방정식
편미분방정식

미분방정식에서 독립변수가 오직 1개 있는 경우를 **상미분방정식**(ordinary differential equation)이라 하고, 독립변수가 2개 이상이고 미지함수의 편도함수를 포함하는 미분방정식을 **편미분방정식**(partial differential equation)이라 한다.

미분방정식에 포함된 도함수에 대한 최고차수를 그 미분방정식의 계수라 하고, 계수가 n인 미분방정식을 제n차 미분방정식이라고 한다. 미지함수 모두가 1차식이면 그 미분방정식은 선형이며, 그렇지 않을 때는 비선형이라고 한다.

상미분방정식에서 선형이라는 것은 미분방정식의 형태가

$$a_n(x)\frac{d^n y}{dx^n} + \dots + a_2(x)\frac{d^2 y}{dx^2} + a_1(x)\frac{dy}{dx} + a_0(x)y = f(x)$$

로 표현되어지고 미분계수 앞의 상수들인 $a_n(x)$가 미분당하는 y에 종속되어 있지 않는 경우를 말한다.

따라서 $\frac{d^2 y}{dx^2} + y = 0$ 또는 $\frac{d^2 y}{dx^2} + \ln x$ 는 선형미분방정식이다. 그리고

$a_n(x)\frac{d^n y}{dx^n} + \cdots + a_2(x)\frac{d^2 y}{dx^2} + a_1(x)\frac{dy}{dx} + a_0(x)y = f(x)$에서

제차 미분방정식
비제차 미분방정식

$f(x) = 0$ 이면 **제차 미분방정식**(homogeneous differential equation)이라 하고 $f(x) \neq 0$ 이면 **비제차 미분방정식**(nonhomogeneous differential equation)이라 한다.

1. 변수 분리형 1차 미분방정식

이제 미분방정식을 푸는 방법을 설명하고자 한다.

미분방정식은 다음의 형태를 띤다.

$$\frac{dy}{dt}=f(t)$$

이는 y를 t에 대해 1차 미분한 값이 $f(t)$임을 의미한다. 따라서 y는 다음과 같이 t에 대해 적분하면 된다.

$$y=\int f(t)dt+C$$

물론 뒤의 C는 부정적분이라 주어진 것이다. 다음의 예를 보자.

예 $\frac{dy}{dt}=\frac{1}{t}$를 만족하는 y를 구하라.

풀이 양변을 t에 관해 적분하면 $y=\ln t+C$를 얻는다.

다음과 같이 표시되는 경우는 어떻게 풀어야 할까?

$$\frac{dy}{dt}=F(t, y)$$

이 경우는 y의 t에 대한 미분이 t와 y로 이루어진 함수로 주어져 있다. 이 경우는 $\frac{dy}{dt}=F(t, y)$에서 두 변수 y와 t를 분리시켜 $M(t)dt+N(y)dy=0$으로 고쳐 쓸 수 있으면 양변을 적분하여

$$\int M(t)dt+\int N(y)dy=C$$

를 얻게 된다. 이처럼 변수를 분리시켜 표현할 수 있으면 이를 **변수 분리형 미분방정식**(separable differential equation)이라 한다. 변수 분리형 미분방정식

다음의 예를 보자.

예 $3y^2dy - tdt = 0$을 만족하는 y를 구하라.

풀이 이 문제는 y에 대한 부분과 t에 대한 부분으로 나누어져 있으므로 양변을 적분하면 다음과 같이 된다.

$$\int 3y^2dy - \int tdt = C$$

$$y^3 - \frac{1}{2}t^2 = C$$

$$y^3 = \frac{1}{2}t^2 + C$$

따라서 $y = \left(\frac{1}{2}t^2 + C\right)^{\frac{1}{3}}$ 이다.

이제 특정한 조건이 주어지면 C의 값도 구할 수 있는데 이를 다음 예를 통해 알아보자.

예 $\frac{dy}{dt} + 2y = 0,\ y(0) = 10$ 을 만족하는 y를 구하라.

풀이 양변을 y로 나누고 dt를 곱해 아래와 같이 변수 분리형 미분방정식 형태로 만든다.

$$\frac{1}{y}dy + 2dt = 0$$

양변을 적분하면

$$\ln y + 2t = C$$

를 얻게 된다.
따라서 $\ln y = C - 2t$ 이고 y에 대해 나타내면

$$y = e^{C-2t}$$
$$= e^C e^{-2t} = Ae^{-2t}$$

이다. 이제 A값을 구하기 위해 주어진 조건 $y(0) = 10$ 을 사용한다. $y = Ae^{-2t}$에서 t=0을 대입하면 $y(0) = A$ 가 되어 A가 10임을 알 수 있다.

따라서 최종 답은 $y = 10e^{-2t}$이다.

이처럼 초기조건이 주어지면 C를 정확하게 찾을 수 있고 따라서 해를 정확히 제시할 수 있다.

2. 변수 비분리형 1차 미분방정식

이제 변수분리가 가능하지 않은 다음 형태의 **변수 비분리형 1차 미분방정식**에 대해 해를 찾는 방법을 생각해 보자.

변수 비분리형 1차 미분방정식

$$\frac{dy}{dt} + p(t)y = q(t)$$

$q(t) = 0$ 인 경우는 앞에서 배운 방법을 이용해 변수를 분리할 수 있으므로 다음과 같이 해를 구할 수 있다.

즉, $\frac{dy}{dt} + p(t)y = 0$ 의 양변을 y로 나누고 dt를 곱해 다음을 얻는다.

$$\frac{1}{y}dy = -p(t)dt$$

양변을 적분하면

$$\ln y = -\int p(t)dt + C_1$$

이고 따라서

$$y=e^{-\int p(t)dt+C_1}$$

즉 $y=Ce^{-\int p(t)dt}$이다.

여기서 $C=e^{C_1}$이나 이는 중요하지 않다. 왜냐하면 C_1도 상수이고 여기서 나온 C도 상수이기 때문이다.

따라서 $\frac{dy}{dt}+p(t)y=q(t)$ 에서 $q(t)=0$ 인 경우의 해는 $y=Ce^{-\int p(t)dt}$로 주어진다.

이제 $q(t)\neq 0$ 인 경우의 해를 구하는 법을 알아보자.

$q(t)\neq 0$ 인 경우의 해를 y_1이라 하면 $y+y_1$ 또한 해가 된다. 이 $y+y_1$을 일반해(general solution)라고 한다. 이제 y_1을 구하는 법을 알아보자.

우선 y_1을 $y_1(t)=u(t)\overline{y(t)}$ 라고 가정하자. 여기서 $\overline{y(t)}=e^{-\int p(t)dt}$이다. 앞의 $y(t)$와 다른 점은 앞의 $y(t)$에서 C의 값을 1로 두었다.

이렇게 되면 우리의 목적은 $u(t)$를 구하는 것이 된다.

이제 $y_1(t)=u(t)\overline{y(t)}$ 을 $\frac{dy}{dt}+p(t)y=q(t)$ 에 대입하면

$\frac{d(u(t)\overline{y(t)})}{dt}+p(t)u(t)\overline{y(t)}=q(t)$이 된다.

여기서 앞부분인 $\frac{d(u(t)\overline{y(t)})}{dt}$ 에 곱의 미분공식을 적용하면

$$\frac{du(t)}{dt}\overline{y(t)}+u(t)\frac{d\overline{y(t)}}{dt}+p(t)u(t)\overline{y(t)}=q(t)$$

가 되고 이를 정리하면

$$\frac{du(t)}{dt}\overline{y(t)}+u(t)[\frac{d\overline{y(t)}}{dt}+p(t)\overline{y(t)}]=q(t)$$

가 된다. 여기서 $u(t)$의 뒷부분인 [ ]안의 $\dfrac{d\overline{y(t)}}{dt}+p(t)\overline{y(t)}$ 은 0이 되므로 위

식은 $\dfrac{du(t)}{dt}\overline{y(t)}=q(t)$ 이 되고 양변을 $\overline{y(t)}$로 나누면

$\dfrac{du(t)}{dt}=\dfrac{q(t)}{\overline{y(t)}}$ 이 되며 위에서 정의된 $\overline{y(t)}$를 여기에 대입하면

$\dfrac{du(t)}{dt}=\dfrac{q(t)}{e^{-\int p(t)dt}}=q(t)e^{\int p(t)dt}$이 된다.

이제 $u(t)$는 위의 식 $\dfrac{du(t)}{dt}=q(t)e^{\int p(t)dt}$의 양변을 t에 관해 적분하여

$u(t)=\int q(t)e^{\int p(t)dt}dt$가 된다.

이제 우리가 원하는 y_1은 $y_1(t)=u(t)\overline{y(t)}$ 이므로

$y_1(t)=(\int q(t)e^{\int p(t)dt}dt)(e^{-\int p(t)dt})$ 이다.

앞에서 설명한 대로 일반해는 $y+y_1$으로

$$y(t)+y_1(t)=Ce^{-\int p(t)dt}+(\int q(t)e^{\int p(t)dt}dt)(e^{-\int p(t)dt})$$

$$=(C+\int q(t)e^{\int p(t)dt}dt)(e^{-\int p(t)dt})$$이다.

다음의 예를 보자.

예 $\dfrac{dy}{dt}+2ty=t$을 만족하는 y를 구하라.

풀이 문제에서 $P(t)=2t$, $Q(t)=t$ 이다.

따라서 일반해는 $(C+\int q(t)e^{\int p(t)dt}dt)(e^{-\int p(t)dt})$이다.

여기서 $e^{\int P(t)dt}=e^{\int 2tdt}=e^{t^2}$ 이다.

따라서 일반해 $y=e^{-t^2}(C+\int te^{t^2}dt)=e^{-t^2}(C+\frac{1}{2}e^{t^2})$

($\int te^{t^2}dt$는 치환적분을 이용해 쉽게 구할 수 있다. 각자 확인해보라.)

3. 베르누이 미분방정식

베르누이 미분방정식

2 이상인 자연수에 대해 다음 형태의 미분방정식을 **베르누이**(Bernoulli) **미분방정식**이라고 한다.

$$\frac{dy}{dt}+p(t)y=q(t)y^n$$

앞의 미분방정식과의 차이는 $q(t)$에 y^n이 곱해져 있다는 것이다. 이를 풀기 위해 양변을 y^n으로 나누면 다음과 같이 된다.

$$y^{-n}\frac{dy}{dt}+p(t)y^{1-n}=q(t) \quad \cdots ①$$

이제 $u=y^{1-n}$이라 두면

$$\frac{du}{dt}=(1-n)y^{-n}\frac{dy}{dt}$$

가 되어 위의 미분방정식 ①은

$$\frac{1}{1-n}\frac{du}{dt}+p(t)u=q(t)$$

가 되어 $\frac{dy}{dt}+p(t)y=q(t)$의 일반해 $(C+\int q(t)e^{\int p(t)dt}dt)(e^{-\int p(t)dt})$를 활용할 수 있다. 이는 다음의 예를 통해 알 수 있다.

예 $\dfrac{dy}{dt}+3ty=2ty^2$을 풀어라.

풀이 이는 자연수 n이 2인 베르누이 미분방정식이다. $u=y^{1-2}=y^{-1}$로 두면 주어진 식은 $-\dfrac{du}{dt}+3tu=2t$가 된다. 이는

$$\frac{du}{dt}-3tu=-2t$$

로 쓸 수 있고 따라서 $p(t)=-3t$, $q(t)=-2t$로 하여 아래의 공식에 대입하여 해를 구하면 된다.

$$(C_0+\int q(t)e^{\int p(t)dt}dt)(e^{-\int p(t)dt})$$

즉, $u=(C_0+\int -2te^{\int -3tdt}dt)(e^{-\int -3tdt})$

$$=(C_0+\int -2te^{-\frac{3}{2}t^2+c_1}dt)(e^{\frac{3}{2}t^2+c_1})$$

$$=(C_0+\frac{2}{3}e^{-\frac{3}{2}t^2+c_1})(e^{\frac{3}{2}t^2+c_1})$$ (중간의 적분에 대해 치환 적분을 이용)

$$=Ce^{\frac{3}{2}t^2}+\frac{2}{3}$$ (여기서 $C=C_0e^{c_1}$)

따라서 원문제의 해 $y=\dfrac{1}{u}=\dfrac{1}{Ce^{\frac{3}{2}t^2}+\dfrac{2}{3}}$이다.

4. 완전 미분방정식

완전 미분방정식

완전 미분방정식은 다음 형태의 미분방정식을 말한다.

$$M(t, y)dt + N(t, y)dy = 0$$

여기서 $M(t, y)$와 $N(t, y)$는 각각 어떤 함수 $f(t, y)$의 t와 y에 대한 편도함수 형태로서 $M(t, y)dt + N(t, y)dy = \frac{\partial f(x, y)}{\partial t}dt + \frac{\partial f(x, y)}{\partial y}dy$로 표현될 수 있다.

전미분

이때 우측의 표현은 **전미분**(total differentiation)인 $df(t, y)$에 해당한다. 따라서 이 문제는 $df(t, y) = 0$인 문제를 푸는 것과 같다.

참고로 $M(t, y)dt + N(t, y)dy = 0$이 완전 미분방정식이 되기 위한 필요충분조건은 $\frac{\partial}{\partial y}M(t, y) = \frac{\partial}{\partial t}N(t, y)$ 이다.

$M(t, y)dt + N(t, y)dy = 0$은 위에서 $df(t, y) = 0$임을 의미하고 이제 이를 양변에 대해 적분하면 $f(t, y) = C$가 된다.

따라서

$$M(t, y) = \frac{\partial f(t, y)}{\partial t}, \quad N(t, y) = \frac{\partial f(t, y)}{\partial y}$$

이다.

다음의 예를 보자.

예 $y^2dt + 2ytdy = 0$을 풀어라.

풀이 주어진 식에서 $M(t, y) = y^2$, $N(t, y) = 2yt$ 이다.

그리고 $\frac{\partial M(t, y)}{\partial y} = 2y = \frac{\partial N(t, y)}{\partial t}$ 이므로 완전 미분방정식이 되기 위한 필요충분조건을 만족한다.

$\frac{\partial f(t, y)}{\partial t} = M(t, y) = y^2$ 이므로 양변을 t에 대해 적분하면

$$f(t,y)=\int M(t,y)dt+L(y)=y^2t+L(y)$$

가 된다. 이를 다시 y에 관해 편미분하면 다음을 얻는다.

$$\frac{\partial f(t,y)}{\partial y}=2yt+L'(y)$$

그런데 $\frac{\partial f(t,y)}{\partial y}=N(t,y)=2yt$ 이므로 $L'(y)=0$이 된다.

따라서 $L(y)=K$이다.

이를 종합하면 $f(t,y)=y^2t+K$이다.

따라서 $y^2t=C$(새로운 상수임) 이다.

만일 완전 미분방정식이 아닌 경우에는 다음과 같이 적절한 적분인자 μ를 곱해 완전 미분방정식으로 바꾸어 풀면 된다.

$$\mu[M(t,y)dt+N(t,y)dy]=0$$

이렇게 완전 미분방정식이 되면 다음의 조건이 반드시 성립하게 되고 이를 통해 해를 구해낼 수 있다.

$$\frac{\partial\mu M(t,y)}{\partial y}=\frac{\partial\mu N(t,y)}{\partial t}$$

5. 2차 미분방정식

2차 미분방정식은 다음의 형태를 띤다. 2차 미분방정식

$$a\frac{d^2y}{dt^2}+b\frac{dy}{dt}+c=0$$

즉, $ay''+by'+c=0$ 의 형태를 갖는다.

이제 이를 푸는 방법을 다음의 예를 통해 설명하고자 한다.

예 $y''+3y'+2y=0$, $y(0)=1$, $y'(0)=-3$ 을 만족하는 y를 구하라.

풀이 이 예를 풀기 위해 $y=e^{rt}$라고 하자. y를 이처럼 지수를 이용해 표현하는 이유는 지수는 미분을 해도 지수의 형태가 유지되기 때문이다.

이제 위의 식은 $r^2e^{rt}+3re^{rt}+2e^{rt}=0$이 된다.

다시 정리하면 $(r^2+3r+2)e^{rt}=0$이 되어 이를 만족하는 r은 $r=-1$ 또는 -2가 된다.

따라서 $y=e^{-t}$ 또는 e^{-2t}이다.

이 둘을 결합한 $y=C_1e^{-t}+C_2e^{-2t}$도 이 미분방정식의 해가 된다.

이제 미분방정식 $y''+3y'+2y=0$에 주어진 조건 $y(0)=1$과 $y'(0)=-3$을 이용하면 다음과 같이 C_1과 C_2를 구할 수 있다.

위의 해에서 주어진 조건을 대입하면

$C_1+C_2=1$과 $-C_1-2C_2=-3$을 얻는다.

따라서 이를 동시에 만족하는 C_1과 C_2를 구하면 $C_1=-1$이고 $C_2=2$이다.

따라서 구하고자 하는 y는 $y=-e^{-t}+2e^{-2t}$ 이다.

로지스틱 모형

이제 지수와 로그함수에서 다루었던 아래 **로지스틱 모형**(logistic model)의 도출 과정에 대해 알아보자.

y를 시점 t에서의 인구수라 하면 y는 $y=\dfrac{y_m}{1+ce^{-kt}}$ 으로 표시된다.

박테리아 세균처럼 이분법을 하는 생물들은 지수성장을 하는데 즉, 단위시간당 개체수가 일정한 비율(r)로 늘어나는 구조를 취한다.

개체수를 y라고 하면 $\dfrac{dy}{dt}=ry$로 표시된다. 이를 앞에서 배운 방법대로 양변을 y로 나누고 적분을 해 정리하면 $y=Ce^{rt}$를 얻게 된다. 이 해는 실제 제한된 환경에

서는 박테리아가 이러한 지수 증식을 무한히 하지 못하므로 사용할 수 없다. 따라서 현실적으로 사용할 수 있는 모형은 환경수용력 상수 k를 이용해 앞의 미분방정식을 $\frac{dy}{dt}= ry(1-\frac{y}{k})$ 로 두는 것이다. 이렇게 두면 개체수 y가 매우 작을 때 ($y \ll 1$)는 $\frac{y}{k}$은 무시할 수 있기 때문에 앞의 미분방정식과 비슷하게 되고 y값이 커지면 시간당 성장비율이 감소한다는 것을 보여준다. 이 미분방정식도 앞에서 소개된 방법을 이용하여 양변을 $y(1-\frac{y}{k})$로 나누고 몇몇 작업을 거친 후 적분을 하면 아래에 나오는 $\frac{1}{k}(\ln|y-k|-\ln|y|)=-\frac{rt}{k}+C_1$을 얻을 수 있다. 이 과정이 아래에 나와 있다.

$$\frac{dy}{y(1-\frac{y}{k})}=rdt$$

$$\frac{dy}{y(y-k)}=-\frac{r}{k}dt$$

$$\frac{1}{y(y-k)}=\frac{1}{y-(y-k)}(\frac{1}{y-k}-\frac{1}{y})=\frac{1}{k}(\frac{1}{y-k}-\frac{1}{y}) \text{ 이므로}$$

$(\frac{1}{AB}=\frac{1}{A-B}(\frac{1}{B}-\frac{1}{A})$ 를 사용함)

양변을 적분하면

$$\frac{1}{k}(\ln|y-k|-\ln|y|)=-\frac{rt}{k}+C_1$$

다시 양변을 k로 곱하면 $\ln|y-k|-\ln|y|=-rt+C_1k$ 가 되는데 이는

$$\ln\left|\frac{y-k}{y}\right|=-rt+C_1k$$

로 정리된다. 따라서

$$\frac{y-k}{y}=e^{-rt+C_1k}=Ce^{-rt}$$

가 된다. 이를 y에 대해 정리하면 $y=\dfrac{k}{1-Ce^{-rt}}$가 되어 유사한 결과를 얻게 된다. 여기서 상수 C를 $C=-c$로, k를 $k=y_m$로 하면 앞과 같은 결과를 보여 준다.

요약

1) 변수 분리형 1차 미분방정식

$\frac{dy}{dt} = F(t, y)$ 의 경우는 두 변수 y와 t를 분리시켜 $M(t)dt + N(y)dy = 0$ 으로 고쳐 쓸 수 있으면 양변을 적분하여

$$\int M(t)dt + \int N(y)dy = C$$

를 얻는다.

2) 변수 비분리형 1차 미분방정식

- 변수분리가 가능하지 않은 $\frac{dy}{dt} + p(t)y = q(t)$ 의 해를 찾는 방법

  $q(t) = 0$ 인 경우는 1)에서 배운 방법을 이용해 변수를 분리할 수 있으므로 다음과 같이 해를 구할 수 있다.

$$y = Ce^{-\int p(t)dt}$$

- $q(t) \neq 0$ 인 경우의 해를 구하는 법

  $q(t) \neq 0$ 인 경우의 해를 y_1이라 하면 $y + y_1$ 또한 해가 된다. 이 $y + y_1$을 일반해라고 하면 일반해 $y+y_1$은

$$y(t) + y_1(t) = (C + \int q(t)e^{\int p(t)dt}dt)(e^{-\int p(t)dt})$$

3) 베르누이 미분방정식

2 이상인 자연수에 대해 다음 형태의 미분방정식을 베르누이 미분방정식이라고 한다.

$$\frac{dy}{dt} + p(t)y = q(t)y^n$$

이는 $\frac{1}{1-n}\frac{du}{dt}+p(t)u=q(t)$

로 되어 $\frac{dy}{dt}+p(t)y=q(t)$ 의 일반해 $(C+\int q(t)e^{\int p(t)dt}dt)(e^{-\int p(t)dt})$를 활용할 수 있다.

4) 완전 미분방정식

- 완전 미분방정식은 다음 형태의 미분방정식을 말한다.

$$M(t,y)dt+N(t,y)dy=0$$

여기서 $M(t,y)$와 $N(t,y)$는 각각 어떤 함수 $f(t,\ y)$의 t와 y에 대한 편도함수 형태로서 주어진 식은

$$\frac{\partial f(x,y)}{\partial t}dt+\frac{\partial f(x,y)}{\partial y}dy$$

로 표현될 수 있다. 이는 전미분(total differentiation)인 $df(t,y)$에 해당한다. 따라서 이 문제는 $df(t,y)=0$인 문제를 푸는 것과 같다.

참고로 $M(t,y)dt+N(t,y)dy=0$ 이 완전 미분방정식이 되기 위한 필요충분조건은 $\frac{\partial}{\partial y}M(t,y)=\frac{\partial}{\partial t}N(t,y)$ 이다.

$M(t,y)dt+N(t,y)dy=0$ 은 위에서 $df(t,y)=0$ 임을 의미하고 이제 이를 양변에 대해 적분하면 $f(t,\ y)=C$가 된다.

따라서 $M(t,y)$를 t에 대해 적분하고 다시 결과를 y에 관해 편미분한 것을 $N(t,\ y)$로 두고 답을 구해 나간다.

5) 2차 미분방정식

2차 미분방정식 다음의 형태를 띤다.

$$a\frac{d^2y}{dt^2}+b\frac{dy}{dt}+c=0$$

이를 풀기 위해 $y=e^{rt}$라고 두고 문제를 풀면 된다.

연습문제

1. 변수 비분리형 1차 미분방정식의 일반해를 구하는 방법을 설명하라.

2. 완전 미분방정식이 되기 위한 필요충분조건을 설명하라.

3. $\dfrac{dy}{dt}=t^2$를 만족하는 y를 구하라.

4. $\dfrac{dy}{dx}=x^2-3$를 만족하는 y를 구하라.

5. $\dfrac{1}{y}dy+2tdt=0$를 만족하는 y를 구하라.

6. $\dfrac{dy}{dt}+3y=0,\ y(0)=5$를 만족하는 y를 구하라.

7. $\dfrac{dy}{dt}+3ty=2t$를 만족하는 y를 구하라.

8. $\dfrac{dy}{dt}-ty=ty^3$을 만족하는 y를 구하라.

9. $y^3dt+3y^2tdy=0$을 만족하는 y를 구하라.

10. $2y''-y'-3y=0,\ y(0)=1,\ y'(0)=-2$를 만족하는 y를 구하라.

참고문헌

- 강병서, 정혜영, 김도훈, 경영 경제수학, 무역경영사, 2014.
- 김재철, 경제·경영학적 사고와 수학적 원리, 법문사, 2012.
- 민재형, 스마트 경영과학, 생능출판사, 2015.
- 박명섭, 박광태, 이민호, Excel활용 통계학개론, 홍문사, 2014.
- 송병호, 경제수학, 홍문사, 2016.
- 신준용, 경영·경제 수학, 교우사, 2012.
- 안상형, 남익현, 경영수학, 법문사, 2001.
- 오세경, 이미영, 금융 및 경제 경영을 위한 수학, 도서출판청람, 2017.
- 이학용, 경제·경영수학, 다산출판사, 1986.
- 이효구, 박승안, 경제 경영수학, 박영사, 2001.
- Arya, J. C. and R. W. Lardner, Mathematical Analysis for Business, Economics, and the Life and Social Sciences, Prentice Hall, 1993.
- Brechner, R. and G. Bergeman, Contemporary Mathematics for Business and Consumers, Cengage Learning, 2016.
- Brown, R. and P. Zima, Schaum's Outline of Mathematics of Finance, McGraw Hill Education, 2011.
- Chiang, A. C, and K. Wainwright, Fundamental Methods of Mathematical Economics, McGraw Hill, 2004.
- Freund, J. E. and T. A. Williams, College Mathematics with Business Applications, Prentice-Haul International Editions, 1983.
- Goldstein, L. J., Schneider, D. I. and M. J. Siegel, Finite Mathematics and its Applications, Pearson, 2013.
- Haeussler, E. F., Paul, R.S. and R. J. Wood, Introductory Mathematical Analysis for Business, Economics, and the Life and Social Sciences, Pearson, 2010.
- Harshbarger, R. and J. J. Reynolds, Mathematical Applications for the Management, Life, and Social Science, Cengage Learning, 2015.
- Hoffmann, L. D. and G. L. Bradley, Calculus For Business, Economics, and the Social and Life Sciences, McGraw Hill Higher Education, 2010.

· Holliday, B., Cuevas, G. J., McClure, M. S., Carter, J. A. and D. Marks, Advanced Mathematical Concepts: Precalculus with Applications, McGraw Hill, 2006

· Roueche, N. R., Graves, V. and M. D. Tuttle, Business Mathematics, Pearson, 2005.

· Sterling, M. J., Business Math For Dummies, For Dummies, 2008.

찾아보기

ㅂ

ㅅ